工程经济与管理系列丛书

U0673103

建设项目
全过程工程咨询指南

主　　编　陈金海　陈曼文　杨远哲　林　庆

主　　审　尹贻林　吴　静　何丹怡

　　　　　天津理工大学IPPCE研究所

主编单位　广东中量工程投资咨询有限公司

　　　　　深圳市航建工程造价咨询有限公司

中国建筑工业出版社

图书在版编目（CIP）数据

建设项目全过程工程咨询指南／陈金海等主编.
—北京：中国建筑工业出版社，2018.4（2023.12重印）
（工程经济与管理系列丛书）
ISBN 978-7-112-21973-5

Ⅰ.① 建… Ⅱ.① 陈… Ⅲ.① 基本建设项目－咨询
服务－指南 Ⅳ.① F284-62

中国版本图书馆CIP数据核字（2018）第048214号

本书以咨询型代建为思想，以建设项目为载体，以全过程工程咨询机构和总咨询师为主线，以文化为本、绿色为先、集约发展、创新价值四大原则为基础，通过建设全过程阶段和工作流程连接咨询流程以及咨询成果，把建设项目产品和咨询产品进行结合，解决了现阶段管理条块分割无法打通的问题，实现了全过程工程咨询目标。

责任编辑：赵晓菲 朱晓瑜
责任校对：焦 乐

工程经济与管理系列丛书
建设项目全过程工程咨询指南
主　编　陈金海　陈曼文　杨远哲　林 庆
主　审　尹贻林　吴 静　何丹怡
天津理工大学IPPCE研究所
主编单位　广东中量工程投资咨询有限公司
深圳市航建工程造价咨询有限公司

*

中国建筑工业出版社出版、发行（北京海淀三里河路9号）
各地新华书店、建筑书店经销
北京锋尚制版有限公司制版
建工社（河北）印刷有限公司印刷

*

开本：787×1092毫米　1/16　印张：18¼　字数：407千字
2018年4月第一版　2023年12月第十次印刷
定价：59.00元
ISBN 978-7-112-21973-5
（31865）

本书编审人员

主　编：陈金海（广东中量工程投资咨询有限公司）

　　　　陈曼文（深圳市航建工程造价咨询有限公司）

　　　　杨远哲（广东中量工程投资咨询有限公司）

　　　　林　庆（天津理工大学）

副主编：杨宏民（龙达恒信工程咨询有限公司）

　　　　杨明芬（金中证项目管理有限公司）

　　　　张　岚（新疆新德旺建设工程项目管理咨询有限公司）

　　　　李国森（山东元亨工程咨询有限公司）

　　　　朱成爱（天津维正工程造价咨询有限公司）

　　　　马九红（珠海华信达工程顾问有限公司）

　　　　袁　松（湖南大为工程咨询有限公司）

　　　　何云昊（天津房友工程咨询有限公司）

主　审：尹贻林（天津理工大学）

　　　　吴　静（天津理工大学）

　　　　何丹怡（广东中量工程投资咨询有限公司）

编　委（以笔画顺序排名）：

　　　　于　军　王　晶　王雁然　宁　妍　朱亚峰　朱　兵　朱　慧　农小毅

　　　　刘东海　许爱斌　孙忠全　杨如意　杨利利　吴玉珊　吕春艳　何丽梅

　　　　邹　芸　张江波　陆　军　陆金华　陈丽军　邵荣庆　罗　燕　罗小兰

　　　　钟　泉　唐显忠　黄国孝　崔立明　章飞羽　绪　军　彭　明　韩江涛

　　　　解文雯

编写人员（以笔画顺序排名）：

　　　　于晓田　王姚姚　朱成爱　任雅茹　吴琬莹　陆　鑫　孟　媛　谢　强

序　言

2017年10月18日，习近平总书记在中国共产党第十九次全国代表大会上指出：中国特色社会主义进入了新时代，这个新时代是承前启后、继往开来，在新的历史条件下继续夺取中国特色社会主义伟大胜利的时代。建筑业作为国民经济的支柱产业之一，在新时代、新征程的发展背景下，正处于转型升级和创新发展的关键时期。随着建筑业供给侧改革的深入推进，建筑业发展新业态正在逐步构建，工程咨询业也面临着新业务、新发展的考验，各地工程咨询企业都在积极寻求新的发展之路。

开展全过程工程咨询，能够通过协调管理，全面整合工程建设过程各阶段的服务业务，打破信息与资源壁垒，提高工程建设水平和整体效益，因而是创新和完善工程项目管理制度、探索工程建设组织模式改革的一项重要举措。发展全过程工程咨询，也是实现工程咨询企业转型升级，增强企业综合实力，加快与国际工程管理模式接轨的必然要求。

为科学、全面指导工程咨询企业开展全过程工程咨询，天津理工大学公共项目与工程造价研究所、广东中量工程投资咨询有限公司和深圳市航建工程造价咨询有限公司共同开展了《建设项目全过程工程咨询指南》的编制，填补了我国工程咨询类书籍的空白。该书创造性地提出了"总咨询师"概念，以咨询型代建思想为指导、以全过程工程咨询单位和总咨询师为主线，将优质建设项目和咨询产品相结合，全面集成和融合建设项目全生命周期的各专业咨询服务业务，有利于提高工程建设水平和整体效益。该书既为咨询企业开展全过程工程咨询提供了实操指南，又为投资人评价和考核全过程工程咨询服务成果质量提供了指引。

经济发展的新常态下，建筑业市场行为日益规范，增长动力正在转换，制度环境不断优化。纵观中国建筑业近年来国家出台的相关政策，改革的方向已经明确，改革的路径十分清晰，工程咨询业界应当抢抓发展机遇，积极扩展咨询服务范围，开展全过程工程咨询服务，实现产业链的融合，加快自身转型，提升自身实力。同时，结合新时代新业态的特点，顺应大势、把握大局，努力提高战略思维能力、创新思维能力和辩证思维能力，以新的更大作为，奋发图强，为推动建筑业转型升级做出自己的积极贡献。

广东省住房和城乡建设厅副厅长

2018年4月

前　言

2017年，国务院办公厅印发《关于促进建筑业持续健康发展的意见》（国办发〔2017〕19号），鼓励工程咨询企业开展全过程工程咨询服务，在全国掀起了对全过程工程咨询探索与实践的热潮。然而，各地工程咨询企业在开展这项业务的过程中，由于缺乏科学、完善的指导，不论是管理形式还是服务内容都出现较大争议。国内尚未出现关于全过程咨询服务的书籍，《建设项目全过程工程咨询指南》的出版，是要为处在迷茫探索中的工程咨询企业提供全面的指导。

本书将建设项目的全过程划分为决策阶段、设计阶段、发承包阶段、实施阶段、竣工阶段、运营阶段，讨论各阶段所需的咨询产品以及该产品所解决的建设问题。通过将建设项目全过程各阶段与对应的咨询服务流程相匹配，使工程咨询单位、业主单位及政府部门清晰地了解到在建设项目的哪个阶段需要哪些咨询服务，以及如何开展这些咨询服务，解决现阶段管理条块分割无法打通、专业壁垒多的问题，实现全过程工程咨询目标。

本书由陈金海、陈曼文、杨远哲、林庆担任主编，由杨宏民、杨明芬、张岚、李国森、朱成爱、马九红、袁松、何云昊担任副主编，由尹贻林、吴静、何丹怡担任主审，由于军、王雁然、王晶、宁妍、朱亚峰、朱兵、朱慧、刘东海、许爱斌、农小毅、孙忠全、杨如意、杨利利、吴玉珊、吕春艳、何丽梅、邹芸、张江波、陆军、陆金华、陈丽军、邵荣庆、罗小兰、罗燕、钟泉、唐显忠、黄国孝、崔立明、章飞羽、绪军、彭明、韩江涛、解文雯担任编委。具体分工如下：杨远哲编写第一章，王姚姚编写第二章，林庆编写第三章，任雅茹编写第四章，于晓田编写第五章，朱成爱编写第六章，孟媛、吴琬莹、谢强、陆鑫编写第七章。

本书是基于以尹贻林教授为首的IPPCE研究所历年来卓越研究成果的基础上编写而成，汇聚了IPPCE研究所全体导师、博硕士研究生的智慧和结晶。我们在此向陈梦龙、陈奕林、刘文禹、尹航、王翔、李孝林、刘琦娟等博士研究生以及于翔鹏、尹玥、邓子瑜、朱绪琪、孙毅、李冉、张子超、苗菁、尚应应、孙新艳、李淑敏、郑江飞、赵轲、闻柠永、高天、蔡俊峰、乔俊杰、李明洋、李美、杨先贺、张倩、张静、周晓杰等在校研究生以及已毕业的历届博士、硕士致以衷心的感谢！

由于编者水平有限，书中仍有待商榷之处，请各位读者多提宝贵意见！

目 录｜CONTENTS

第五章

实施阶段工程咨询服务

第六章

竣工阶段工程咨询服务

第七章

运营阶段工程咨询服务

术　语

1. 全过程工程咨询

是指采用多种服务方式组合，为项目决策、实施（设计、发承包、施工、竣工）和运营阶段持续提供投资、勘察、设计、监理、招标、造价和运维等工作的解决方案及管理服务。

2. 全过程工程咨询单位

是指具备相关资质和能力，提供全过程工程咨询的机构。可以是独立咨询机构或联合体。

全过程工程咨询单位的权利：投资人应明确全过程工程咨询单位的权利，保障全过程工程咨询的有效实施。

全过程工程咨询单位权益保障：投资人要根据全过程工程咨询的服务内容和周期，结合项目规模和复杂程度（自然环境因素、社会因素、投资人要求等）等要素合理确定服务报酬，在合同中明确约定并及时支付，或者采用"人工时"和绩效奖励相结合的计价模式取费。全过程工程咨询服务收费，应纳入工程概算。建议推行全过程咨询制度下的职业责任保险，建立企业、团队与个人保险相互补充机制。

全过程工程咨询单位责任和义务：全过程工程咨询单位在提供全过程工程咨询服务时，应承担相应法定责任和合同义务，因咨询服务造成的经济损失，由全过程工程咨询单位承担赔偿责任，并有权向全过程工程咨询项目的总咨询师进行追偿。全过程工程咨询不能免除投资人、承包人、产权人、运营人的法律责任和合同义务。

3. 总咨询师

是指全过程工程咨询单位委派或投资人指定，具有相关资格和能力为建设项目提供全过程工程咨询的项目总负责人。

4. 专业咨询工程师

是指在全过程工程咨询项目的总咨询师领导下，开展全过程工程咨询的专业咨询工程师，由具备相应资质和能力的专业人士担任相应的咨询工作。主要包括但不限于以下专业咨询工程师：注册建筑师、注册监理工程师、注册造价工程师、注册建造师、勘察设计注册工程师、注册结构工程师、注册电气工程师（包括：发输变电、供配电两个专业）、注册公用设备工程师。

5. 投资人

投资人是指投入现金购买某种资产以期望获取利益或利润的自然人和法人。包括公司股东、债权人和利益相关者。本书主要以固定资产投资为主，是指具有相对独立投资权力的政府机构、经济实体和个人。作为投资主体一般要具有以下三个条件：

（1）在社会、经济发展过程中有相对独立地做出投资决策的权力；

（2）有足够的资金来源进行投资；

（3）对投资所形成的资产有所有权或支配权，并能相对自主地或委托他人进行经营。本书所指的投资人包括政府机构、法人、自然人、混合经济体（含PPP）以及该等主体委托的代建单位等。

6. 承包人

是指被投资人接受的具有工程施工承包主体资格的当事人以及取得该当事人资格的合法继承人。承包人有时也称承包单位、施工企业（《建筑法》）、施工人（《合同法》）。本书中承包人包括材料及设备供应商、分包商。

7. 产权人

是指建设项目的所有权人。

8. 运营人

是指建设项目中受投资人或产权人委托的使用人、经营人。

9. BIM

是指建筑信息模型（Building Information Modeling，Building Information Model）。在建设工程及设施全生命周期内，对其物理和功能特性进行数字化表达，并依此设计、施工、运营的过程和结果的总称。简称模型。

第一章

工程咨询总述

一、中国工程咨询行业发展沿革

工程咨询在国际上已有一百多年历史，随着改革开放，工程咨询概念被引入中国。时至今日，众多工程咨询公司应运而生，顺应社会和时代发展的潮流。中国工程咨询业的发展大致分为四个阶段。

（一）改革开放以前

新中国成立以后到改革开放的近30年间，中国只有工程勘察设计概念，没有工程咨询概念。所有建设项目的前期工作，几乎都由不同形式的项目筹建机构自行承担，少数特殊项目的部分前期工作则由建设单位委托专业对口的勘察设计单位来完成。项目建设管理主要采取派驻施工现场"甲方代表"的方式来实施。

（二）改革开放到20世纪90年代

中国现代意义上的工程咨询业的出现和兴起，始于20世纪80年代初期。一方面随着外资进入，尤其是利用世界银行、亚洲开发银行和其他国际金融组织贷款的项目，都规定了必须经过有资格的工程咨询机构评审、认可，才能签订贷款协议这一强制性评价，使中国放宽政策限制，允许国际工程咨询机构进入国内市场。另一方面则在推行建筑业和建设管理体制改革的同时，为了加强项目前期工作提高投资效益，在学习借鉴国外经验的基础上，逐步形成了先咨询、后决策的制度。在此期间，中国开始组建自己的工程咨询机构，但工程咨询任务多集中于工程前期项目论证。

1982年8月，国家计委（现国家发展改革委员会，简称国家发展改革委）组建了中国国际工程咨询公司，随后各省、自治区、直辖市相继成立了由国家发展改革委归口管理的40余家省级工程咨询公司，专门从事项目建议书、可行性研究报告的编制与评估等项目建设前期阶段的投资咨询业务。之后，工程监理、招投标等相关咨询业务也陆续诞生。

（三）20世纪90年代到21世纪

改革开放初期，从政府分离出来的工程咨询业务，也大都属于工程前期项目论证。直到1992年，国家产业政策才明确把工程咨询纳入服务业。1992年以后，随着工程招投标制度和建设工程咨询制度的逐步推行和完善，工程咨询行业得到了快速发展，中国工程咨询市场日益扩大和渐趋规范。工程监理、技术顾问、造价咨询等各种不同专业的工程咨询机构有了快速发展。工程咨询产业化、工程咨询机构市场化步伐明显加快，行业规模显著扩大，人员素质不断提高，服务质量和水平稳步提升。总体而言，通过近30年的发展，工程咨询业形成了一定规模，培养了一支较强的人才队伍，为国民经济建设发挥了重要作用。但相对国外发达国家工程咨询业的发展历史，中国的工程咨询业仍处于成长阶段。

（四）2010年以来

2010年2月，国家发展改革委公布的《关于印发工程咨询业2010–2015年发展规划纲要的通知》（发改投资〔2010〕264号）作为2010~2015年工程咨询业发展的指导性文件，进一步明确了工程咨询业发展的指导思想、原则、目标和主要任务，建立并落实保障措施，着力解决制约工程咨询业发展的关键问题，大力推进工程咨询业发展，更好地发挥工程咨询在促进经济社会发展方面的重要作用。

2017年2月21日，国务院办公厅颁发的《关于促进建筑业持续健康发展的意见》（国办发〔2017〕19号）提出了培育全过程工程咨询单位。因此，对于工程咨询业来说，这既是挑战，又是机会。挑战在于工程咨询业的市场化进一步放开，投资主体及政府对咨询服务要求提高，需要工程咨询机构冷静对待；而机会在于随着投资决策风险与责任加剧，更需要工程咨询业多方面、多角度的参与，并给予工程咨询机构更多机会去创新与发展。

二、中国工程咨询行业现状

目前，中国工程咨询行业规模日益扩大。随着国家政策条例的日益规范和逐渐完善，工程咨询行业在工程建设中的作用逐渐显现，受重视程度不断提升。但是，与发达国家相比，中国工程咨询业起步晚、基础薄弱，整体发展水平与经济社会迅速发展的要求不完全适应，制约行业发展的问题还比较突出：一方面是工程咨询行业涵盖内容较广。由于建筑行业的特殊性，繁多的参与方增加了组织管理难度，形成了信息与资源的壁垒，降低了不同参与方的协调合作，同时由于业绩和经验的不足，只能为业主提供"碎片式"的咨询服务，影响了建设项目效率和质量；另一方面是全社会对工程咨询认识不足。工程咨询概念模糊，与国际通行的为投资建设提供全过程服务的理念不一致。不同专业的工作内容缺少互补和检测，增加了项目实施风险；同时，工程咨询单位可持续发展能力有待加强，创新动力不足，咨询服务质量有待提高，高端人才匮乏，体制机制不灵活，信息化建设滞后，国际化水平低。

2017年中国共产党第十九次全国代表大会提出，深化供给侧结构改革，加快建设创新型国家，同时，支持传统产业优化升级，加快发展现代服务业，瞄准国际标准提高水平。当前，中国正处于全面建设小康社会的关键时期，工业化、信息化、城镇化、市场化、国际化进程加速发展，投资、行政管理等各项体制改革逐步深化，投资建设领域的新知识、新技术、新工艺不断涌现，对外开放广度和深度日益扩展，国际竞争向更高层次迈进，以人为本，统筹城乡发展、区域发展、经济社会发展、人与自然和谐发展、国内发展和对外开放，实现经济社会全面协调可持续发展的要求更为突出。这为工程咨询业带来了重要机遇，同时也提出了更高要求，加快工程咨询业的创新和发展更加紧迫。

因此，推行全过程工程咨询是现阶段社会和行业发展的需求。全过程工程咨询是指采用多种服务方式组合，为项目决策、实施（设计、发承包、施工、竣工）和运营阶段持续提供投资咨询、勘察、设计、监理、招标代理、造价和运维的解决方案以及管理服务。推行全过程工程咨询是提高工程建设管理水平、提升行业集中度、保证工程质量和投资效益、规范建筑市场秩序的重要措施。同时也是中国现有投资咨询、勘察、设计、监理、造价、施工等从业企业调整经营结构，谋划转型升级，增强综合实力，加快与国际建设管理服务方式接轨，是适应社会主义市场经济发展的必然要求。

三、全过程工程咨询意义

本书的全过程工程咨询的概念以国家发展改革委出台的《工程咨询行业管理办法》（2017年第9号令）中对全过程工程咨询的描述为准：采用多种服务方式组合，为项目决策、实施和运营持续提供局部或整体解决方案以及管理服务。有关工程设计、工程造价、工程监理等资格，由国务院有关主管部门认定。另一方面，住房城乡建设部关于开展《全过程工程咨询试点工作的通知》（建市〔2017〕101号）也作出了相关描述：试点地区住房城乡建设主管部门要引导大型勘察、设计、监理等企业积极发展全过程工程咨询服务，拓展业务范围。在民用建筑项目中充分发挥建筑师的主导作用，鼓励提供全过程工程咨询服务。

推行全过程工程咨询是建设项目绿色发展的现实需要，解决项目利益相关方的冲突矛盾，打造求同存异的工作环境，有利于维护良好的生态环境和减少污染的建设项目；推行全过程工程咨询是建设项目继承传统文化的时代任务，努力实现传统文化的创造性转化、创新性发展，有利于传统与现实文化的相融相通；推行全过程工程咨询是建设项目集约管理的迫切需求，全过程工程咨询将集约思想融入建设项目中，充分有效地发挥全过程工程咨询的作用，有利于提高建设项目的质量和效率，使建设资源的运用更加科学、合理、节约；推行全过程工程咨询是建设项目提升价值的集中体现，提高工程建设管理水平，提升行业集中度，保证建设项目获取最大的经济和使用效益。

在建设项目咨询服务过程中，全过程工程咨询一方面通过协调管理打破过程中的信息与资源壁垒，提高沟通效率，保证项目顺利运营，达成建设项目边际效益最大化的目标；另一方面实现工程咨询机构转型升级，增强综合实力，加快与国际建设管理服务方式接轨，是适应社会主义市场经济发展的必然要求。

四、全过程工程咨询价值

（一）提高投资效益，打破条块分割

采用投资人单次招标的方式，使得其时间成本远低于传统模式下设计、造价、监理等参建单位多次发包的时间成本。由一家咨询单位或者采用联合体的形式通过总咨询师的协调管理，将咨询服务覆盖工程建设全过程，包含传统模式下设计、造价、监理等各专业咨询单位的职责义务，这种高度整合各阶段的服务内容，一方面，将更有利于实现全过程投

资控制，有效解决各阶段各专业之间的条块分割问题；另一方面，通过限额设计、优化设计和精细化管理等措施提高投资收益，确保项目投资目标的实现。

（二）保障项目合规，助力政府监管

当前建设市场还不完善，监管需加强，一些地方存在违规审批、违规拆迁、违法出让土地等损害群众利益的问题，出现少数干部违规插手项目建设，扰乱了社会主义市场经济秩序。通过全过程管理，能够有效整合社会资源对建设项目进行有效监管，为政府提供强有力的全过程监管措施；由总咨询师统一指导梳理建设项目全过程的报批流程、资料，避免出现错报、漏报现象，有利于规范建筑市场秩序、减少违法违规行为。

（三）加强风控预防，降低项目风险

发挥全过程管理优势，通过强化管控决策、投资、过程、运营、自然、社会等风险，一方面对于项目而言，有效降低决策失误、投资失控的几率，减少生产安全事故；另一方面对于社会而言，也可避免自然环境的破坏，保护生态，有效集约利用资源，减少冲突。

（四）提高项目品质，增强行业价值

首先，不同专业咨询工程师自发组建咨询团队参与全过程工程咨询，各专业咨询工程师工作统筹安排，分工协作，极大提高服务质量和项目品质，弥补了多个单一服务团队组合下可能出现的管理疏漏和缺陷。并有利于激发专业咨询工程师的主动性、积极性和创造性，促进新技术、新工艺和新方法的应用；其次，响应"十九大报告"的号召，培养具备国际视野的人才，促进行业转型升级，提高工程咨询行业国际竞争力。借助"一带一路"的机会平台，支持工程咨询行业走出去，在国际建设项目中立足。同时，吸引优秀的国际化人才，保持行业的可持续性发展。

五、全过程工程咨询原则

（一）文化为本

中国现代建筑学是以建立在西方哲学基础上的西方建筑学为参考系来寻找自己的发展道路的，但两者差异较大。这种仅以"模仿"为基础的发展道路使中国对传统建筑的继承与研究同现实情况产生了差距。建筑设计与先进技术的结合是必然的，而具有民族性、地域性以及社会性的传统文化直接影响着现代建筑设计运动，复兴中国优秀传统文化也是必然趋势，优秀传统文化是发展现代建筑设计的本质和内涵，是全过程工程咨询的根本出发点。

近年来，复兴优秀传统文化逐渐得到了社会各界的重视。中国共产党第十九次全国代表大会报告中提出，要坚持中国特色社会主义，激发全民族文化创新创造活力，建设社会

主义文化强国。这也对全过程工程咨询单位提出了更深层次的咨询要求。

如何策划和设计出一个客体以承载深邃的背景文化，需要更深刻地了解其内在本质，继承传统文化精神的内涵，创造性地运用现代技术与材料，建设具有中国特色、中国元素的建筑。同时，在将本国工程咨询推出国门的过程中，既要尊重当地文化，又要保持中国特色文化，和谐共处，减少冲突。

在推行全过程工程咨询发展中继承与弘扬优秀传统文化，是"坚定文化自信、推动社会主义文化繁荣兴盛"精神的体现，是全过程工程咨询单位不可推卸的责任。

（二）绿色为先

绿色是指在全过程工程咨询的工作中，需要强调营造绿色生态自然环境和社会环境，打造优质建设项目产品和咨询产品。绿色是全过程工程咨询的前提，起着导向和引领的作用。

绿色生态自然环境是指全过程工程咨询充分应用现代科学技术，在建设项目中一方面加强环境保护，发展清洁施工生产，不断改善和优化生态环境，使人与自然和谐发展；另一方面使人口、资源和环境相互协调、相互促进，建造质量优良，经济效益长久，具有较高的社会效益，有利于维护良好的生态环境和少污染的建设项目。绿色生态自然环境是实施工程项目乃至全社会可持续发展的主要保障，其本质特征就是可持续发展。

绿色社会环境是指全过程工程咨询的总咨询师具备良好的职业道德，通过个人品格影响利益相关方，协调各方意见，尊重各方差异，促进各方相互理解，减少冲突矛盾，营造和谐融洽、求同存异的工作环境，维护健康向上、正当竞争的社会秩序，坚持客观公正的态度，拒绝低价恶性竞争等不良现象发生。

（三）集约发展

集约化原是经济领域中的一句术语，本意是指在最充分利用一切资源的基础上，更集中合理地运用现代管理与技术，充分发挥人力资源的积极效应，以提高工作效益和效率的一种形式。

集约发展是全过程工程咨询发展的过程。将集约思想融入全过程工程咨询中，充分有效地发挥全过程工程咨询的作用，才能真正提高建设项目的质量和效率，才能使建设资源的运用更加科学、合理、节约。

集约发展是动态的，是一种循序渐进、不断创新的过程。

（四）价值创新

价值创新是全过程工程咨询的目的，不仅要通过创新有效的咨询建议或方案，优化建设项目，提高建设项目产品的技术竞争力，更要在有限的经济条件下提升建设项目服务能力，为顾客创造更多价值。

综合分析建设项目的消耗、合理平衡建设成本和运营成本是取得建设项目合理性的关键。在此基础上实现价值创新，总咨询师对建设项目应做到：一是从经济的实现条件出发，选择恰当的技术设置，有机协调建设的各个要素，提高整体效率；二是根据社会生产力水平、国家经济的发展状况、人民生活的现状等因素，确定建设项目的合理投入和建造所要达到的建设标准，以求在全过程工程咨询服务中做到以最小的投入去获取最大的经济和使用效益；三是善于把技术问题与经济指标相结合，通过经济分析、经济比较及效果评价等手段正确认识和处理先进技术与经济合理之间的相互关系。

全过程工程咨询单位只有把控制建设项目成本的概念渗透到决策、设计、发承包、实施、竣工、运营等阶段中，对经济先进技术的合理性进行全面评估，并在实际经济基础上合理大胆地采用先进技术，才能真正实现全过程工程咨询的创新发展。

六、全过程工程咨询目标

为更好地适应当前社会与行业发展趋势，全过程工程咨询逐步走入大家的视野。全过程工程咨询的目标是：通过全过程工程咨询服务，打造优质建设项目产品，满足人民群众日益增长的美好生活需要，尽快解决不平衡不充分的发展问题。

打造优质的建设产品既是全过程工程咨询的目标也是其实现方式。优质的建设项目在建设项目的基础上提出更高的标准。建设项目是指按一个总体规划或设计进行建设的，是由一个或若干个互有内在联系的单项工程（单项工程是指具有独立的设计文件，建成后能独立发挥生产能力或使用功能的工程项目）组成的工程总和。优质建设项目是指反映当地文化的特色建设产品、实现可持续发展的环境要求、提高建设项目的效率和价值的项目。

根据国家发展改革委《中央企业固定资产投资项目后评价工作指南》（国务院国有资产监督管理委员会 2005年）和《国家发展改革委关于印发中央政府投资项目后评价管理办法和中央政府投资项目后评价报告编制大纲（试行）的通知》（发改投资〔2014〕2129号），财政部《关于印发〈财政支出绩效评价管理暂行办法〉的通知》（财预〔2011〕285号）、《关于推进预算绩效管理的指导意见》（财预〔2011〕416号）及《关于印发〈预算绩效评价共性指标体系框架〉的通知》（财预〔2013〕53号）等相关文件规定，本书将项目的后评价和绩效评价中的指标因素作为优质建设项目的评判标准。具体如下：

（1）项目立项的规范性。包括项目申报合规性、项目决策必要的过程。

（2）绩效目标合理性。包括绩效目标依据充分、合法合规和绩效目标可行性。

（3）绩效目标明确性。包括项目绩效目标的投资目标、功能目标、规模目标、技术目标、环境目标、节能目标、社会满意度目标的可衡量性。

（4）项目实施准备情况。项目勘察设计的合规性及程度，招投标组织实施的合规性。

（5）项目资金审核的合规性、资金的到位率和及时率。

（6）制度执行的合规性和落实性。

（7）合同管理的可控性强，少变更。

（8）项目质量标准的健全性和质量控制措施，安全施工措施的充分性。

（9）管理制度的健全性、资金使用的合规性、财务监控的有效性。

（10）质量目标的实现程度高、时间目标的实现程度高、投资目标的实现程度高、劳动安全卫生消防目标实现程度高。

（11）较好的社会效益、生态效益，对所在地的可持续影响。

（12）项目技术的先进性、适用性、经济性、安全性。

（13）项目对地区、企业效益的作用和影响。

（14）项目对环境和社会影响性。

七、建设项目相关主体的关系

（一）建设项目各参与方的关系

目前陆续有省份推进建设项目全过程工程咨询工作，如江苏、浙江、福建、湖南等省，具体省份及文号如表1-1所示。

推进建设项目全过程咨询工作的省份及对应政策文号　　　　表1-1

省份名称	政策及文号
江苏	江苏省《关于推进工程建设全过程项目管理咨询服务的指导意见》（苏建管〔2016〕730号）
浙江	浙江省住房和城乡建设厅印发《浙江省全过程工程咨询试点工作方案》（建建发〔2017〕208号）
广东	广东省住房和城乡建设厅印发《广东省全过程工程咨询试点工作实施方案》（粤建市〔2017〕167号）
湖南	湖南省住房和城乡建设厅印发《湖南省全过程工程咨询试点工作方案》（湘建设函〔2017〕446号）
福建	福建省住房和城乡建设厅、福建省发展和改革委员会和福建省财政厅关于印发《福建省全过程工程咨询试点工作方案》的通知（闽建科〔2017〕36号）
四川	四川省住房和城乡建设厅印发《四川省全过程工程咨询试点工作方案》（川建发〔2017〕11号）
广西	广西壮族自治区住房城乡建设厅印发《广西全过程工程咨询试点企业和试点项目》（桂建管〔2017〕81号）

分析以上规定可以看出，虽然各地对全过程工程咨询的定义及业务范围表述不一致，但本质是相同的，即全过程工程咨询是指采用多种服务方式组合，为项目决策、实施（设计、发承包、实施、竣工）和运营阶段持续提供投资咨询、勘察、设计、监理、招标代理、造价和运维的解决方案以及管理服务。全过程工程咨询单位是指具备相关资质和能力，提供全过程工程咨询的机构，可以是独立咨询机构或联合体。建设项目各参与方的关系如图1-1（传统模式）、图1-2（EPC模式）所示。

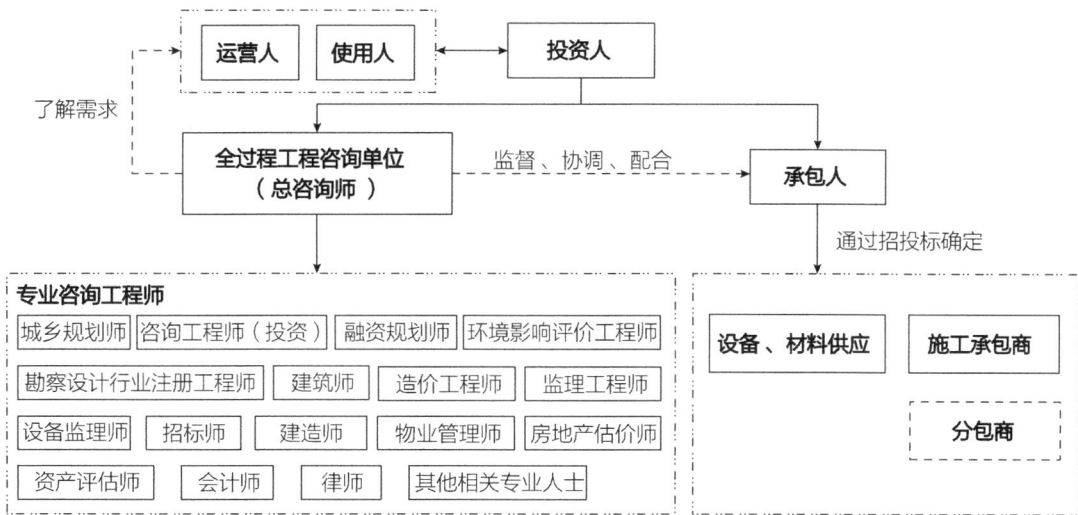

备注：勘察设计行业注册工程师包括土木、电气、公用设备、化工、环保、结构等专业注册工程师

图1-1 传统模式下全过程工程咨询单位、承包人的组织关系图

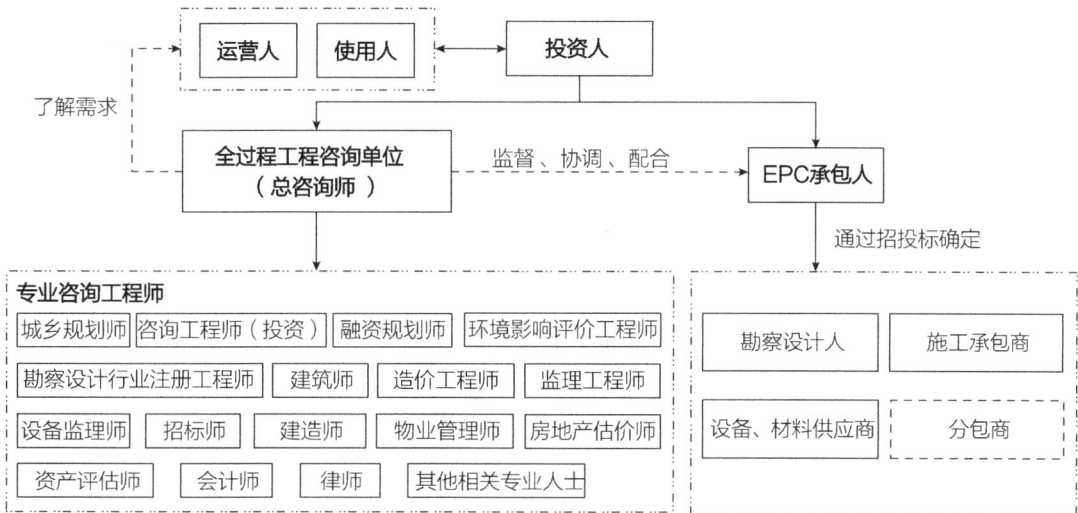

备注：勘察设计行业注册工程师包括土木、电气、公用设备、化工、环保、结构等专业注册工程师

图1-2 EPC承包模式全过程工程咨询单位、EPC承包人组织关系图

（二）总咨询师与各参与方的关系

本书提出全过程工程咨询的总咨询师概念，采用总咨询师负责制。

建设项目全过程工程咨询由总咨询师负责统筹项目可研、设计、招标、施工、竣工验收、运营、拆除全生命周期管理工作，负责确定并管控估算、概算、招标控制价、合同价款、结算和决算。如何培养总咨询师是推进全过程工程咨询的难点和重点，可以借鉴中国香港地区的认可人士制度，从建筑师、造价工程师、监理工程师、结构工程师等相关注册专业人员中培养选拔。

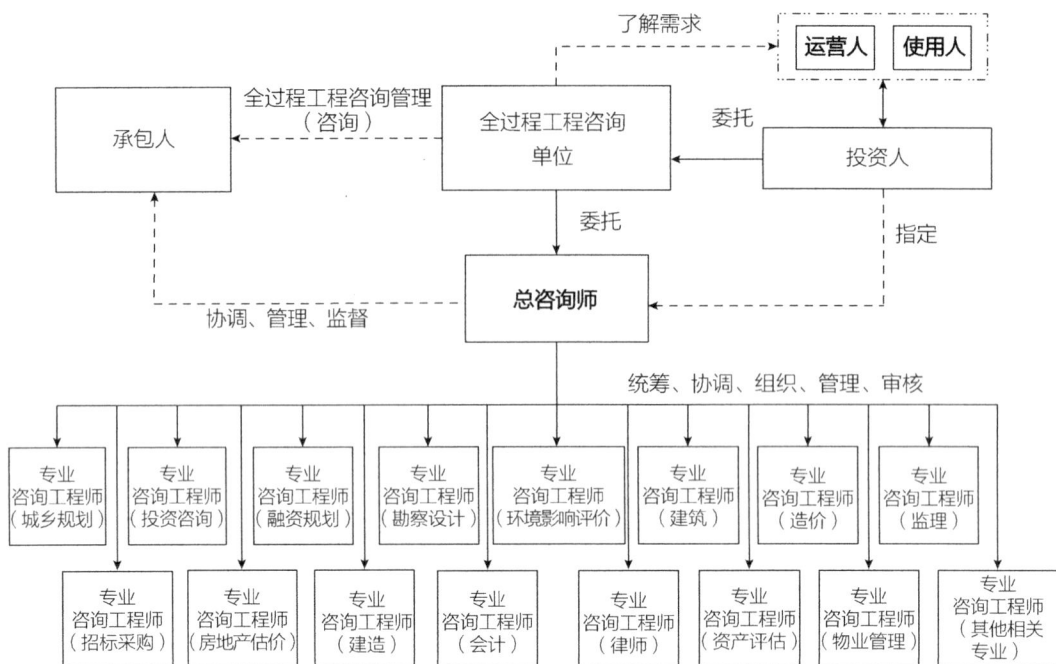

图1-3 总咨询师与各参与方的关系图

中国香港地区认可人士制度的可借鉴之处在于：这部分通过政府审查合格的"放心人士"是进行建筑市场监管的主要人员，又因为这些人是来自于不同学会的资深专业人士，自身有可靠的技术功底和丰富的实践经验，可使建筑市场运行建立在行业自律的基础上，政府完全可以利用这只"无形之手"实现彻底的监管和宏观调控。[①]总咨询师与各参与方的关系如图1-3所示。

总咨询师可以由全过程工程咨询单位委托或投资人指定。总咨询师作为总负责人，对建设项目的咨询工作起到统领、协调、组织、审核的作用。对专业咨询工程师有利于集约管理、资源共享；对承包人有利于协调沟通、监督管理；对投资人有利于项目增值、提高效率；对全过程工程咨询单位有利于统筹咨询、打破信息不对称。

（三）全过程工程咨询计费探索

全过程工程咨询服务的成本和产出有非常大的调整空间。一份咨询报告，如果按照专业的标准、详尽的尽职调查、全方位的分析和客观中立的评价，需要大量的人力、物力投入，需要足够的时间去完成。由于专业水准的不同，人力的价值差别很大，咨询人员的能力和经验、咨询机构的品牌等无形资产的价值也不同。如果这些价值都算在一起，一份优秀的咨询报告将价值不菲。因此，价格的恶性竞争[②]必须得到有效遏制。

---

① 陈伟珂. 香港的认可人士制度对我国建筑业管理的启示 [J]. 科学学与科学技术管理，2003（03）：90-93.
② 恶性竞争：是指公司运用远低于行业平均价格甚至低于成本的价格提供产品或服务，或使用非商业不正当手段来获取市场份额的竞争方式。

现已有部分省市，如广东省、浙江省等推进试点工作时，积极探索计费模式。提出了实行基本酬金加奖励方式，按照全过程工程咨询单位提出并落实的合理化建议所节省的投资额，鼓励投资人提取一定比例给予奖励，奖励比例由双方在合同中约定。全过程工程咨询服务费的计取应尽可能避免采用可能将全过程工程咨询单位的经济利益与工程总承包企业的经济利益一致化的计费方式。

相关咨询服务收费根据建设项目投资额的不同情况，分别实行政府指导价和市场调节价。目前，建设项目的咨询服务收费依据国家出台的相关文件执行或参考，如表1-2所示。

各类咨询服务收费 表1-2

咨询服务	收费标准	来源
前期工作咨询	工程咨询收费根据不同工程咨询项目的性质、内容，采取以下方法计取费用： 1. 按建设项目估算投资额，分档计算工程咨询费用； 2. 按工程咨询工作所耗工日计算工程咨询费用。 按照前款两种方法不便于计费的，可以参照本规定的工日费用标准由工程咨询机构与委托方议定。但参照工日计算的收费额，不得超过按估算投资额分档计费方式计算的收费额	《国家发展计划委员会关于印发建设项目前期工作咨询收费暂行规定的通知》[1]（计价格〔1999〕1283号）
勘察	工程勘察收费＝工程勘察收费基准价×（1±浮动幅度值） 工程勘察收费基准价＝工程勘察实物工作收费＋工程勘察技术工作收费 工程勘察实物工作收费＝工程勘察实物工作收费基价×实物工作量×附加调整系数 工程勘察技术工作收费＝工程勘察实物工作收费×技术工作收费比例	国家计委、建设部关于发布《工程勘察设计收费管理规定》的通知[2]（计价格〔2002〕10号）
设计	工程设计收费＝工程设计收费基准价×（1±浮动幅度值） 工程设计收费基准价＝基本设计收费+其他设计收费 基本设计收费＝工程设计收费基价×专业调整系数×工程复杂程度调整系数×附加调整系数	国家计委、建设部关于发布《工程勘察设计收费管理规定》的通知（计价格〔2002〕10号）
招标代理	招标代理服务收费按差额定率累进法计算。按《招标代理服务收费管理暂行办法》（计价格〔2002〕1980号）附件规定计算的收费额为招标代理服务全过程的收费基准价格，但不含工程量清单、工程标底或工程招标控制价的编制费用	国家计委关于印发《招标代理服务收费管理暂行办法》的通知[3]（计价格〔2002〕1980号）；《国家发展改革委关于降低部分建设项目收费标准规范收费行为等有关问题的通知》[4]（发改价格〔2011〕534号）

---

① 以下简称"计价格〔1999〕1283号"。
② 以下简称"计价格〔2002〕10号"。
③ 以下简称"计价格〔2002〕1980号"。
④ 以下简称"发改价格〔2011〕534号"。

咨询服务	收费标准	来源
环境评估	根据《关于规范环境影响咨询收费有关问题的通知》（计价格〔2002〕125号）附件一中进行计算： 1. 估算投资额为项目建议书或可行性研究报告中的估算投资额； 咨询服务项目收费标准根据估算投资额在对应区间内用插入法计算； 2. 以本通知收费标准为基础，按建设项目行业特点和所在区域的环境第三程度，乘以调整系数，确定咨询服务收费基次价。调整系数见《建设项目环境影响咨询收费标准调整系数》； 3. 评估环境影响报告书（含大纲）的费用不含专家参加审查会议的差旅费； 4. 环境影响评价大纲的技术评估费用占环境影响报告书评估费用的40%； 5. 本通知所列编制环境影响报告表收费标准为不设评价专题的基准价，每增加一个专题加收50%； 6. 本通知中费用不包括遥感、遥测、风洞试验、污染气象观测、示踪试验、地探、物探、卫星图片解读、需要动用船、收音机等的特殊监测等费用	《关于规范环境影响咨询收费有关问题的通知》[1]（计价格〔2002〕125号）、《国家发展改革委关于降低部分建设项目收费标准规范收费行为等有关问题的通知》（发改价格〔2011〕534号）
工程造价	工程造价咨询服务收费按差额定率累进计费	参考各省市发布的《建设工程造价咨询服务收费管理办法》
监理	实行政府指导价的建设工程施工阶段监理收费，其基准价根据《建设工程监理与相关服务收费标准》计算，浮动幅度为上下20%。发包人和监理人应当根据建设工程的实际情况在规定的浮动幅度内协商确定收费额。实行市场调节价的建设工程监理与相关服务收费，由发包人和监理人协商确定收费额。 1. 施工监理服务收费=施工监理服务收费基准价×（1±浮动幅度值） 2. 施工监理服务收费基准价=施工监理服务收费基价×专业调整系数×工程复杂程度调整系数×高程调整系数	国家发展改革委、建设部关于印发《建设工程监理与相关服务收费管理规定》的通知[2]（发改价格〔2007〕670号）
物业管理	业主与物业管理企业可以采取包干制或者酬金制等形式约定物业服务费用 包干制是指由业主向物业管理企业支付固定物业服务费用，盈余或者亏损均由物业管理企业享有或者承担的物业服务计费方式。 酬金制是指在预收的物业服务资金中按约定比例或者约定数额提取酬金支付给物业管理企业，其余全部用于物业服务合同约定的支出，结余或者不足均由业主享有或者承担的物业服务计费方式	《物业服务收费管理办法》[3]（发改价格〔2003〕1864号）；参考各省市的《物业管理收费标准》
资产评估	法定资产评估服务可实行计件收费、计时收费或计件与计时收费相结合的方式	国家发展改革委、财政部关于发布《资产评估收费管理办法》的通知[4]（发改价格〔2009〕2914号）、参考各省市发布的《资产评估收费标准》

---

① 以下简称"计价格〔2002〕125号"。
② 以下简称"发改价格〔2007〕670号"。
③ 以下简称"发改价格〔2003〕1864号"。
④ 以下简称"发改价格〔2009〕2914号"。

咨询服务	收费标准	来源
房地产评估	提供有关房地产政策法规、技术及相关信息等咨询的服务收费，实行市场调节价。也采用房地产的价格总额采取差额定率分档累进计收	国家计委、建设部《关于房地产中介服务收费的通知》（国家计委计价格〔1995〕971号）； 国家发展改革委、住房城乡建设部《关于放开房地产咨询收费和下放房地产经纪收费管理》的通知[①]（发改价格〔2014〕1289号）； 参考各省市的《房地产评估收费标准》
协调费用	各类咨询收费之和×30%	

现阶段，建设项目的咨询服务收费依据国家出台的相关文件无法满足全过程工程咨询服务收费需求。因此，本书提出全过程工程咨询服务协调费用的概念。即在各类咨询收费（包括但不限于：投资咨询、勘察设计、监理、造价、建筑、结构、公用设备、资产评估、融资规划、房地产评估、物业管理等专业）的总费用基础上增加一项全过程工程咨询单位的协调费用，按总费用之和的30%计入建设项目总咨询费。

由于建设项目中不同的投资规模，收费标准无法统一。本书根据建设项目和咨询的特点，将全过程工程咨询收费划分为移交前和移交后费用，移交后费用暂不评估。本书暂以投资规模10000万元、建筑面积约20000㎡的建设项目为例，对全过程工程咨询服务收费进行测算。经测算，移交前的费用中总协调费约248万元，总咨询费占总投资比重8.66%左右。如表1-3所示。

××工程概算汇总表

表1-3

序号	项目费用名称及计费标准	计量指标	总概算金额（万元）				总投资（万元）	占总投资比重（%）	占总咨询费比重（%）
一	建筑安装工程费用	建筑面积（m²）	建筑工程费	安装工程费	设备购置费	其他费用	10000	80.44	
1	××工程	20000	7500	2000	500		10000		
二	工程建设其他费用	计费依据及标准					1839	14.79	
1	建设单位管理费	《关于印发<基本建设项目建设成本管理规定>的通知》（财建〔2016〕504号）			140		140		
2	建设单位临时设施费	（一）×1%			100		100		
3	工程保险费	（一）×0.1%			10		10		

---

① 以下简称"发改价格〔2014〕1289号"。

序号	项目费用名称及计费标准	计量指标	总概算金额（万元）		总投资（万元）	占总投资比重（%）	占总咨询费比重（%）
4	总咨询费（移交前）			1077	1077	8.66	100.00
4.1	前期工程咨询费	计价格〔1999〕1283号	48		48	0.39	4.46
4.2	环境影响评价费	计价格〔2002〕125号	5		5	0.04	0.42
4.3	工艺流程研究费用（暂定为0）						
4.4	水土保持评价费（暂定为0）	《关于开发建设项目水保咨询服务费计列的指导意见》（保监〔2005〕22号）	0		0	0.00	0.00
4.5	工程勘察费	按设计费×30%计列	91		91	0.74	8.49
4.6	工程设计费	计价格〔2002〕10号	305		305	2.45	28.31
4.7	工程建设监理费（含保修期）	发改价格〔2007〕670号	230		230	1.85	21.32
4.8	招标代理费	计价格〔2002〕1980号	39		39	0.31	3.61
4.9	全过程工程造价咨询费	按《广东省物价局关于调整我省建设工程造价咨询服务收费的复函》（粤价函〔2011〕742号）计列	87		87	0.70	8.04
4.10	竣工图编制费	设计费×8%	24		24	0.20	2.26
4.11	总协调费	（∑4.1+…+4.10）×30%	248		248	2.00	23.08
5	总咨询费（移交后）	暂不计					
5.1	物业管理	发改价格〔2003〕1864号					
5.2	资产评估	发改价格〔2009〕2914号					
5.3	房地产评估	发改价格〔2014〕1289号					
6	其他			513	513		
6.1	招投标交易服务费	按《深圳市发展改革委员会关于调整建设工程交易服务和电子招投标服务收费标准的通知》（深发改〔2016〕1066号）计列	10		10		
6.2	白蚁防治费	暂按《广东省物价局、广东省建设厅关于白蚁防治收费管理有关问题的通知》（粤价〔2002〕370号）计列	6		6		
6.3	弃土场受纳处置费	暂列	200		200		
6.4	施工图审查费	发改价格〔2011〕534号	26		26		
6.5	第三方检测费	暂列	100		100		
6.6	高可靠性用电费	暂列	10		10		
6.7	引进技术和进口设备其他费用						
6.8	联合试运转费用						
6.9	生产职工培训费						
6.10	办公及生活家具购置费						
6.11	竣工验收专项费	暂列	30		30		
6.12	BIM平台建设费	按（一）×1%暂列	100		100		
6.13	BIM平台一体化费	按设计费×10%暂列	30		30		
三	预备费			592	592	4.76	
1	基本预备费	（一+二）×5%	592		592		
四	总概算	（一+二+三）			12431	8.66	

八、全过程工程咨询业务范围

本书研究的前提条件是建设项目的土地已取得，对土地通过招拍挂或划拨等方式取得的情况不予探讨。

根据国务院办公厅《关于促进建筑业持续健康发展的意见》（国办发〔2017〕19号）的文件精神，同时结合《工程咨询行业管理办法》（2017年第9号令）和《建设项目全过程造价咨询规程》CECA/GC 4—2017的规定，中国工程咨询的业务范围以三大阶段展开。

本书主要论述建设项目在决策阶段、设计阶段、发承包阶段、实施阶段、竣工阶段、运营阶段所需要的咨询产品，以及该产品所解决的建设问题。

决策阶段主要完成规划（含总体规划、专项规划、区域规划及行业规划）、投资机会研究、投融资策划、项目建议书编制（或审核）、可行性研究报告编制（或审核）、评估等工作，来确定为什么建、在哪建、建什么优质建设项目问题；实施阶段主要完成设计、招标、施工过程管理等工作，解决具体建什么、谁来建、如何建设优质建设项目问题；运营阶段将优质建设项目转化成资产、生产资料和办公场所，实行建筑物的功能，并确保建筑物的增值保值，实现建设目标，在这阶段完成评价、运维等工作，解决评判优质建设项目及反馈运营需求的问题。

全过程工程咨询以建设项目为载体，以实现打造优质建设项目为目标。围绕该目标来考虑和设计全过程工程咨询产品，即通过全过程工程咨询实现建设优质建设产品的目标，避免咨询产品脱离建设产品的空洞做法。本书借用后评价和绩效评价指标来作为优质建设项目的评判标准。

通过建设项目全过程工程咨询概览图（图1-4），将咨询产品和建设项目有机联系起来，使建设项目全过程工程咨询流程和建设项目的工作流程相呼应，明确了全过程工程咨询产品是为实现优质建设项目产品服务的。

上述建设项目全过程工程咨询概览图体现了以建设项目为载体，将建设全过程各个阶段和工作流程与咨询流程及咨询成果相连接，把建设项目产品和咨询产品进行结合。

考虑到管理模式的不断创新，图1-4增加了影响项目质量的工作或相关机构的最晚介入时点要求，明确了全过程过程咨询机构、运营人最晚介入的时点和可以介入的时点；说明了除传统工程发包模式外的其他EPC、PMC、PMA等不同模式的最早发包时间和条件，将PPP的融资模式提前到决策阶段研究；将建设项目工作流程中的初步设计完成时、开工时、验收移交时和生命结束并拆除时的造价作为投资控制的监控点。将全过程各阶段的过程咨询成果联系起来，解决了现阶段条块分割无法打通的问题，实现了全过程工程咨询目标。

图1-4也是本书编写的总逻辑框架，使每个阶段需要考虑的内容和咨询成果承上启下。

（1）决策阶段通过了解研究项目利益相关方的需求，确定优质建设项目的目标，汇集

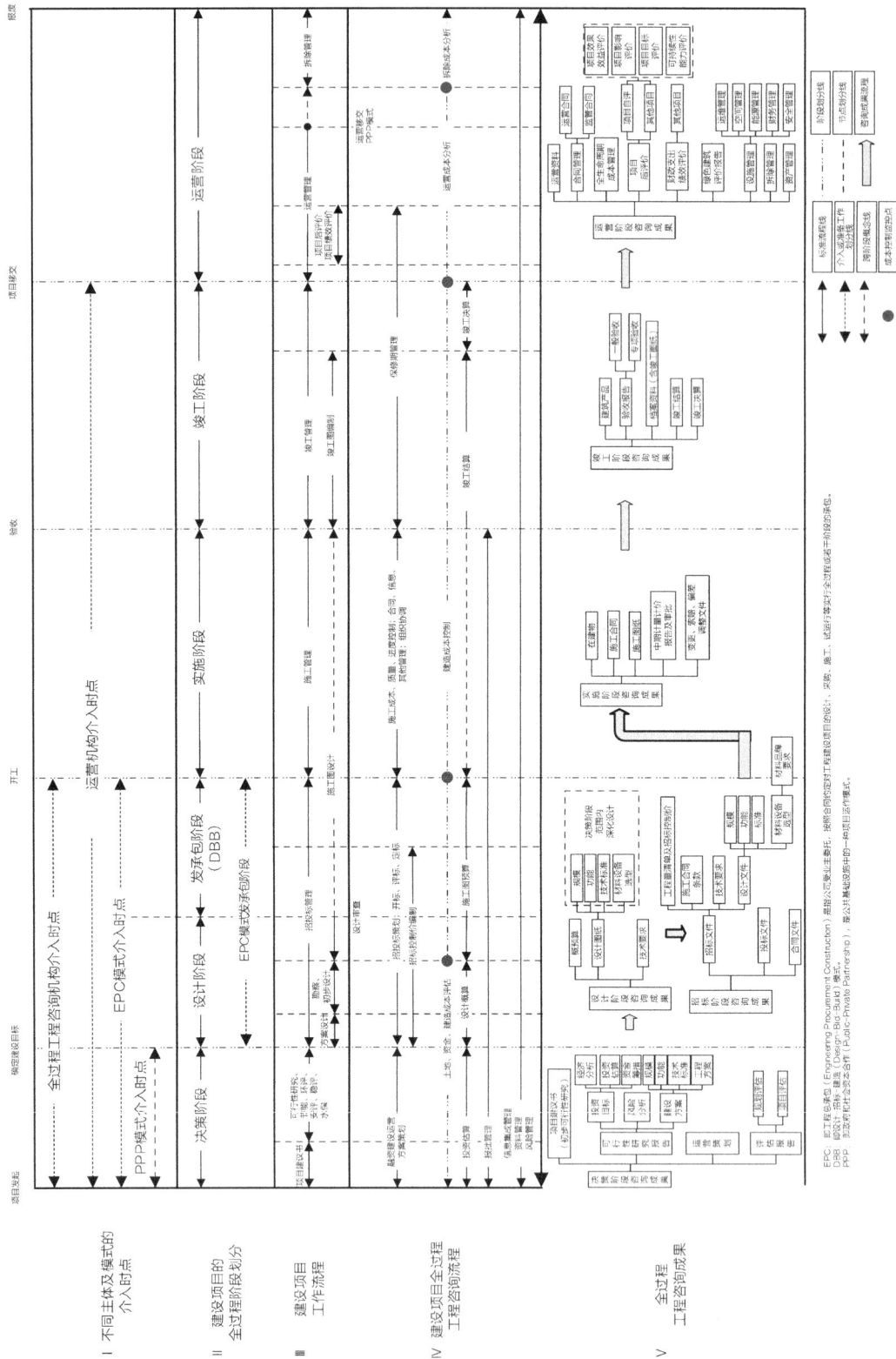

图1-4 建设项目全过程工程咨询概览图

优质建设项目评判标准。通过项目建议书、可行性研究报告、评估报告等形成建设项目的咨询成果，为设计阶段提供基础；

（2）设计阶段对决策阶段形成的研究成果进行深化和修正，将项目利益相关方的需求以及优质建设项目目标转化成设计图纸、概预算报告等咨询成果，为发承包阶段选择承包人提供指导方向；

（3）发承包阶段结合决策、设计阶段的咨询成果，通过招标策划、合约规划、招标过程服务等咨询工作，对优质建设项目选择承包人的条件、资质、能力等指标进行策划。并形成招标文件、合同条款、工程量清单、招标控制价等咨询成果。为实施阶段顺利开展工程建设提供控制和管理的依据；

（4）实施阶段根据发承包阶段形成的合同文件约定进行成本、质量、进度的控制；合同和信息的管理；全面组织协调各参与方；最终完成建设项目实体。在实施过程中，及时整理工程资料，为竣工阶段的验收、移交做准备；

（5）竣工阶段通过验收检验是否按照合同约定履约完成。最后将验收合格的建设项目以及相关资料移交给运营人，为运营阶段提供保障；

（6）运营阶段对建设项目进行评价，评价其是否是优质建设项目。通过运营使其建设项目体现优质建设项目的价值，实现决策阶段设定的建设目标。最后把运营人的运营需求进行总结，并反馈到下一个项目的决策阶段。使建设项目的前期决策具有更充分的依据。

因此，全过程工程咨询不是传统的碎片化、分阶段的咨询服务，而是由一个具有目标明确的各类专业人员组成的集合体，通过统一规划、分工实施、协调管理、沟通融通，来提供综合性咨询服务。全过程工程咨询单位能有效提高建设项目质量与进度，从而能更好地完成优质建设项目的目标。

九、贯穿于建设项目全过程的合约规划

建设项目的全过程工程咨询流程从决策阶段到运营阶段，涉及各个项目的参与方。为了更好地完成建设项目，各参与方之间通过合同来约定各方的职、权、利。

合约规划主要是指全过程工程咨询单位与投资人以及各参与方通过合同的方式明确各方的权利义务，并授权全过程工程咨询单位对建设项目进行全过程或分阶段的管理和服务活动。同时，全过程工程咨询单位根据投资人委托的管理和服务的内容，承担与工程建设、运营、监管相关的管理工作，协调承包人之间的合同关系，解决合同争议与纠纷等。

根据全过程工程咨询合同中约定的方式进行项目管理，投资人不直接与各专业咨询工程师签署合同，只与被管理方签署合同，其授权全过程工程咨询单位与各专业咨询工程师分别签订分包合同，如图1-5所示。

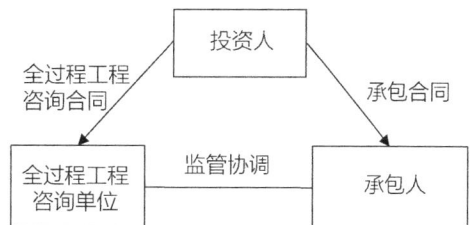

图1-5 全过程工程咨询的合同关系示意图

同时，依据各地区的试点方案中的要求，全过程工程咨询业务（包括项目策划、工程设计、工程监理、招标代理、造价咨询等）可以发包给同时具有相应设计、监理、招标代理和造价咨询资质的一家企业或具有上述资质或能力的联合体。

十、贯穿于建设项目全过程的报批管理

项目行政审批管理依照建设程序办理行政审批手续，在全过程工程管理中，项目的行政审批贯穿项目决策阶段到竣工阶段至运营阶段后评价及绩效评价完成，是一个非常重要的环节，如果项目没有按照法定的程序进行行政审批，项目的建设就是一种非法行为，项目的投资人就要面临重大的法律风险。在工程项目管理过程中，全过程工程咨询单位协助投资人开展项目行政报批工作。加强项目行政报批管理，是全过程工程咨询单位履行工程管理的重要环节。

因此，在不同的项目建设时期，全过程工程咨询单位需要向不同的相关部门进行行政报批，需要相关部门进行行政审批的内容主要包括：建设项目选址意见书、建设用地规划许可证、建设工程规划许可证、国有土地使用证、建设工程施工许可证等。将行政审批各参与方工作内容列表1-4，包括但不限于表1-4所列内容。

建设项目行政审批各参与方工作职责一览表 表1-4

阶段	序号	工作内容及成果	编制	审核	确认	申报	核准/审批/备案	流程
决策阶段	1	项目建议书	专业咨询工程师	总咨询师	投资人	投资人/全过程工程咨询单位	投资主管部门	
	2	项目选址意见书	专业咨询工程师	总咨询师	投资人	投资人/全过程工程咨询单位	城市规划行政主管部门	1完成后开始
	3	环境影响评价报告	专业咨询工程师	总咨询师	投资人	投资人/全过程工程咨询单位	环境保护行政主管部门	1完成后开始
	4	节能评估报告	专业咨询工程师	总咨询师	投资人	投资人/全过程工程咨询单位	管理节能工作的部门	1完成后开始
	5	可行性研究报告	专业咨询工程师	总咨询师	投资人	投资人/全过程工程咨询单位	投资主管部门	4完成后开始
	6	建设用地规划许可证	专业咨询工程师	总咨询师	投资人	投资人/全过程工程咨询单位	城市规划行政主管部门	1，2，4，5完成后开始
设计阶段	7	初步设计	专业咨询工程师	总咨询师	投资人	投资人/全过程工程咨询单位	建设行政主管部门	
	8	工程概算	专业咨询工程师	总咨询师	投资人	投资人/全过程工程咨询单位	投资主管部门/财政部门	7完成后开始
	9	施工图设计	专业咨询工程师	总咨询师	投资人	投资人/全过程工程咨询单位	建设行政主管部门	7，8完成后开始
	10	建设工程规划许可证	专业咨询工程师	总咨询师	投资人	投资人/全过程工程咨询单位	城市规划行政主管部门	9完成后开始

阶段	序号	工作内容及成果	编制	审核	确认	申报	核准/审批/备案	流程
发承包阶段	11	政府投资工程建设项目招标	专业咨询工程师	总咨询师	投资人	投资人/全过程工程咨询单位	建设行政主管部门	
	12	政府投资工程建设项目招标方案	专业咨询工程师	总咨询师	投资人	投资人/全过程工程咨询单位	投资主管部门	11完成后开始
实施阶段	13	建筑工程施工许可证	专业咨询工程师	总咨询师	投资人	投资人/全过程工程咨询单位	建设行政主管部门	3, 12完成后开始
	14	建设工程施工合同	专业咨询工程师	总咨询师	投资人	投资人/全过程工程咨询单位	建设行政主管部门	13完成后开始
	15	建设工程质量监督文件	专业咨询工程师	总咨询师	投资人	投资人/全过程工程咨询单位	建设行政主管部门	13完成后开始
	16	建设工程安全监督文件	专业咨询工程师	总咨询师	投资人	投资人/全过程工程咨询单位	建设行政主管部门	13完成后开始
竣工阶段	17	建设工程竣工验收报告	专业咨询工程师	总咨询师	投资人	投资人/全过程工程咨询单位	建设行政主管部门	
运营阶段	18	项目后评价报告	专业咨询工程师	总咨询师	投资人	投资人/全过程工程咨询单位	投资主管部门	
	19	项目绩效评价报告	专业咨询工程师	总咨询师	投资人/预算部门	投资人/全过程工程咨询单位	财政部门	

注: 1. 投资主管部门: 国务院投资主管部门是指国家发展改革委; 省级政府投资主管部门; 地方政府投资主管部门, 是指地方政府发展改革委（计委）和地方政府规定具有投资管理职能的经贸委（经委）; 具有核准权限的国务院有关行业主管部门。

2. 城市规划行政主管部门: 国务院城市规划行政主管部门主管全国的城市规划工作。县级以上地方人民政府城市规划行政主管部门主管本行政区域内的城市规划工作。

3. 建设行政主管部门: 国务院建设行政主管部门对全国的建设工程质量实施统一监督管理; 国务院铁路、交通、水利等有关部门按照国务院规定的职责分工, 负责对全国的有关专业建设工程质量的监督管理; 县级以上地方人民政府建设行政主管部门对本行政区域内的建设工程质量实施监督管理。县级以上地方人民政府交通、水利等有关部门在各自的职责范围内, 负责对本行政区域内的专业建设工程质量的监督管理。

4. 环境保护行政主管部门: 国务院环境保护行政主管部门, 对全国环境保护工作实施统一监督管理; 县级以上地方人民政府环境保护主管部门, 对本行政区域环境保护工作实施统一监督管理。县级以上人民政府有关部门和军队环境保护部门, 依照有关法律的规定对资源保护和污染防治等环境保护工作实施监督管理。

5. 管理节能工作的部门: 国务院管理节能工作的部门主管全国的节能监督管理工作。国务院有关部门在各自的职责范围内负责节能监督管理工作, 并接受国务院管理节能工作的部门的指导。县级以上地方各级人民政府管理节能工作的部门负责本行政区域内的节能监督管理工作。县级以上地方各级人民政府有关部门在各自的职责范围内负责节能监督管理工作, 并接受同级管理节能工作的部门的指导。

6. 财政部门: 国务院下设的财政部; 地方各级政府所设的各省、自治区、直辖市财政厅（局）; 各行政公署财政处; 各县（市）、自治州、自治县、市辖区财政局; 以及各乡、镇财政所。

7. 预算部门: 预算部门（单位）是指与财政部门有预算缴拨款关系的国家机关、政党组织、事业单位、社会团体和其他独立核算的法人组织。

8. 各地关于基本建设行政审批流程可能在细节上有所不同, 但大体上按照类似的程序进行。详细的流程可以参考各地的网站。

十一、贯穿于建设项目全过程的信息管理

信息集成管理是指建设项目在现代数字网络环境下，以现代信息集成理论和BIM技术为基础，通过对管理要素进行集成与动态整合并构建优势互补的集成化管理体系，使投资人、承包人、全过程工程咨询单位等项目各参与方，在最短的时间里通过最小的成本利用最需要的资源和服务的一种理念和模式。

BIM技术是以建设项目的各项相关信息数据作为基础，建立高度集成的、完整的建筑工程项目信息化"数字模型"。目的是提高建设项目的信息化、集成化程度，增强协同能力，提升工作效率。BIM的核心思想是实现工程生命期信息集成与相互协作，是引导建筑业可持续发展的一种新的生产方式，其实质是全面改变现有的设计手段和设计思维模式。BIM作为一项新的信息技术，它的提出和发展，对建筑业的科技进步产生了重大影响，已在业界得到了广泛关注。业界对其寄予厚望，并希望能够通过BIM技术的应用促进建筑业的技术升级和生产方式转变。

全过程工程咨询单位要想在项目的不同阶段获取不同利益相关方的信息，可以通过BIM模型和平台中插入、提取、更新和修改信息，以支持和反映其各自职责的协同作业，并且需要有一套完整的信息集成管理系统支持。旨在为设施（建设项目）在决策阶段、设计阶段、发承包阶段、实施阶段、竣工阶段和运营阶段建立标准、提供依据以及划分责权。

第二章

决策阶段工程
咨询服务

第一节 决策阶段概述

建设项目决策阶段需要确定建设项目目标，项目目标分为两个层次，宏观目标和具体目标。宏观目标是指项目建设对国家、地区、部门或行业要达到的整体发展目标所产生的积极影响和作用；具体目标是指项目建设要达到的直接效果。具体目标主要包括：效益目标、规模目标、功能目标、市场目标。

重点解决"该不该建、在哪建、建什么、建多大、何时建、如何实施、如何规避风险、谁来运营、产生什么社会效应和经济效益"等重大问题，所确定的项目目标，对工程项目长远经济效益和战略方向起着关键性和决定性作用。

建设项目在决策阶段的主要工作包括项目建议书、可行性研究报告（包括确定投资目标、风险分析、建设方案等）、运营策划、评估报告（包括节能评估报告、环境影响评价、安全评价、社会稳定风险评价、地质灾害危险性评估、交通影响评价以及水土保持方案）等相关报告的编制以及报送审批工作。从项目建议书到可行性研究报告，是一个由粗到细、由浅入深，逐步明确建设项目目标的过程。

在投资人具有投资意向时，全过程工程咨询单位即可介入项目策划。

一、决策阶段工作流程

建设项目决策阶段的参与主体主要包括投资人、运营人、全过程工程咨询单位、政府相关行政审批部门等，建设项目决策阶段的工作流程详见图2–1。

二、决策阶段各参与方的工作职责关系

在决策阶段，主要参与方有投资人、运营人、全过程工程咨询单位和政府相关行政审批部门，各参与方的主要职责体现在以下五个方面。

（一）编制项目决策成果文件

全过程工程咨询单位专业咨询工程师的工作内容主要包括项目建议书、可行性研究报告（包括确定投资目标、风险分析、建设方案等）、运营策划、评估报告（包括节能评估报告、环境影响评价、安全评价、社会稳定风险评价、地质灾害危险性评估、交通影响评价以及水土保持方案）等相关报告的编制以及报送审批工作。

（二）审核项目决策成果文件

全过程工程咨询单位的总咨询师审核编制完成的成果文件，审核文件的合法性、合理

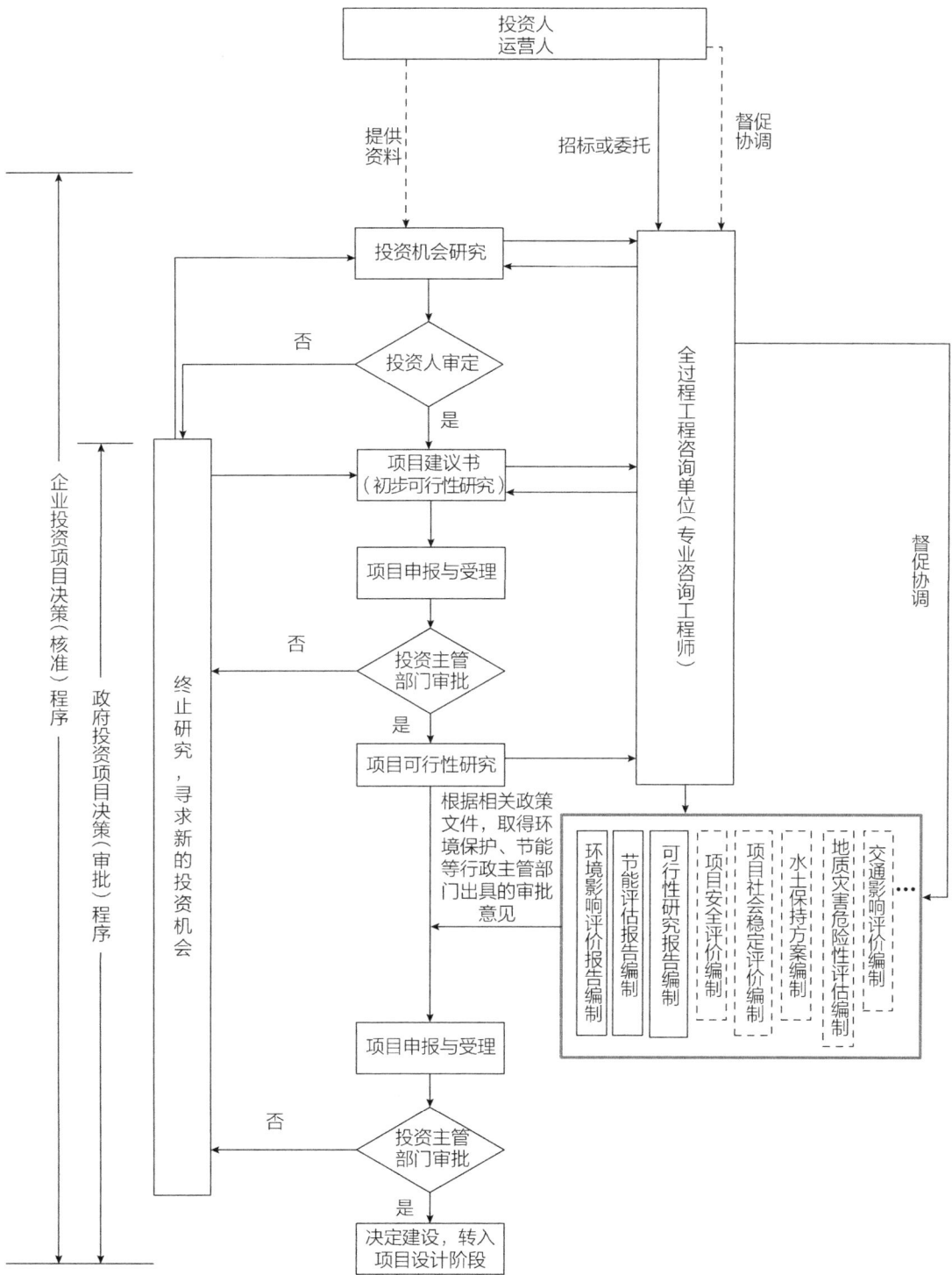

注：

1. 本图包含了政府投资项目和企业投资项目决策阶段的一般工作流程，项目的具体流程需根据自身的特点和项目所在地的政策文件而定。

2. 图中虚线框住的"报告"，如项目安全评价编制，需根据项目自身的特性和当地的相关政策要求进行完善，从而补充相关的申报内容

图2-1　建设项目决策阶段工作流程图

性、合规性、系统和完整性、可实施性，并提交投资人确认。相关部门审批后可作为下一阶段的指导性文件。

（三）确认项目决策成果文件

投资人确认决策成果文件是否满足其要求，是否具有可实施性。

（四）申报项目决策成果文件

投资人或全过程工程咨询单位将确认的决策成果文件申报政府相关行政审批部门。

（五）审批/备案决策成果文件

政府相关行政审批部门，根据国家与当地的相关政策文件对决策成果文件进行审批或者备案。

在项目决策阶段，各参与方的工作职责如表2-1所示。

决策阶段各参与方职责一览表　　　　　　　　　　　　表2-1

阶段	序号	工作任务	编制	审核	确认	申报	审批/备案
决策阶段	1	项目建议书	专业咨询工程师	总咨询师	投资人	投资人/全过程过程咨询机构	投资主管部门
	2	环境影响评价报告	专业咨询工程师	总咨询师	投资人	投资人/全过程过程咨询机构	环境保护行政主管部门
	3	节能评估报告	专业咨询工程师	总咨询师	投资人	投资人/全过程过程咨询机构	投资主管部门
	4	可行性研究报告	专业咨询工程师	总咨询师	投资人	投资人/全过程过程咨询机构	投资主管部门
	5	安全评估报告	专业咨询工程师	总咨询师	投资人	投资人/全过程过程咨询机构	其他行政主管部门
	6	社会稳定风险评价报告	专业咨询工程师	总咨询师	投资人	投资人/全过程过程咨询机构	其他行政主管部门
	7	水土保持方案	专业咨询工程师	总咨询师	投资人	投资人/全过程过程咨询机构	其他行政主管部门
	8	地质灾害危险性评估报告	专业咨询工程师	总咨询师	投资人	投资人/全过程过程咨询机构	其他行政主管部门
	9	交通影响评价报告	专业咨询工程师	总咨询师	投资人	投资人/全过程过程咨询机构	其他行政主管部门

注：1. 各地关于决策阶段的行政审批要求在细节上有所不同，具体项目是审批还是备案，需参照各地方相关部门的要求，但大体上按照类似的程序进行，详细的要求可以参考当地相关主管部门的官网或咨询当地相关主管部门。
　　2. 其中投资主管部门是以国家投资主管部门下辖的各省、市、地区的相关管理部门，根据项目的具体情况而定。

第二节 项目建议书

项目建议书（或初步可行性研究报告）是要求建设某一具体项目的建议文件，是基本建设程序中最初阶段的工作，是投资决策前对拟建项目的轮廓设想，其主要作用是论述一个拟建建设项目建设的必要性、条件的可行性和获得的可能性，供投资人或建设管理部门选择并确定是否进行下一步工作。项目建议书报经投资主管部门批准后，可以进行可行性研究工作，但并不表明项目非进行不可，项目建议书不是项目的最终决策。

一、依据

（一）国家相关规定

（1）国民经济的发展、国家和地方中长期规划；

（2）产业政策、生产力布局、国内外市场、项目所在地的内外部条件；

（3）有关机构发布的工程建设方面的标准、规范、定额；

（4）其他相关的法律、法规和政策；

（二）建设项目资料

（1）投资人的组织机构、经营范围、财务能力等；

（2）项目资金来源落实材料；

（3）项目初步设想方案，如总投资、产品及介绍、产量、预计销售价格、直接成本及清单；

（4）联合建设的项目需提交联合建设合同或协议；

（5）根据不同行业项目的特殊要求需要的其他相关资料；

（6）全过程工程咨询单位的知识和经验体系；

（7）其他与项目相关的资料。

二、内容

项目建议书的编制是按照建设项目的隶属关系，根据国民经济和社会发展的长远规划、行业规划、地区规划及经济建设的方针、任务和技术经济政策等要求，结合资源情况、建设条件、投资人的战略、投资人的资历等，在广泛调查研究、收集资料、踏勘建设地点、初步分析投资效果的基础上由专业咨询工程师进行编制。

（一）项目建议书的编制要点

（1）重点论证项目建设的必要性。

（2）全面掌握宏观信息，即国家经济和社会发展规划；行业或地区规划、线路周边自然资源等信息。

（3）根据项目预测结果，并结合用地规划情况及和同类项目类比的情况，论证提出合理的建设规模。

（4）尽可能全面地勾画项目的整体构架，减少较大建设内容的遗漏。

（二）项目建议书一般应包含的内容：

1．总论
总论包括：项目提出的背景和概况，以及问题与建议。

2．市场预测
市场预测包括预测产品在国内、国际市场的市场容量及供需情况，初步选定目标市场、价格走势初步预测，识别有无市场风险。

3．资源条件评价
资源条件评价包括：资源可利用量；资源品质情况；资源赋存条件；资源开发价值。

4．建设规模与产品方案
建设规模与产品方案包括：初步确定建设规模及理由和主要产品方案。

5．场址选择
场址选择包括：场址所在地区选择（规划选址）、场址初步比选、绘制场址地理位置示意图。

6．技术设备工程方案
技术设备工程方案包括：技术方案、主要设备初步方案和主要建、构筑物初步方案。

7．原材料、燃料供应

8．总图运输与公用辅助工程
总图运输与公用辅助工程包括：列出项目构成、绘制总平面布置图和主要的公用工程方案。

9．环境影响评价
环境影响评价包括：环境条件调查、影响环境因素分析、环境保护初步方案。

10．组织机构与人力资源配置
组织机构与人力资源配置主要包括估算项目所需人员数量。

11．项目实施进度
项目实施进度主要包括初步确定建设工期。

12．投资估算
投资估算主要包括初步估算项目建设投资和流动资金。

13．融资方案
融资方案包括：资本金和债务资金的需要数额和来源设想。

14. 财务评价

财务评价包括：盈利能力分析；偿债能力分析和非盈利性项目财务评价。

15. 国民经济评价与社会评价

国民经济评价与社会评价主要包括：初步计算国民经济效益和费用、经济内容收益率和以定性描述为主的社会评价。

16. 风险分析

风险分析主要包括：初步识别主要风险因素和初步分析风险影响程度。

17. 研究结论与建议

研究结论与建议包括：概括提出项目建设的必要性、在哪建、建什么、建多大、何时建、谁来运营、有何风险、有何收益等，提出是否可以进行下一步工作的明确意见和建议，并针对需要进一步研究解决的问题，提出措施建议。

18. 附图、附表、附件

三、程序

在项目建议书编制阶段，其编制工作流程为：全过程工程咨询单位组建项目组—专业咨询工程师搜集资料、踏勘现场—专业咨询工程师编制项目建议书—总咨询师审核项目建议书—投资人确认项目建议书—投资人/全过程工程咨询单位申报项目建议书—投资主管部门审批项目建议书。

项目建议书编制工作程序如下图2-2所示。

四、注意事项

（1）要充分了解国家、地方的相关法规、政策，紧密结合自身行业的特点论证，项目建设目标要与国家、地区、部门、行业的宏观规划目标一致。

（2）要通过广泛的考察、调研，借鉴同行业的经验，资料数据一定要准确、可靠，要有较强的说服力。此外，不同的行业有不同的编制标准，应当根据项目自身的特点以及相关政策文件进行编制。

（3）项目建议书评估要点

1）主要解决项目建设的必要性问题。

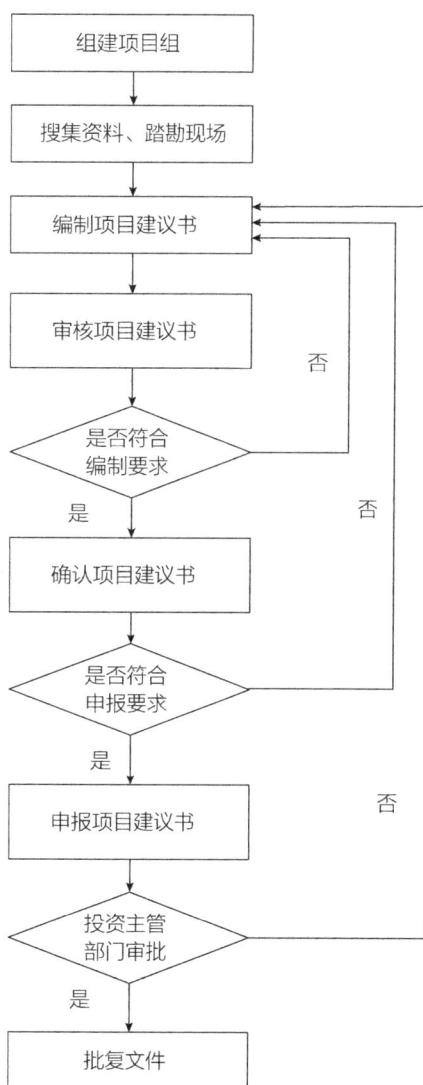

图2-2　建设项目建议书编制工作管理程序图

2）必要性的审核：

①定性分析：政策因素、效果因素等；

②定量分析：规划、项目定位、交通需求预测等；

③重点是与政策、规划的一致性问题。

3）投资估算审核：

多采用简单估算法（包括单位生产能力估算法、生产能力指数法、比例估算法、系数估算法和指标估算法等）。

第三节　项目可行性研究

项目可行性研究一般是在项目建议书（初步可行性研究）的基础上，详细地对在哪建、建什么、建多大、何时建、如何实施、如何规避风险、谁来运营、产生什么社会效应和经济效益等问题进行分析、研究。通过对拟建项目的建设方案和建设条件的分析、比较、论证，从而得出该项目是否值得投资，筹资方案、建设方案、运营方案是否合理、可行的研究结论，为项目的决策提供依据。

可行性研究是建设项目决策分析与评价阶段的重要工作。可行性研究的过程既是深入调查研究的过程，又是多方案比较选择的过程。此外，项目的可行性研究不仅是投资决策的依据，也是筹措资金、申请贷款和编制初步设计文件的依据。因此，可行性研究具有预见性、公正性、可靠性、科学性的特点。

一、环境影响评价报告

建设项目环境影响评价的作用是通过评价查清项目拟建地区的环境质量现状，针对项目的工程特点和污染特征，预测项目建成后对当地环境可能造成的不良影响及其范围和程度，从而制定避免污染、减少污染和防止生态环境恶化的对策，为项目选址、空间布局、方案制订和优化提供科学依据。

根据《中华人民共和国环境影响评价法》和《建设项目环境影响评价分类管理名录》的相关规定，总体来说，对于可能造成重大环境影响的，应当编制环境影响报告书，对产生的环境影响进行全面评价；可能造成轻度环境影响的，应当编制环境影响报告表，对产生的环境影响进行分析或者专项评价；对环境影响很小、不需要进行环境影响评价的，应当填报环境影响登记表。在实践中究竟编制环境影响报告书（表）或填报环境影响登记表，应根据《建设项目环境影响评价分类管理名录》具体规定进行编制。

根据《中华人民共和国环境影响评价法》（2016年修订）的规定，虽然除重大项目外，环境影响评价不再作为建设项目立项的前置审批条件，但是，建设项目的环境影响评价文件未依法经审批部门审查或者审查后未予批准的，建设单位不得开工建设。

（一）依据

（1）《中华人民共和国环境保护法》（主席令第9号）；

（2）《中华人民共和国大气污染防治法》（主席令第31号）；

（3）《中华人民共和国水污染防治法》（主席令第70号）；

（4）《建设项目环境保护管理条例》（国务院令第682号）；

（5）《建设项目环境保护分类管理名录》（环发〔2001〕17号）；

（6）《关于进一步加强环境影响评价管理防范环境风险的通知》（环发〔2012〕77号）；

（7）《中华人民共和国环境影响评价法》（主席令第48号）（2016年修订）；

（8）《建设项目环境影响评价分类管理名录》（环境保护部令第44号）；

（9）《国务院关于落实科学发展观加强环境保护的决定》（国发〔2005〕39号）；

（10）《建设项目环境影响评价技术导则 总纲》HJ 2.1-2016；

（11）相关规划（城市总体规划，土地利用规划）；

（12）其他相关法律、法规、规划、产业政策等；

（13）其他有关工程技术资料；

（14）投资人的组织机构、经营范围、财务能力等；

（15）根据不同行业项目的特殊要求需要的其他相关资料；

（16）全过程工程咨询单位的知识和经验体系。

（二）内容

根据《建设项目环境影响评价分类管理名录》的相关规定，同时结合项目的性质、规模以及可能对环境造成的影响，由专业咨询工程师编制建设项目的环境影响报告书、环境影响报告表或者环境影响登记表等环境影响评价文件。

1．建设项目的环境影响报告书的内容

（1）建设项目概况；

（2）建设项目周围环境现状；

（3）建设项目对环境可能造成影响的分析、预测和评估；

（4）建设项目环境保护措施及其技术、经济论证；

（5）建设项目对环境影响的经济损益分析；

（6）对建设项目实施环境监测的建议；

（7）环境影响评价的结论。

2．建设项目的环境影响报告表（登记表）的内容

（1）建设项目基本情况；

（2）建设项目所在地自然环境、社会环境简况；

（3）环境质量现状；

（4）评价适用标准；

（5）建设项目工程分析；

（6）项目主要污染物产生及预计排放情况；

（7）环境影响分析；

（8）建设项目拟采取的防治措施及预期治理效果；

（9）结论与建议。

3. 环境影响评价原则

突出环境影响评价的源头预防作用，坚持保护和改善环境质量。

（1）依法评价。贯彻执行中国环境保护相关法律法规、标准、政策和规划等，优化项目建设，服务环境管理。

（2）科学评价。规范环境影响评价方法，科学分析项目建设对环境质量的影响。

（3）突出重点。根据建设项目的工程内容及其特点，明确与环境要素间的作用效应关系，根据规划环境影响评价结论和审查意见，充分利用符合时效的数据资料及成果，对建设项目主要环境影响予以重点分析和评价。

（三）程序

在项目环境影响评价报告编制阶段，其工作流程如下：全过程工程咨询单位组建项目组—专业咨询工程师根据《建设项目环境影响评价分类管理名录》确定编制环境影响报告或填报环境影响登记表—专业咨询工程师搜集资料、踏勘现场—专业咨询工程师编制项目环境影响评价报告—总咨询师审核项目环境影响评价报告—投资人确认项目环境影响评价报告—投资人/全过程工程咨询单位申报项目环境影响评价报告—环境保护行政主管部门审批项目环境影响评价报告。

项目环境影响评价报告编制工作管理程序如图2-3所示。

具体的环境影响评价报告的编制工

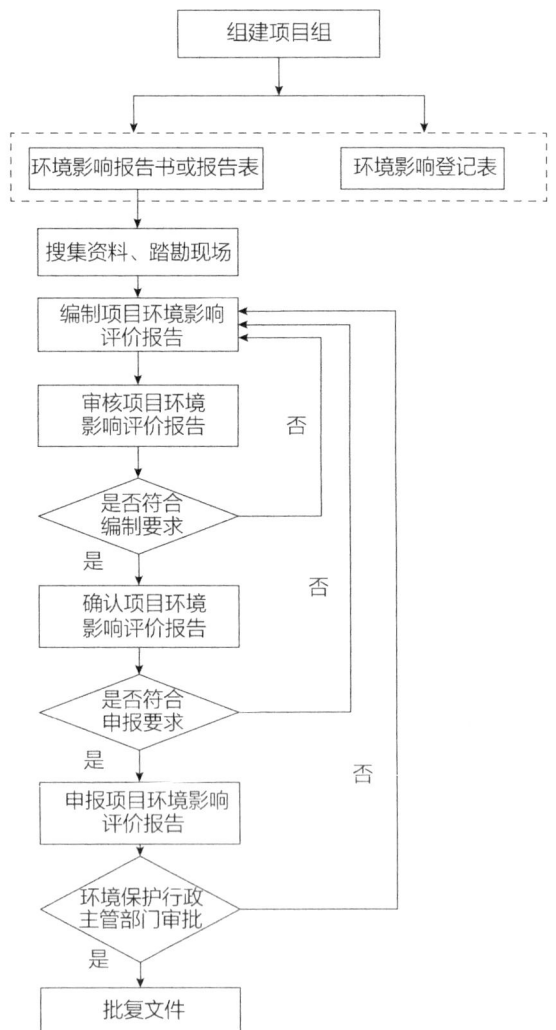

图2-3 建设项目环境影响评价报告编制工作管理程序图

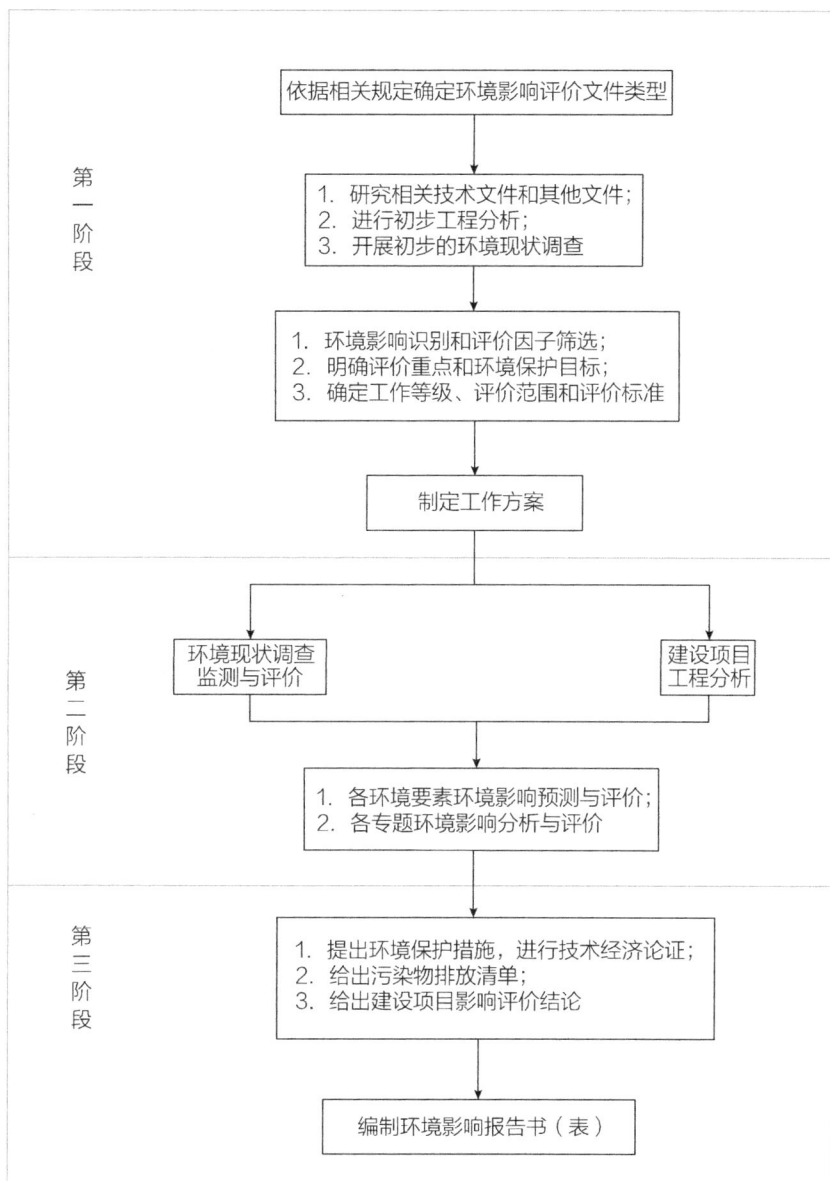

图2-4 建设项目环境影响评价报告具体编制工作流程图

作一般分为三个阶段，即调查分析和工作方案制定阶段，分析论证和预测评价阶段，环境影响报告书（表）编制阶段。具体流程见图2-4。

（四）注意事项

（1）环境保护部《建设项目环境影响评价技术导则 总纲》HJ2.1-2016规定了建设项目环境影响报告书编制要求如下：

1）一般包括概述、总则、建设项目工程分析、环境现状调查与评价、环境影响预测与评价、环境保护措施及其可行性论证、环境影响经济损益分析、环境管理与监测计划、环境影响评价结论和附录附件等内容。

概述可简要说明建设项目的特点、环境影响评价的工作过程、分析判定相关情况、关注的主要环境问题及环境影响、环境影响评价的主要结论等。总则应包括编制依据、评价因子与评价标准、评价工作等级和评价范围、相关规划及环境功能区划、主要环境保护目标等。

附录和附件应包括项目依据文件、相关技术资料、引用文献等。

2）应概括地反映环境影响评价的全部工作成果，突出重点。工程分析应体现工程特点，环境现状调查应反映环境特征，主要环境问题应阐述清楚，影响预测方法应科学，预测结果应可信，环境保护措施应可行、有效，评价结论应明确。

3）文字应简洁、准确，文本应规范，计量单位应标准化，数据应真实、可信，资料应翔实，应强化先进信息技术的应用，图表信息应满足环境质量现状评价和环境影响预测评价的要求。

（2）环境影响报告表编制要求

环境影响报告表应采用规定格式。可根据工程特点、环境特征，有针对性突出环境要素或设置专题开展评价。

（3）环境影响报告书（表）内容涉及国家秘密的，按国家涉密管理有关规定处理。

（4）根据《中华人民共和国水土保持法》和《中华人民共和国水土保持法实施条例》的相关规定，在山区、丘陵区、风沙区修建铁路、公路、水利工程，开办矿山企业、电力企业和其他大中型工业企业，需采取水土保持措施，对水土保持方案进行论述。环境影响报告书的水土保持方案必须先经水行政主管部门审查同意。

二、节能评估报告

节能评估是指根据国家节能法规、标准，对投资项目的能源利用是否科学合理进行分析评估。节能评估报告是指在项目节能评估的基础上，由具有工程咨询资信或能力的专业咨询工程师编制的节能评估报告书或节能评估报告表。

根据《固定资产投资项目节能审查办法》的相关规定可知，固定资产投资项目节能审查意见是项目开工建设、竣工验收和运营管理的重要依据。政府投资项目，建设单位在报送项目可行性研究报告前，需取得节能审查机关出具的节能审查意见。企业投资项目，建设单位需在开工建设前取得节能审查机关出具的节能审查意见。未按规定进行节能审查，或节能审查未通过的项目，建设单位不得开工建设，已经建成的不得投入生产、使用。

（一）依据

（1）《固定资产投资项目节能审查办法》（国家发展改革委令第44号）；

（2）《固定资产投资项目节能评估和审查暂行办法》（国家发展改革委令第6号）（已经

废止，但实践中仍然使用）；

（3）其他相关法律、法规、规划、行业准入条件、产业政策；

（4）其他相关标准及规范，节能技术、产品推荐目录；

（5）国家明令淘汰的用能产品、设备、生产工艺等目录；

（6）其他相关本项目的审批文件；

（7）项目基本情况：项目名称、建设地点、项目性质、建设规模及内容、项目工艺方案、总平面布置、主要经济技术指标、项目进度计划，改、扩建项目的原项目基本情况等；

（8）项目用能概况：项目主要供能、用能系统与设备的初步选择、能源消费种类、数量及能源使用分布情况，改、扩建项目的原项目用节能评估项目基能情况及存在问题等；

（9）项目所在地的主要气候特征；

（10）项目所在地区的社会经济状况：经济发展现状、节能目标、能源供应和消费现状、重点耗能企业分布及其能源供应消费特点、交通运输状况等；

（11）类比工程的相关资料；

（12）投资人的组织机构、经营范围、财务能力等；

（13）根据不同行业项目的特殊要求需要的其他相关资料；

（14）全过程工程咨询单位的知识和经验体系。

（二）内容

根据相关的政策文件及规定可知，节能评估报告编制的主要内容包括以下几部分：

1. 评价依据

主要包括相关法律、法规、规划、行业准入条件、产业政策，相关标准及规范，节能技术、产品推荐目录，国家明令淘汰的用能产品、设备、生产工艺等目录，以及相关工程资料和技术合同等。

2. 项目概况

（1）建设单位基本情况。建设单位名称、性质、地址、邮编、法人代表、项目联系人及联系方式，企业运营总体情况。

（2）项目基本情况。项目名称、建设地点、项目性质、建设规模及内容、项目工艺方案、总平面布置、主要经济技术指标、项目进度计划等（改、扩建项目需对项目原基本情况进行说明）。

（3）项目用能概况。主要供、用能系统与设备的初步选择，能源消耗种类、数量及能源使用分布情况（改、扩建项目需对项目原用能情况及存在的问题进行说明）。

3. 项目建设方案的节能评估

（1）项目选址、总平面布置对能源消费的影响。

（2）项目工艺流程、技术方案对能源消费的影响。

（3）主要用能工艺和工序，及其能耗指标和能效水平。

（4）主要耗能设备，及其能耗指标和能效水平。

（5）辅助生产和附属生产设施及其能耗指标和能效水平。

4．分析和比选

包括总平面布置、生产工艺、用能工艺、用能设备和能源计量器具等方面；

5．选取节能效果好、技术经济可行的节能技术和管理措施

6．项目能源消费量、能源消费结构、能源效率等方面的分析

（1）项目能源消费种类、来源及消费量分析评估。

（2）能源加工、转换、利用情况（可采用能量平衡表）分析评估。

（3）能效水平分析评估。包括单位产品（产值）综合能耗、可比能耗，主要工序（艺）单耗，单位建筑面积分品种实物能耗和综合能耗，单位投资能耗等。

7．对所在地完成能源消耗总量和强度目标、煤炭消费减量替代目标的影响等方面的分析评价

（三）程序

在节能评估报告编制阶段，其流程为：全过程工程咨询单位组建项目组—专业咨询工程师搜集资料、踏勘现场—专业咨询工程师编制项目节能评估报告—总咨询师审核项目节能评估报告—投资人确认项目节能评估报告—投资人/全过程工程咨询单位申报项目节能评估报告—投资主管部门审批项目节能评估报告。

节能评估报告编制工作程序如图2-5所示。

（四）注意事项

1．固定资产投资项目节能审查由地方节能审查机关负责

（1）国家发展改革委核报国务院审批以及国家发展改革委审批的政府投资项目，建设单位在报送项目可行性研究报告前，需取得省级节能审查机关出具的节能审查意见。国家发展改革委核报国务院核准以及国家发展改革委核准的企业投资项目，建设单位需在开工建设前取得省级节能审查机关出具的节能审查意见。

（2）企业投资项目，建设单位需在开工建设前取得节能审查机关出具的节能审查意见。未按规定进行节能审查，或节能审查未通过的项目，建设单位不得开工建

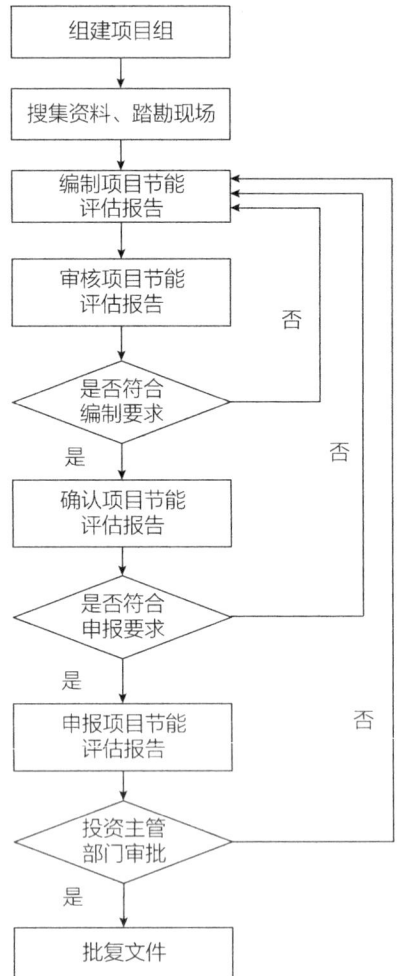

图2-5　建设项目节能评估报告编制工作管理程序图

设，已经建成的不得投入生产、使用。

（3）年综合能源消费量5000t标准煤以上（改扩建项目按照建成投产后年综合能源消费增量计算，电力折算系数按当量值，下同）的固定资产投资项目，其节能审查由省级节能审查机关负责。其他固定资产投资项目，其节能审查管理权限由省级节能审查机关依据实际情况自行决定。

（4）年综合能源消费量不满1000t标准煤，且年电力消费量不满500万kW·h的固定资产投资项目，以及用能工艺简单、节能潜力小的行业（具体行业目录由国家发展改革委制定并公布）的固定资产投资项目应按照相关节能标准、规范建设，不再单独进行节能审查。

2. 项目节能审查条件

（1）节能评估依据的法律法规、标准规范、政策等准确适用；

（2）项目用能分析客观准确，方法科学，结论准确；

（3）节能措施合理可行；

（4）项目的能源消费量和能效水平能够满足本地区能源消耗总量和强度"双控"管理要求等。

三、可行性研究报告

项目可行性研究报告主要是通过对项目的市场需求、资源供应、建设规模、工艺路线、设备选型、环境影响、资金筹措、盈利能力等，从技术、经济、工程等方面进行调查研究和分析比较，并对项目建成以后可能取得的财务、经济效益及社会影响进行预测，从而提出该项目是否值得投资和如何进行建设的咨询意见，为项目决策提供依据的一种综合性的分析方法。

此外，可行性研究报告为投资人筹集资金，申请银行贷款提供依据；也为商务谈判和签订有关合同或协议提供依据；并且批准的可行性研究报告是初步设计文件的编制依据。

（一）依据

（1）《投资项目可行性研究指南（试行版）》；

（2）《项目申请报告通用文本》（发改投资〔2007〕1169号）；

（3）《建设项目经济评价方法与参数》第三版；

（4）项目建议书（初步可行性研究报告）及其批复文件；

（5）城市规划行政主管部门出具的项目规划意见；

（6）国土资源行政主管部门出具的项目用地意见；

（7）环境保护行政主管部门出具的项目环评意见；

（8）土地合同及土地规划许可；

（9）其他区（市）县发展改革或市级主管部门的转报文件（含行业主管部门意见）；

（10）国家和地方的经济和社会发展规划、行业部门的发展规划，如江河流域开发治理规划、铁路公路路网规划、电力电网规划、森林开发规划，以及企业发展战略规划等；

（11）其他有关的法律、法规和政策；

（12）有关机构发布的工程建设方面的标准、规范、定额；

（13）拟建场址的自然、经济、社会概况等基础资料；

（14）合资、合作项目各方签订的协议书或意向书；

（15）与拟建项目有关的各种市场信息资料或社会公众要求等；

（16）根据不同行业的特殊要求需提供的其他相关资料。

（17）投资人的组织机构、经营范围、财务能力等；

（18）根据不同行业项目的特殊要求需要的其他相关资料；

（19）全过程工程咨询单位的知识和经验体系。

（二）内容

1. 可行性研究报告的内容

根据《投资项目可行性研究指南（试行版）》以及相关政策文件的规定可知，建设项目的可行性研究报告一般包括以下内容：

（1）总论

总论包括：项目提出的背景与概况；可行性研究报告编制的依据；项目建设条件；问题与建议。

（2）市场预测

市场预测包括：市场现状调查；产品供需预测；价格预测；竞争力与营销策略；市场风险分析。

（3）资源条件评价

资源条件评价包括：资源可利用量；资源品质情况；资源赋存条件；资源开发价值。

（4）建设规模与产品方案

建设规模与产品方案研究是在市场预测和资源评价（指资源开发项目）的基础上，论证比选拟建项目的建设规模和产品方案（包括主要产品和辅助产品及其组合），作为确定项目技术方案、设备方案、工程方案、原材料燃料供应方案及投资估算的依据。

建设规模与产品方案主要包括：建设规模与产品方案构成；建设规模与产品方案的比选；推荐的建设规模与产品方案；技术改造项目推荐方案与原企业设施利用的合理性。

其中建设规模也称生产规模，是指项目设定的正常生产运营年份可能达到的生产能力或者使用效益。不同类型项目建设规模的表述不同，工业项目通常以年产量、年加工量、装机容量等表述；农林水利项目以年产量、种植面积、灌溉面积、防洪治涝面积、水库库容、供水能力等表述；交通运输项目以运输能力、吞吐能力等表述；城市基础设施项目和服务行业项目以年处理量、建筑面积、服务能力等表述。生产多种产品的项目一般是以主要产品的生产能力表示该项目的建设规模。

确定建设规模一般应研究以下主要因素和内容：

1）合理经济规模；

2）市场容量对项目规模的影响；

3）环境容量对项目规模的影响；

4）资金、原材料以及主要外部协作条件等对项目规模的满足程度。

（5）场址选择

场址选择包括：场址现状及建设条件描述；场址方案比选；推荐的场址方案；技术改造项目现有场址的利用情况。

（6）技术设备工程方案

技术设备工程方案包括：技术方案选择；主要设备方案选择；工程方案选择；技术改造项目技术设备方案与改造前比较。

其中技术方案主要指生产方法、工艺流程（工艺过程）等。

设备方案选择是在研究和初步确定技术方案的基础上，对所需主要设备的规格、型号、数量、来源、价格等进行研究比选。

工程方案构成项目实体。工程方案选择是在已选定项目建设规模、技术方案和设备条件的基础上，研究论证主要建筑物、构筑物的建造方案。

（7）原材料、燃料供应

原材料、燃料供应包括：主要原材料供应方案选择；燃料供应方案选择。

（8）总图运输与公用辅助工程

总图运输与公用辅助工程包括：总图布置方案；场内外运输方案；公用工程与辅助工程方案；技术改造项目与原企业设施的协作配套。

（9）节能措施

节能措施包括：节能设施；能耗指标分析（技术改造项目应与原企业能耗比较）。

（10）节水措施

节水措施包括：节水设施；水耗指标分析（技术改造项目应与原企业水耗比较）。

（11）环境影响评价

环境影响评价包括：环境条件调查；影响环境因素分析；环境保护措施；技术改造项目与原企业环境状况比较。

（12）劳动安全卫生与消防

劳动安全卫生与消防包括：危险因素和危害程度分析；安全防范措施；卫生保健措施；消防措施。

（13）组织机构与人力资源配置

组织机构与人力资源配置包括：组织机构设置及其适应性分析；人力资源配置；员工培训。

（14）项目实施进度

项目实施进度包括：建设工期；实施进度安排；技术改造项目的建设与生产的衔接。

（15）投资估算

投资估算内容包括：投资估算范围与依据；建设投资估算；流动资金估算；总投资额及分年投资计划。

（16）融资方案

融资方案是在投资估算的基础上，研究拟建项目的资金渠道、融资形式、融资结构、融资成本、融资风险，比选推荐项目融资方案，并以此研究资金筹措方案和进行财务评价。融资方案中主要包括：融资组织形式选择；资本金来源选择与筹措；债务资金筹措；融资方案分析。

其中，资金的筹措渠道主要包括：1）项目法人自有资金；2）政府财政性资金；3）国内外银行等金融机构的信贷资金；4）国内外证券市场资金；5）国内外非银行金融机构的资金，如立信投资公司；6）外国政府、企业、团体、个人等的资金；7）国内企业、团体、个人的资金。

（17）财务评价

财务评价包括：财务评价基础数据与参数选取；销售收入与成本费用估算；财务评价报表；盈利能力分析；偿债能力分析；不确定性分析；财务评价结论。

（18）国民经济评价和社会评价

国民经济评价和社会评价包括：国民经济效益和费用计算、国民经济评价指标和社会评价。

（19）风险分析

建设项目风险分析是在市场预测、技术方案、工程方案、融资方案和社会评价论证中已进行的初步风险分析的基础上，进一步综合分析识别拟建项目在建设和运营中潜在的主要风险因素，揭示风险来源，判别风险程度，提出规避风险对策，降低风险损失。风险分析主要包括风险因素识别、风险评估方法和风险防范对策。

风险因素识别：项目风险分析贯穿于项目建设和生产运营的全过程，在可行性研究阶段应着重识别以下几种风险，分别为市场风险、资源风险、技术风险、工程风险、资金风险、政策风险、外部协作条件风险、社会风险和其他风险。

风险评估方法：

1）专家评估法。这种方法是以发函、开会或其他形式向专家咨询，对项目风险因素及其风险程度进行评定，将多位专家的经验集中起来形成分析结论。

2）风险因素取值评定法。

3）概率分析法。

风险防范对策：1）风险回避；2）风险控制；3）风险转移；4）风险自担。

（20）研究结论与建议

研究结论与建议包括：推荐方案总体描述；推荐方案的优缺点描述；主要对比方案；结论与建议。

（21）附图、附表、附件

2. 可行性研究报告的编制要点：

（1）应能充分反映项目可行性研究工作的成果，内容齐全，结论明确，数据准确，论据充分，满足决策者定方案定项目的要求。

（2）重大技术方案，应有两个以上方案的比选，方案中应当包含建设项目的规模、功能、标准和绿色建筑实施方案分析等内容。

（3）主要工程技术数据，应能指导下一步项目初步设计的进行。

（4）项目的资金融资方案应切实可行，投资估算，土地、资金、建造成本分析应当合理，如有银行贷款等非政府资金融资方式，报告还应能满足银行等金融部门信贷决策的需要。

（5）应反映可行性研究过程中出现的某些方案的重大分歧及未被采纳的理由，以供委托单位与投资者权衡利弊进行决策。

（6）应附有评审、审批决策所必需的文件资料等。

3. 可行性研究报告编制大纲

以公共建筑项目可行性研究报告编制大纲为例，介绍可行性研究报告的具体包括内容；公共建筑项目一般指行政办公用房、文化娱乐场馆、体育场馆、医疗卫生设施、教育科研设计机构用房、文物古迹和革命纪念建筑、慈善宗教建筑、外国使领馆等。下面为公共建筑项目可行性研究报告编制大纲：

第一章，总论。包括项目背景、项目概况和问题与建议。

第二章，需求分析与建设规模。包括需求分析、建设规模方案比选（包括结构形式、建筑面积、使用功能）和推荐建设规模方案。

第三章，厂（场）址选择。包括厂（场）址现状、厂（场）址条件、厂（场）址条件比选和推荐厂（场）址方案（绘制厂（场）址地理位置图）。

第四章，建筑方案选择。包括建筑设计指导思想与原则、项目总体规划方案、建筑方案、建筑方案比选和主要技术经济指标。

第五章，节能节水措施。包括节能措施及能耗指标分析和节水措施及水耗指标分析。

第六章，环境影响评价。包括项目厂（场）址环境现状、项目建设与运营对环境的影响、环境保护措施、环境保护设施与投资和环境影响评价。

第七章，劳动安全与卫生消防。包括危险因素及危险程度分析、安全设施和消防设施。

第八章，组织机构与人力资源配置。包括组织机构与人力资源配置。

第九章，项目实施进度。包括建设工期、项目实施进度安排和项目实施进度表。

第十章，投资估算与资金筹措。包括投资估算和资金筹措方式与来源。

第十一章，财务评价。包括财务评价基础数据选择、服务收入支出预测和财务评价指标。

第十二章，社会评价。包括项目对社会的影响分析、项目与所在地区互适性分析、社会风险分析和社会评价结论。

第十三章，研究结论与建议。推荐方案总体描述、推荐方案优缺点描述、主要对比方案和结论与建议。

附图、附表、附件。

（三）程序

在项目可行性研究报告编制阶段，其流程为：全过程工程咨询单位组建项目组—专业咨询工程师搜集资料、踏勘现场—专业咨询工程师编制项目可行性研究报告—总咨询师审核项目可行性研究报告—投资人确认项目可行性研究报告—投资人/全过程工程咨询单位申报项目可行性研究报告—投资主管部门审批项目可行性研究报告。

可行性研究报告编制工作程序如图2-6所示。

（四）注意事项

1. 可行性研究报告的深度应达到以下要求

（1）可行性研究报告应达到内容齐全、数据准确、论据充分、结论明确的要求，以满足决策者定方案、定项目的需要。

（2）可行性研究报告中选用的主要设备的规格、参数应能满足预订货的要求。引进技术设备的资料应能满足引进设备合同谈判的要求。

（3）可行性研究报告中的重大技术、财务方案，应有两个以上方案的比选。

（4）可行性研究报告中确定的主要工程技术数据，应能满足项目初步设计的要求。

（5）可行性研究阶段对投资和成本费用的估算应采用分项详细估算法。

（6）可行性研究报告中确定的融资方案，应能满足项目资金筹措及使用计划对投资数额、时间和币种的要求，并能满足银行等金融机构信贷决策的需要。

（7）可行性研究报告应反映可行性研究过程中出现的某些方案的重大分歧及未被采纳的理由，以供决策者权衡利弊进行决策。

（8）可行性研究报告应附有供评估、决策审批所必

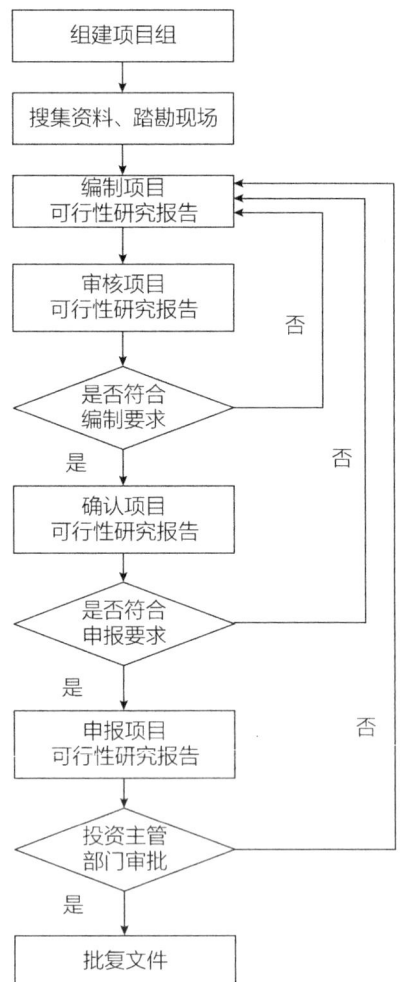

图2-6 可行性研究报告编制工作管理程序图

需的合同、协议和城市规划、土地使用、资源利用、节约能源、环境保护、水土保持等相关主管部门的意见，出具相应行政许可文件。

2．不同行业的可行性研究报告侧重点

不同行业的项目性质、建设目的及其作用对社会的各种影响差异甚大，研究分析方法、技术、各种经济技术指标也不同，并且即使同一行业的项目仍然会存在不同层次的差异性。可行性研究中不同行业的可行性研究侧重点不同。以下行业的可行性研究侧重点的提示可供参考使用：

（1）水利水电项目。通常具有防洪、灌溉、治涝、发电、供水等多项功能。需要重点研究水利水电资源的开发利用条件，水文、气象、工程地质条件，坝型与枢纽布置，库区淹没与移民安置等；项目经济评价以经济分析为主，财务分析为辅；对于社会公益、洼地水利项目，如防洪、治涝项目，财务分析的目的是测算提出维持项目正常运行需要国家补助的资金数额和需要采取的经济优惠政策。

（2）交通运输项目。包括公路、铁路、机场、地铁、桥梁、隧道等。该类项目的特点是不生产实物产品，而是为社会提供运输服务。需要重点研究项目对经济和社会发展、区域综合运输网布局、路网布局等方面的作用和意义，研究运量、线路方案、建设规模、技术标准、建筑工程方案等。项目经济评价以经济分析为主，财务分析为辅。

（3）农业开发项目。一般多为综合开发项目，可能包括农、林、牧、副、渔和加工业等项目，建设内容比较复杂，需要重点研究市场分析、建设规模和产品方案、原材料供应等。农业项目受气候等自然条件影响，效益与费用的不确定性较大。项目经济评价一般分项目层和经营层两个层次，项目层次评价以经济分析为主，财务分析为辅；经营层次评价只进行财务分析。

（4）文教卫生项目。包括学校、体育馆、图书馆、医院、卫生防疫与疾病控制系统等项目。此类项目建设的目的在于改善公共福利环境，提高人民的生活水平，保障社会公平，促进社会发展。需要重点研究项目的服务范围，确定项目的建设规模；依据项目的功能定位，选择比较适宜的建筑方案、主要设备和器械；项目经济评价以经济分析为主，常用的方法有最小成本分析、经济费用效果分析等。

（5）资源开发项目。包括煤、石油、天然气、金属、非金属等矿产资源的开发项目，水利水电资源的开发利用项目、森林资源的采伐项目等。此类项目需要重点研究资源开发利用的条件，包括资源开发的合理性、拟开发资源的可利用量、自然品质、赋存条件和开发价值；分析项目是否符合资源总体开发规划的要求，是否符合资源综合利用、可持续发展的要求，是否符合保护生态环境的有关规定。

3．可行性研究报告评估要点

（1）主要解决项目的建设规模和投资问题。

（2）建设规模的审核：

内在因素：项目本身的交通需求预测情况；

外在因素：规划、建设标准、资源约束、同类项目类比等；

重点是建设标准与资源约束。

（3）投资估算的审核：

一般采用建设投资分类估算法，即对构成建设项目总投资的六类投资（土地费用、建筑安装工程费、设备购置费、工程建设其他费用、资金成本、预备费用）进行估算。审核重点：投资的构成是否完整，具体投资的价、量、费是否合理。

根据具体项目情况，确定是否考虑土地使用费用。

四、项目安全评价

建设项目安全评价主要评价建设项目从安全角度是否符合当地规划，选址与周边的安全距离是否符合要求，采用的建筑结构、工艺设备，采取的安全应对措施是否符合要求，使安全监管部门明确是否批准项目的建设。对未达到安全目标的系统或单元提出安全补救措施，以利于提高建设项目本身的安全程度，满足安全生产的需要。

根据《建设项目安全实施"三同时"监督管理暂行办法》文件中规定，下列建设项目在进行可行性研究时，生产经营单位应当分别对其安全生产条件进行论证和安全预评价：

（1）非煤矿矿山建设项目；

（2）生产、储存危险化学品（包括使用长输管道输送危险化学品，下同）的建设项目；

（3）生产、储存烟花爆竹的建设项目；

（4）化工、冶金、有色、建材、机械、轻工、纺织、烟草、商贸、军工、公路、水运、轨道交通、电力等行业的国家和省级重点建设项目；

（5）法律、行政法规和国务院规定的其他建设项目。

投资人应当委托具有相应资信或能力的全过程工程咨询单位，对其建设项目进行安全预评价，并编制安全预评价报告，并且建设项目安全预评价报告应当符合国家标准或者行业标准的规定。

（一）依据

（1）《中华人民共和国安全生产法》（中华人民共和国主席令第70号）；

（2）《国务院关于进一步加强企业安全生产工作的通知》（国发〔2010〕23号）；

（3）《建设工程安全生产管理条例》（国务院令第393号）；

（4）《建设项目安全实施"三同时"监督管理暂行办法》（国家安全生产监督管理总局令第36号）；

（5）《海洋石油安全生产规定》（国家安全生产监督管理总局令第4号）；

（6）《危险化学品建设项目安全许可实施办法》（国家安全生产监督管理总局令第8号）；

（7）《冶金企业安全生产监督管理规定》（国家安全生产监督管理总局令第26号）；

（8）《安全评价通则》AQ 8001—2007；

（9）《安全预评价导则》AQ 8002—2007；

（10）《关于加强建设项目安全设施"三同时"工作的通知》（发改投资〔2003〕1346号）；

（11）《建设领域安全生产行政责任规定》（建法〔2002〕223号）；

（12）其他安全生产及行业标准；

（13）项目选址意见书、项目拟建场地的总平面图；

（14）建设项目其他相关政策文件与资料；

（15）投资人的组织机构、经营范围、财务能力等；

（16）根据不同行业项目的特殊要求需要的其他相关资料；

（17）全过程工程咨询单位的知识和经验体系。

（二）内容

1．安全评价的分类

根据《安全评价通则》AQ 8001—2007规定，安全评价按照实施阶段的不同分为安全预评价、安全验收评价、安全现状评价。建设项目安全评价主要包括安全预评价和安全验收评价，而在决策阶段，建设项目主要进行安全预评价。

（1）安全预评价

在建设项目可行性研究阶段、工业园区规划阶段或生产经营活动组织实施之前，根据相关的基础资料，辨识与分析建设项目、工业园区、生产经营活动潜在的危险、有害因素，确定其与安全生产法律法规、标准、行政规章、规范的符合性，预测发生事故的可能性及其严重程度，提出科学、合理、可行的安全对策措施建议，做出安全评价结论的活动。

（2）安全验收评价

在建设项目竣工后正式生产运行前或工业园区建设完成后，通过检查建设项目安全设施与主体工程同时设计、同时施工、同时投入生产和使用的情况或工业园区内的安全设施、设备、装置投入生产和使用的情况，检查安全生产管理措施到位情况，检查安全生产规章制度健全情况，检查事故应急救援预案建立情况，审查确定建设项目、工业园区建设满足安全生产法律法规、标准、规范要求的符合性，从整体上确定建设项目、工业园区的运行状况和安全管理情况，做出安全验收评价结论的活动。

（3）安全现状评价

针对生产经营活动中、工业园区的事故风险、安全管理等情况，辨识与分析其存在的危险、有害因素，审查确定其与安全生产法律法规、规章、标准、规范要求的符合性，做出安全现状评价结论的活动。

安全现状评价既适用于对一个生产经营单位或一个工业园区的评价，也适用于某一特定的生产方式、生产工艺、生产装置或作业场所的评价。

2．安全预评价报告内容

根据《安全预评价导则》AQ 8002—2007规定，安全预评价报告基本内容如下；

（1）结合评价对象的特点，阐述编制安全预评价报告的目的。

（2）列出有关的法律法规、标准、规章、规范和评价对象被批准设立的相关文件及其他有关参考资料等安全预评价的依据。

（3）介绍评价对象的选址、总图及平面布置、水文情况、地质条件、工业园区规划、生产规模、工艺流程、功能分布、主要设施、设备、装置、主要原材料、产品（中间产品）、经济技术指标、公用工程及辅助设施、人流、物流等概况。

（4）列出辨识与分析危险、有害因素的依据，阐述辨识与分析危险、有害因素的过程。

（5）阐述划分评价单元的原则、分析过程等。

（6）列出选定的评价方法，并做简单介绍。阐述选定此方法的原因。详细列出定性、定量评价过程。明确重大危险源的分布、监控情况以及预防事故扩大的应急预案内容。给出相关的评价结果，并对得出的评价结果进行分析。

（7）列出安全对策措施建议的依据、原则、内容。

（8）作出评价结论。

（三）程序

在项目安全（预）评价报告编制阶段，其流程为：全过程工程咨询单位组建项目组—专业咨询工程师搜集资料、踏勘现场—专业咨询工程师辨识与分析危险、有害因素—专业咨询工程师划分评价单元，定性、定量评价—专业咨询工程师进行安全评价—专业咨询工程师提出安全对策措施建议—专业咨询工程师做出评价结论并编制项目安全（预）评价报告—总咨询师审核项目安全（预）评价报告—投资人确认项目安全（预）评价报告。

安全（预）评价报告编制工作程序如图2-7所示。

（四）注意事项

（1）安全预评价报告是安全预评价工作过程

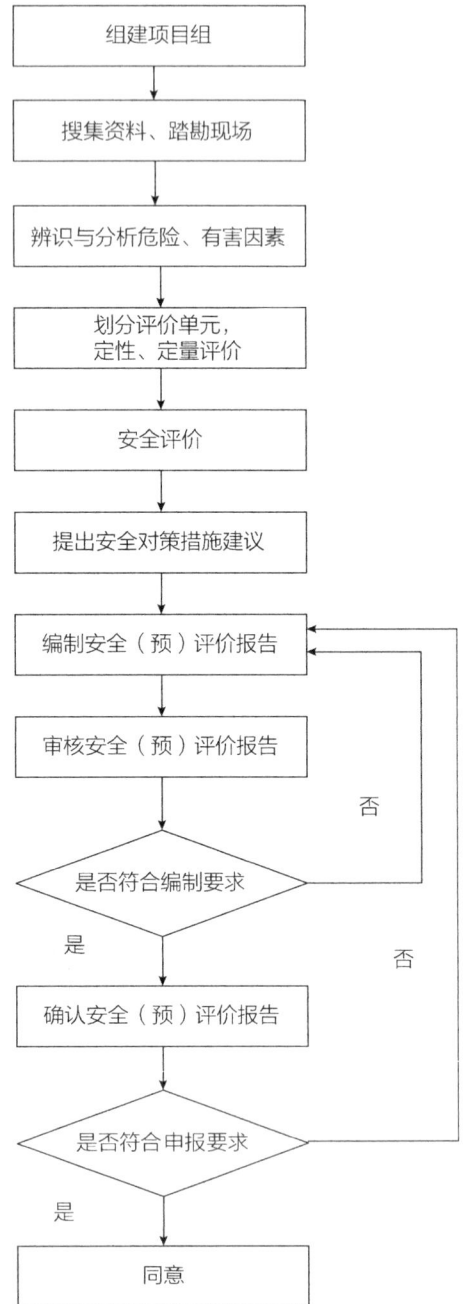

图2-7　安全（预）评价报告编制工作管理程序图

的具体体现，是评价对象在建设过程中或实施过程中的安全技术性指导文件。安全预评价报告文字应简洁、准确，可同时采用图表和照片，以使评价过程和结论清楚、明确，利于阅读和审查。

（2）评价报告内容应全面，条理应清楚，数据应完整，提出建议应可行，评价结论应客观公正；文字应简洁、准确，论点应明确，利于阅读和审查。

（3）评价报告的主要内容应包括：评价对象的基本情况、评价范围和评价重点、安全评价结果及安全管理水平、安全对策意见和建议、施工现场问题照片以及明确整改时限。

（4）安全评价报告宜采用纸质载体，辅助采用电子载体。

五、项目社会稳定风险评价

国家发展改革委《重大固定资产投资项目社会稳定风险评估暂行办法》（发改投资〔2012〕2492号）提出："项目单位在组织开展重大项目前期工作时，应当对社会稳定风险进行调查分析，征询相关群众意见，查找并列出风险点、风险发生的可能性及影响程度，提出防范和化解风险的方案措施，提出采取相关措施后的社会稳定风险等级建议。"按照中国基本建立的社会稳定风险分析（评估）制度，与人民群众利益密切相关的重大决策、重要政策、重大改革措施、重大工程建设项目，与社会公共秩序相关的重大活动等重大事项在制定出台或审批审核、组织实施前，对可能影响社会稳定的因素开展系统的调查，科学的预测、分析和评估，制定风险应对策略和预案。确保有效预防、规避、控制重大事项在实施过程中或在实施后可能产生的社会稳定风险，为重大事项的顺利实施保驾护航。

社会稳定风险分析应当作为项目可行性研究报告项目申请报告的重要内容并设独立篇章。此外，项目所在地人民政府或其有关部门指定的评估主体组织对项目单位做出的社会稳定风险分析开展评估论证，根据实际情况可以采取公示、问卷调查、实地走访和召开座谈会、听证会等多种方式听取各方面意见，分析判断并确定风险等级，提出社会稳定风险评估报告。国务院有关部门、省级发展改革部门、中央管理企业在向国家发展改革委报送项目可行性研究报告、项目申请报告的申报文件中，应当包含对该项目社会稳定风险评估报告的意见，并附社会稳定风险评估报告。社会稳定风险评估报告是国家发展改革委审批、核准或者核报国务院审批、核准项目的重要依据。

（一）依据

（1）《国家发展改革委重大固定资产投资项目社会稳定风险评估暂行办法》（发改投资〔2012〕2492号）；

（2）《重大固定资产投资项目社会稳定风险分析篇章和评估报告编制大纲（试行）》（发改办投资〔2013〕428号）；

（3）相关法律、法规、规章、规范性文件以及其他政策性文件；

（4）项目单位提供的拟建项目基本情况和风险分析所需的必要资料；

（5）国家出台的区域经济社会发展规划、国务院及有关部门批准的相关规划；

（6）项目单位的委托合同；

（7）建设项目其他相关政策文件与资料；

（8）投资人的组织机构、经营范围、财务能力等；

（9）根据不同行业项目的特殊要求需要的其他相关资料；

（10）全过程工程咨询单位的知识和经验体系。

（二）内容

1. 社会稳定风险分析与评价的主要内容

社会稳定风险分析与评价的主要内容包括：风险调查、风险识别、风险估计、风险防范与化解措施制定、风险等级判断五项。

（1）风险调查

社会稳定风险调查应围绕拟建项目建设实施的合法性、合理性、可行性、可控性等方面展开，调查范围应覆盖所涉及地区的利益相关者，充分听取、全面收集群众和各利益相关者的意见，包括合理和不合理、现实和潜在的诉求等。

（2）风险识别

风险识别是在风险调查的基础上，针对利益相关者不理解、不认同、不满意、不支持的方面，或在建成后可能引发不稳定事件的情形，全面、全程查找并分析可能引发社会稳定风险的各种风险因素。

风险因素包括工程风险因素和项目与社会互适性风险因素。其中：工程风险因素可按政策、规划和审批程序，土地房屋征收及补偿，技术经济，环境影响，项目管理，安全和治安等方面分类。项目与社会互适性风险因素指项目能否为当地的社会环境、人文条件所接纳，以及当地政府、组织、社会团体、群众支持项目的程度，项目与当地社会环境的相互适应关系方面所面临的风险因素。

识别社会稳定风险首先需要分析引发风险的行为主体及导致其行为的诱因，即风险因素。在全面分析确定项目风险因素后，根据项目风险因素的类型、发生阶段等，对风险因素进行分类归纳整理，建立投资项目社会稳定风险识别体系，识别项目社会稳定风险的主要风险类型、发生阶段及其风险因素，如表2-2所示。

主要风险因素识别表 表2-2

序号	风险类型	发生阶段	风险因素	备注
1				
2				
……				

注：风险发生阶段可包括项目前期决策、准备、实施、运营四个阶段。备注可标注风险特征（例如长期影响还是短期影响、持久性影响还是间断影响等）和其他需要说明的情况。

（3）风险估计

根据各项风险因素的成因、影响表现、风险分布、影响程度、发生可能性，找出主要风险因素，剖析引发风险的直接和间接原因，采用定性与定量相结合的方法估计出主要风险因素的风险程度。预测和估计可能引发的风险事件及其发生概率。

风险估计目前通常采用"问题导向法"进行估判。其中，风险概率是指风险事件出现的频率高低。影响程度是指风险可能引发群体性事件的参加人数、行为表现、影响范围和持续时间等特性。

对项目风险的可能性、后果和程度按大小高低分为不同的档级。具体赋值需要根据项目性质、评估要求和风险偏好等事先研究确定。根据项目实际涉及的主要风险因素，编制拟建项目的主要风险因素程度表，如表2-3所示。

主要风险因素及其风险程度表 表2-3

序号	风险类型	发生阶段	风险因素	风险概率	影响程度	风险程度
1						
2						
3						
……						

（4）风险防范与化解措施制定

按照中国社会稳定风险分析（评估）的要求，在识别出社会风险并进行风险估计后，要针对主要风险因素，阐述采用的风险防范、化解措施策略，明确风险防范、化解的目标，提出落实措施的责任主体、协助单位、防范责任和具体工作内容，明确风险控制的节点和时间，真正把项目社会稳定风险化解在萌芽状态，最大限度减少不和谐因素。

可接受的社会稳定风险应是"低风险且可控"。在社会稳定风险评价中，风险"可控"是指当社会稳定风险实际发生时，通过实施维稳应急预案能够将风险影响控制在可接受的程度。

为了从源头上防范、化解拟建项目实施可能引发的风险，应根据拟建项目的特点，针对主要风险因素，编制并形成风险防范、化解措施汇总表，如表2-4所示。

风险防范和化解措施汇总表 表2-4

序号	风险发生阶段	风险因素	主要防范、化解措施	实施时间和要求	责任主体	协助单位
1						
2						
3						
……						

（5）风险等级判断

对研究提出的风险防范、化解措施的合法性、可行性、有效性和可控性进行分析，根据分析结果预测各主要风险因素可能变化的趋势和结果，结合预期可能引发的风险事件和造成负面影响的程度等，综合判断项目落实风险防范、化解措施后的风险等级。

项目风险等级综合判断一般采用定性与定量相结合的方法进行判断。在定量分析方面，可选用专家打分法等方法，并说明确定措施后每个主要因素风险权重的方法。按照《国家发展改革委重大固定资产投资项目社会稳定风险评估暂行办法》的要求，对照本地区社会稳定风险等级评判标准，对拟建项目的社会稳定风险等级评判标准，对拟建项目的社会稳定风险作出客观、公正的判断，确定高、中、低等级。

2. 项目社会稳定风险评估报告编制大纲主要包括以下三个方面

（1）基本情况。

主要包括项目概况、评估依据、评估主体，以及评估过程和方法。

（2）评估内容。

主要包括风险调查评估及各方意见采纳情况，风险识别和估计的评估，风险防范和化解措施的评估，以及落实措施后的风险等级确定。

（3）评估结论。

主要包括拟建项目存在的主要风险因素，拟建项目合法性、合理性、可行性、可控性评估结论，拟建项目的风险等级，拟建项目主要风险防范、化解措施，以及根据需要提出应急预备和建议。

（三）程序

在项目社会稳定风险评估阶段，主要流程为：全过程工程咨询单位组建项目组—专业咨询工程师制定工作方案—专业咨询工程师调查研究—专业咨询工程师分析研究—专业咨询工程师编制社会稳定风险分析报告—总咨询师审核社会稳定风险分析报告—投资人确认社会稳定风险分析报告—政府相关行政主管部门评估和使用社会稳定风险分析报告。

各程序具体工作内容如下：

1. 组建项目组

全过程工程咨询单位在项目社会稳定风险分析报告（或设独立篇章）编制阶段，组建项目组。

2. 制定工作方案

专业咨询工程师编制工作方案，确定项目社会稳定风险分析的主要内容和工作重点，工作进度安排，明确调查范围、对象和方式，提前准备所需调查问卷、公告、公示等文件资料等。

3. 调查研究

专业咨询工程师包括召开项目所在地政府职能部门、村镇（社区）干部、村民、利益相关者和专家等不同层次的座谈会；现场实地考察走访，通过张贴公告、公示、发放调查问卷和开展个别访谈等，进行现场调研。

4. 分析研究

专业咨询工程师在分析问卷调查等文件资料和利益相关者诉求的基础上，研究团队围绕项目风险识别、风险估计、风险防范和化解措施、等级评判、应急预案等进行研究论证，形成研究团队意见。

5. 编制社会稳定风险分析报告（篇章）

专业咨询工程师按国家规定内容、格式和要求，征求相关单位意见，结合内审意见进行修改完善，形成正式报告（篇章）。

6. 评估和使用社会稳定风险分析报告（篇章）

项目相关行政主管部门或当地政府委托评估机构，对编制的社会稳定风险分析报告或篇章进行评估；当地政府或投资主管部门根据评估报告出具审查意见，作为上级投资主管部门投资项目批复或核准的重要依据。

社会稳定风险评估的工作流程如图2-8所示。

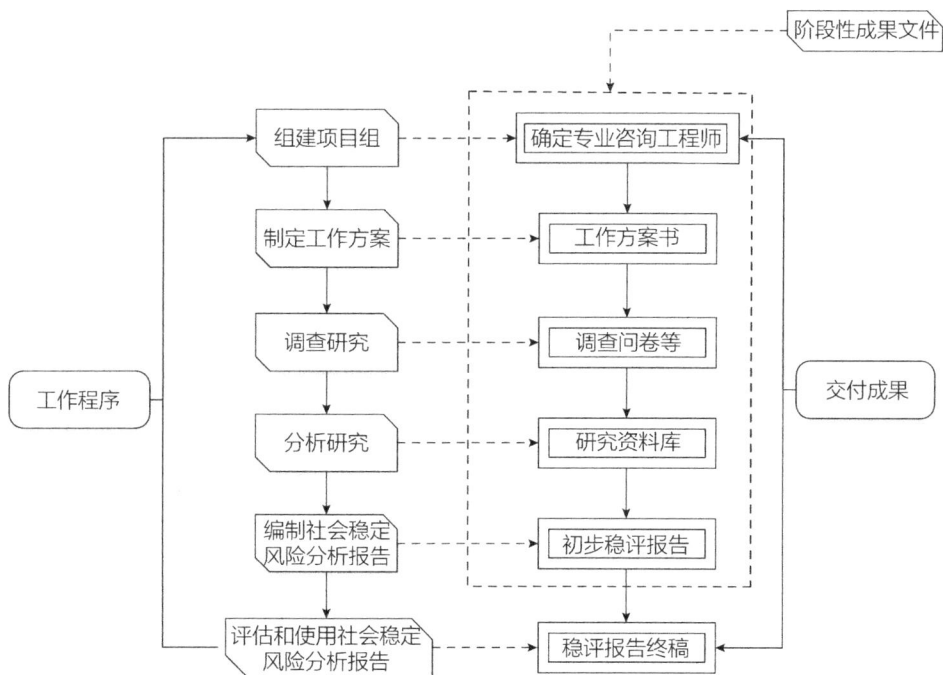

图2-8 社会稳定风险评估工作程序示意图

（四）注意事项

1. 项目社会稳定风险评估报告评估要点

（1）拟建项目建设实施的合法性、合理性、可行性、可控性；

（2）风险因素变化的合理性；风险调查的全面性；公众参与的完备性；风险因素识别的全面性和准确性；

（3）风险调查结果的真实性和可信性；

（4）风险防范、化解措施的合法性、系统性、完整性、全面性、合理性、有效性；

（5）主要风险因素的完整性；

（6）责任主体的明确性；

（7）风险等级评判方法、评判标准的选择的合适性。

2．项目社会稳定风险评估报告是否完整，依据是否充分，结论是否实事求是和具有可行性

详细质量标准可参考表2-5所示。

社会稳定评价报告质量标准表　　　　　　　　表2-5

待评要点			评价内容	满分分值		评价结果
基础资料	拟建项目概况		已有资料收集全面	5	30	
	现场调查		调查内容全面，记录项目完整	15		
	环境条件综合分析		环境条件基本特征阐述清楚	10		
调研分析	调研方法		方法选择是否科学、可行	5	30	
	调研内容、调查群体		是否全面、合理	15		
	调研记录		是否完整、可靠	10		
报告编制	资料汇总和选用		是否合理、科学	5	40	
	指导理论或思想		是否遵守国家、地区和有关部门的规定	5		
	文字	章节安排	章节安排合理、层次清晰、标题简明	5		
		文字内容	文字流畅、简介、术语、符号、计量单位规范，与插图表、附图表不矛盾	5		
	插图表	合理性	适合用图表表示的内容均用图表表示	5		
		规范性	样式规范、幅面适度，层次清楚、重点突出，插图表与文字无矛盾	5		
	结论		实事求是、切实可行	15		
质量等级（总分100分）			优＞90；良90~75；合格75~60；不合格＜60			

注：待评要点、评价内容、满分分值可根据项目和投资人要求进行调整。

六、水土保持方案

根据《开发建设项目水土保持方案技术规范》GB 50433-2008的规定可知，开发建设项目水土保持工程设计可分为项目建议书、可行性研究、初步设计和施工图设计四个阶段。其中，开发建设项目在项目建议书阶段应有水土保持章节；工程可行性研究阶段（或

项目核准前）必须编报水土保持方案，并达到可行性研究深度，工程可行性研究报告中应有水土保持章节；初步设计阶段应根据批准的水土保持方案和有关技术标准，进行水土保持初步设计，工程的初步设计应有水土保持篇章；施工图阶段应进行水土保持施工图设计。此外，应当注意以下两点：

（1）凡从事有可能造成水土流失的开发建设单位和个人，必须编报水土保持方案。

其中，审批制项目，在报送可行性研究报告前完成水土保持方案报批手续；核准制项目，在提交项目申请报告前完成水土保持方案报批手续；备案制项目，在办理备案手续后、项目开工前完成水土保持方案报批手续。经批准的水土保持方案应当纳入下阶段设计文件中。

（2）水土保持方案分为水土保持方案报告书和水土保持方案报告表。

凡征占地面积在一公顷以上或者挖填土石方总量在一万立方米以上的开发建设项目，应当编报水土保持方案报告书；其他开发建设项目应当编报水土保持方案报告表。

（一）依据

（1）《中华人民共和国水土保持法》（主席令第39号）（2010年修订）；

（2）《中华人民共和国水土保持法实施条例》（国务院令第120号）（2011年修订）；

（3）《开发建设项目水土保持方案管理办法》（水保〔1994〕513号）；

（4）《开发建设项目水土保持方案技术规范》GB 50433—2008；

（5）《开发建设项目水土流失防治标准》GB 50434—2008；

（6）建设项目的其他相关政策文件与建设资料；

（7）投资人的组织机构、经营范围、财务能力等；

（8）根据不同行业项目的特殊要求需要的其他相关资料；

（9）全过程工程咨询单位的知识和经验体系。

（二）内容

1. 水土保持方案报告书主要内容

（1）综合说明

综合说明应简要说明下列内容：

1）主体工程的概况、方案设计深度及方案设计水平年限。

2）项目所在地的水土流失重点防治区划分情况，防治标准执行等级。

3）主体工程水土保持分析评价结论。

4）水土流失防治责任范围及面积。

5）水土流失预测结果。主要包括损坏水土保持设施数量、建设期水土流失总量及新增量、水土流失重点区段及时段。

6）水土保持措施总体布局、主要工程量。

7）水土保持投资估算及效益分析。

8）结论与建议。

9）水土保持方案特性表。

（2）水土保持方案编制总则

方案编制总则应包括下列内容：

1）方案编制的目的与意义。

2）编制依据。包括法律、法规、规章、规范性文件、技术规范与标准、相关资料等。

3）水土流失防治的执行标准。

4）指导思想。

5）编制原则。

6）设计深度和方案设计水平年。

（3）项目概况

项目概况应说明项目基本情况、项目组成及总体布置、施工组织、工程征占地、土石方量、工程投资、进度安排、拆迁与安置等情况。

（4）建设项目区概况

项目区概况应说明项目所在区域自然条件、社会经济、土地利用情况，水土流失现状及防治情况，项目所在地的国家级、省级和县级水土流失重点防治区划分情况，区域内生态建设与开发建设项目水土保持可借鉴的经验。

（5）主体工程水土保持分析与评价

主体工程分析与评价应包括下列内容：

1）工程选址的制约性因素分析与评价。

2）主体工程方案比选及评价。

3）主体工程占地类型、面积和占地性质的分析与评价。

4）主体工程土石方平衡、弃土（石、碴）场、取料场的布置、施工方法与工艺等评价。

5）主体工程设计的水土保持分析与评价。

6）工程建设与生产对水土流失的影响因素分析。

7）结论性意见、要求与建议。

（6）防治责任范围及防治分区

防治责任范围及防治分区应包括下列内容：

1）工程占地，要分行政区划（以县为单位，线型项目也可以地、市为单位）列表说明占地类型、面积和占地性质。

2）水土流失防治责任范围确定的依据。

3）防治责任范围结果，用文、表、图说明项目建设区、直接影响区的范围、面积等情况。

4）水土流失防治分区及结果。

（7）水土流失预测

本部分应包括下列内容：

1）预测范围与预测时段。

2）预测方法。应说明土壤侵蚀模数背景值、扰动后的模数值的取值依据。

3）水土流失预测成果，应说明项目建设扰动地表面积、产生的弃土（石、碴、矸）量和可能产生的水土流失量、损坏水土保持设施面积与数量。

4）可能产生的水土流失危害分析与评价。

5）预测结论，综合分析及防治措施布设的指导性意见。

（8）防治目标及防治措施布设

本部分应包括下列内容：

1）防治目标，提出定性与定量的防治目标。

2）水土流失防治措施布设原则。

3）水土流失防治措施体系与总体布局，并附防治体系框图。

4）不同类型防治工程的典型设计。

5）防治措施及工程量，应按分区，分工程措施、植物措施、临时措施列表说明各项防治措施工程的工作量。

6）水土保持工程施工组织设计。

7）水土保持措施实施进度安排。

（9）水土保持监测

本部分应包括下列内容：

1）监测时段。

2）监测区域（段）、监测点位。

3）监测内容、方法及监测频次。

4）监测工作量，说明监测土建设施、消耗性材料、监测设备、监测所需人工等。

5）水土保持监测成果要求。

（10）投资估算及效益分析

本部分应包括下列内容：

1）投资估算的编制原则、依据、方法。

2）水土保持投资概述，并附投资估算汇总表、分年度投资表、工程单价汇总表、材料用时汇总表。

3）防治效果预测，应对照制定的目标，验算目标的达到情况。

4）水土保持损益分析，从水、土资源、生态与环境等方面进行损益分析与评价。

（11）实施保障措施

本部分应包括下列内容：

1）工作管理，建设单位应明确水土保持管理机构或人员，专项负责水土保持方案的组织实施和管理、协调工作。

2）水土保持投资，建设单位应将方案确定的水土保持投资列入主体工程概（预）算，明确防治资金来源。

3）后续设计，方案批复后应由具有工程设计资质的单位完成水土保持工程初步设计及施工图设计。

4）防治责任，发包标书中应明确水土保持要求，列入招标合同，明确承包人防治水土流失的责任，外购土石料应明确水土流失防治责任。

5）水土保持工程监理，监理机构应具有水土保持工程监理资质或聘请注册水土保持生态建设监理工程师从事水保监理工作。

6）水土保持监测，监测单位应具有水土保持监测资质，监测单位按批复的水土保持方案要求编制监测实施方案。监测成果定期向水行政主管部门报告。水土保持设施竣工验收时提交监测专项报告。

7）监督管理，接受地方水行政主管部门的监督检查和业务指导。

8）竣工验收，主体工程投入运行前应当验收水土保持设施。验收内容、程序等应按《开发建设项目水土保持设施验收规定》执行。

9）资金来源及管理使用办法。

（12）结论及建议

（13）附件、附图、附表

附件应包括下列内容：

1）项目立项的有关申报文件、批件或相关规划。

2）工程可行性研究的初步意见。

3）水保方案编制委托书。

4）方案（送审稿）技术评审意见。

5）说明项目可行性且与水土保持有关的协议。

6）说明防治责任转移的函件。

7）水土保持投资概（估）算附件

8）其他与工程相关的资料。

附图应包括下列内容：

1）项目所在的地理位置图。

2）项目区地貌及水系图。

3）工程总平面布置图及施工总布置图。

4）项目区土壤侵蚀强度分布图、土地利用现状图、水土流失防治区划分图。

5）水土流失防治责任范围图。

6）水土流失防治分区及水土保持措施总体布局图。

7）水土保持措施典型设计图。

8）水土保持监测点位布局图。

9）其他图件。

附表主要包括水土保持投资估算附表、方案特性表等。

2．水土保持方案报告表内容规定

水土保持方案报告表主要包括项目简述、项目区概述、产生水土流失的环节分析，防治责任范围，措施设计及图纸，工程量及进度，投资，实施意见等内容。

（三）程序

在项目水土保持方案报告编制阶段，其流程为：全过程工程咨询单位组建项目组—专业咨询工程师根据《开发建设项目水土保持方案编报审批管理规定》及项目自身特点确定编制水土保持方案报告书或水土保持方案报告表—专业咨询工程师搜集资料、踏勘现场—专业咨询工程师编制项目水土保持方案报告—总咨询师审核项目水土保持方案报告—投资人确认项目水土保持方案报告—投资人/全过程工程咨询单位申报项目水土保持方案报告—水行政主管部门审批项目水土保持方案报告。

水土保持方案报告编制工作程序如图2-9所示。

（四）注意事项

水土保持方案报告的审批条件如下：

（1）符合有关法律、法规、规章和规范性文件规定；

（2）符合《开发建设项目水土保持方案技术规范》等国家、行业的水土保持技术规范、标准；

（3）水土流失防治责任范围明确；

（4）水土流失防治措施合理、有效，与周边环境相协调，并达到主体工程设计深度；

（5）水土保持投资估算编制依据可靠、

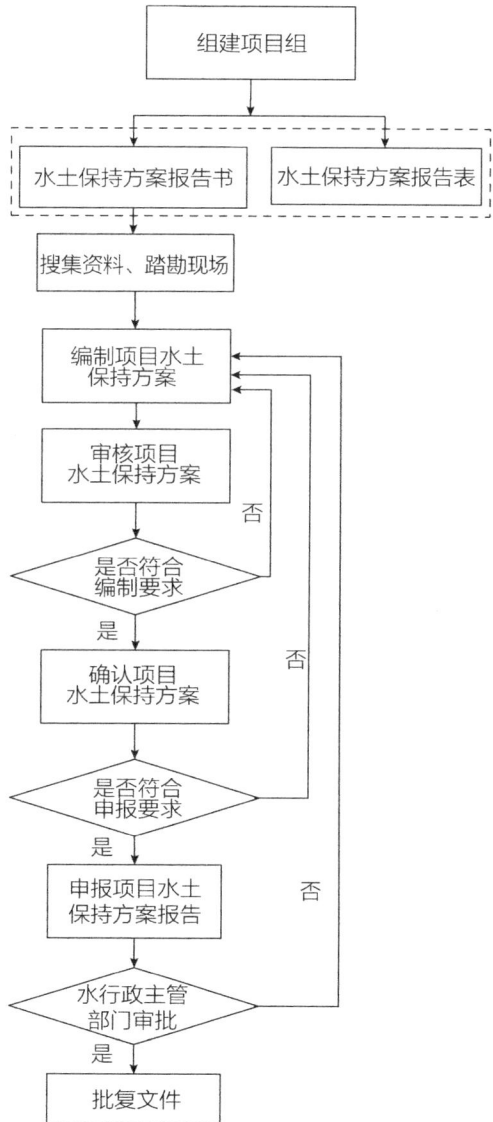

图2-9　建设项目水土保持方案报告编制工作管理程序图

方法合理、结果正确；

（6）水土保持监测的内容和方法得当；

（7）在山区、丘陵区、风沙区修建铁路、公路、水工程、开办矿山企业、电力企业和其他大中型工业企业，其建设项目环境影响报告书中必须有水土保持方案。

七、地质灾害危险性评估

地质灾害危险性评估是指在查明各种致灾地质作用的性质、规模和承灾对象社会经济属性的基础上，从致灾体稳定性和致灾体与承灾对象遭遇的概率上分析入手，对其潜在的危险性进行客观评价，开展包括现状评估、预测评估、综合评估、建设用地适宜性评价及地质灾害防治措施建议等为主要内容的技术工作。

依据《地质灾害防治条例》和《国土资源部关于加强地质灾害危险性评估工作的通知》的相关规定可知，在地质灾害易发区内进行工程建设应当在可行性研究阶段进行地质灾害危险性评估，并将评估结果作为可行性研究报告的组成部分；可行性研究报告未包含地质灾害危险性评估结果的，不得批准其可行性研究报告。而地质灾害危险性评估成果，应按照国土资源行政主管部门的有关规定组织专家审查、备案后，方可提交立项、用地审批使用。

（一）依据

（1）《国土资源部关于加强地质灾害危险性评估工作的通知》（国土资发〔2004〕69号）；

（2）《地质灾害防治条例》（国务院令第394号）；

（3）《国土资源部关于加强地质灾害危险性评估工作的通知》（国土资发〔2004〕69号）；

（4）《国务院办公厅转发国土资源部、建设部关于加强地质灾害防治工作意见的通知》（国办发〔2001〕35号）；

（5）《地质灾害危险性评估规范》DZ/T 0286—2015；

（6）《建设用地地质灾害危险性评估技术要求》（试行）；

（7）建设项目的其他相关政策文件与建设资料；

（8）投资人的组织机构、经营范围、财务能力等；

（9）根据不同行业项目的特殊要求需要的其他相关资料；

（10）全过程工程咨询单位的知识和经验体系。

（二）内容

1．地质灾害危险性评估主要工作内容包括以下四方面

（1）收集气象水文、地形地貌、水文地质、工程地质、环境地质、区域地质、地震等资料及工程建设初步设计图或规划图，确定评估范围与等级。对地质环境条件复杂，已有资料不能满足地质灾害危险性评估要求时，应根据具体情况进行必要的钻探或物探工作。

（2）在收集和分析资料的基础上，通过踏勘和地质环境与地质灾害调查，了解评估区的气象水文、地形地貌、地层岩石、地质构造、水文地质、岩土性质和地质灾害发育现状及对拟建工程的影响，判定地质环境的复杂程度，进行地质灾害现状评估。

（3）综合分析研究工程项目特征和评估区地质环境条件，研究工程建设与地质环境的相互影响，对工程建设可能引发或加剧和工程建设本身可能遭受的地质灾害进行预测评估。

（4）依据现状评估和预测评估结果，分区段划分出危险性等级，进行地质灾害危险性综合分区评估；评估建设场地用地适宜性，提出地质灾害防治措施和建议。

2．评估范围与等级

（1）评估范围

地质灾害危险性评估范围，不应局限于建设用地和规划用地范围内，应根据拟建项目的特点、地质环境条件和地质灾害的影响范围予以确定。评估范围应包括拟建工程用地和地质灾害影响区域，并考虑外围地质灾害对其的影响。若危险性仅限于用地范围内，可按用地范围进行评估。

（2）评估等级

根据《地质灾害危险性评估规范》DZ/T 0286—2015的有关规定，地质灾害危险性评估分级按照地质环境条件复杂程度与建设项目重要性划分为三级，对评估区所在地历史上已发生过危险性大、危害性大，且已造成较大人员伤亡及财产损失或已造成较大社会影响的地质灾害评估项目，均为一级评估项目，如表2-6所示。

地质灾害危险性评估分级表   表2-6

复杂程度 评估分级 项目重要性	复杂	中等	简单
重要建设项目	一级	一级	一级
较重要建设项目	一级	二级	三级
一般建设项目	二级	三级	三级

建设项目重要性分类见表2-7所示。

建设项目重要性分类表   表2-7

项目类型	项目类别
重要建设项目	开发区建设、城镇新区建设、放射性设施、军事设施、核电、二级（含）以上公路、铁路、机场、大型水利工程、电力工程、港口码头、矿山、集中供水水源地、工业建筑、民用建筑、垃圾处理场、水处理厂等
较重要建设项目	新建村庄、三级（含）以下公路、中型水利工程、电力工程、港口码头、矿山、集中供水水源地、工业建筑、民用建筑、垃圾处理场、水处理厂等
一般建设项目	小型水利工程、电力工程、港口码头、矿山、集中供水水源地、工业建筑、民用建筑、垃圾处理场、水处理厂等

地质环境条件复杂程度分类见表2-8所示。

地质环境条件复杂程度分类表 表2-8

复杂	中等	简单
1. 地质灾害发育强烈	1. 地质灾害发育中等	1. 地质灾害一般不发育
2. 地形与地貌类型复杂	2. 地形较简单，地貌类型单一	2. 地形简单，地貌类型单一
3. 地质构造复杂，岩性岩相变化大，岩土体工程地质性质不良	3. 地质构造较复杂，岩性岩相不稳定，岩土体工程地质性质较差	3. 地质、构造简单，岩性单一，岩土体工程地质性质良好
4. 工程地质、水文地质条件不良	4. 工程地质、水文地质条件较差	4. 工程地质、水文地质条件良好
5. 破坏地质环境的人类工程活动强烈	5. 破坏地质环境的人类工程活动较强烈	5. 破坏地质环境的人类工程活动一般

1）一级评估应有充足的基础资料和半定量以上评价指标进行充分论证评估。

2）二级评估应有足够的基础资料和定性或半定量评价指标进行论证评估。

3）三级评估应有必要的基础资料，进行定性分析评估，可参照一级评估内容适当从简，做出概略评估。三级评估的综合调查精度要求为：在图幅面积10cm×10cm的范围内，调查控制点不应少于2个。

3．地质环境条件调查与分析

（1）地质环境条件调查与分析的一般规定包括：

1）在充分搜集和分析评估区及有关相邻地区已有地质环境资料的基础上，应针对拟建工程或规划区的特点，对评估区地质灾害形成的地质环境条件进行调查。

2）地质灾害危险性评估调查用图应能充分反映评估区地质环境条件和灾害体特征，便于使用和阅读，比例尺可酌情确定，一般不宜小于1：50000。调查精度参见不同级别评估的要求。在对地质灾害形成有明显控制与影响的微地貌、地层岩性、地质构造等重要部位或重点地段，可适当加密调查点。

3）通过调查，应分析地质环境条件对评估区及周边地质灾害形成、分布和发育的影响。

4）通过综合分析，对评估区地质环境条件复杂程度做出总体和分区段划分，并给出主导因素、从属因素和诱发因素的评估结论。

5）野外调查应有野外记录本（表）、工作手图和实际材料图。

（2）地质环境条件调查与分析的内容

地质环境条件调查与分析的内容主要包括：区域地质背景；气象水文；地形地貌；地层岩石；地质构造；岩土体类型及其工程地质条件；水文地质条件和人类工程活动八个地质环境条件的特征与变化规律及其对工程建设的影响程度。

（3）分析各地质环境条件对评估区主要致灾地质作用形成、发育所起的作用，划分出主导地质环境因素、从属因素和激发因素，为预测评估提供依据。

（4）综合地质环境条件各因素的复杂程度，对评估区地质环境条件的复杂程度作出总体评价；对于线状工程、区域性工程，还应分区段评价地质环境条件的复杂程度。

（5）有关区域地壳稳定性、高坝和高层建筑地基稳定性、隧道开挖过程中的工程地质问题、地下开挖过程中的各种灾害（岩爆、突水、瓦斯突出等）及矿山生产中排土场、矸石山、矿渣堆、尾矿库发生的各种灾害和问题，不作为地质灾害危险性评估的内容，但上述问题存在于评估区内，应在地质环境条件中进行论述，并在评估报告中建议具有相关资信或能力的单位按专业规范和要求进行专项评价。

4．地质灾害调查与分析

地质灾害调查与分析包括以下八个方面：

（1）地质灾害调查与分析的一般规定；

（2）崩塌（危岩）调查内容与要求；

（3）滑坡调查内容与要求；

（4）泥石流调查内容与要求；

（5）地面塌陷调查内容与要求；

（6）地面裂缝调查内容与要求；

（7）地面沉降调查内容与要求；

（8）不稳定斜坡调查内容与要求。

（三）程序

在项目地质灾害危险性评估报告编制阶段，地质灾害危险性评估工作程序主要包括组建项目组、编制评估工作大纲、地质灾害综合调查、资料整理及报告编制以及报告评审五个环节，具体内容如下：

1．组建项目组

全过程工程咨询单位在地质灾害危险性评估报告编制阶段组建项目组。

2．编制评估工作大纲

专业咨询工程师应充分收集建设项目勘察、规划、设计资料，并组织现场勘察，进行地质环境基本特征分析。在分析已有资料基础上，根据项目建设和规划项目的特点、地质环境条件和地质灾害种类等特点，并结合相关规范条文规定，编制评估工作大纲，明确任务，确定评估范围及级别，设计地质灾害调查内容及重点，工作部署与工作量，提出质量监控措施和成果等。

3．地质灾害综合调查

专业咨询工程师对工程基本特征及其对地质环境的要求、影响、承受能力和可能的灾变种类进行分析，确定地质灾害类型及评价要素的选取。对地质灾害进行综合评估，确定建设用地防治区划分析，并提出科学合理的预防治理措施。

4．资料整理及报告编制

专业咨询工程师在对相关资料及分析结果进行整理汇总，并在此基础上进行地质灾害评估危险性报告的编制工作。评估报告应有全面、真实的所需资料，专业咨询工程师应承诺对评估报告资料的真实性负责。

5．报告评审

评审单位将按照有关规定和要求，组织具有国土资源系统水文工程环境地质项目评审专家资格的专家对提交的地质灾害危险性评估报告进行技术评审。专业咨询工程师必须参与评审会议，并对评估报告进行汇报。

地质灾害危险性评估报告在评审通过后，应根据专家组提出的意见和建议进行认真修改完善，修改稿送专家组组长复核通过并出具复核意见后，提交组织评审机构登记。

各程序工作流程图如图2-10所示。

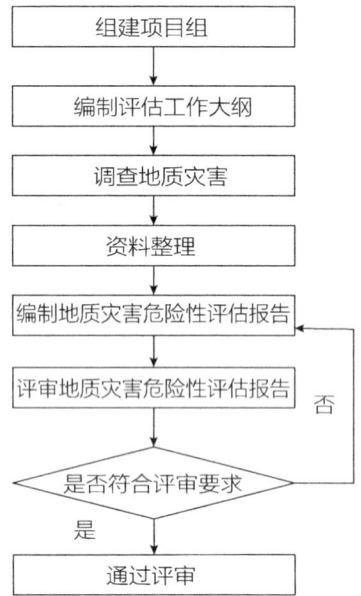

图2-10 地质灾害危险性评估工作流程图

（四）注意事项

1．提交危险性评估报告书

地质灾害危险性一、二级评估提交危险性评估报告书，三级评估提交危险性评估说明书。

2．地质灾害危险性评估报告书内容

（1）征地地点及范围；

（2）项目类型及平面布置图；

（3）评价工作级别的确定；

（4）地质环境条件；

（5）地质灾害类型及特征；

（6）工程建设诱发、加剧地质灾害的可能性；

（7）工程建设本身可能遭受地质灾害的危险性；

（8）综合评估与防治措施；

（9）结论与建议。

3．地质灾害危险性评估报告评审

目前各地方对地质灾害危险性评估报告评审普遍实行质量等级评定制度。评估报告的质量分为：优秀（90≤综合评分≤100分）、良好（75≤综合评分<90分）、合格（60≤综合评分<75分）、不合格（综合评分<60分）4个等级。评分方式一般由每个评审专家自行评分，而后再取平均分作为综合评分（四舍五入，给出整数分）。评估报告质量等级作为

评估单位资信年检考核和晋升资信等级的参考依据。报告质量等级评分标准可参考表2-9所示。

地质灾害危险性评估报告质量参考表

表2-9

项目名称：

项目	考评内容及要求	满分	得分
1. 技术资料齐全、准确程度	（1）基础技术资料的完备程度（6分）	20分	
	（2）文字报告、附图、附表的完备程度（8分）		
	（3）数字化成果的完备程度（6分）		
2. 评估报告与原始资料的吻合程度	（1）建设工程描述的准确程度（2分）	20分	
	（2）自然地理论述吻合程度（2分）		
	（3）气象、水文、地质、构造、地貌描述的吻合程度（4分）		
	（4）水文、工程地质论述的吻合程度（5分）		
	（5）地质灾害论述的吻合程度（7分）		
3. 评估报告的综合研究水平和质量	（1）地质灾害危险性现状评估质量（7分）	30分	
	（2）地质灾害危险性预测评估质量（8分）		
	（3）地质灾害危险性综合评估质量（8分）		
	（4）地质灾害防治措施的合理性和可操作性（7分）		
4. 综合图件的质量	（1）图件设计整体性和合理性（5分）	20分	
	（2）图件编制的准确性（5分）		
	（3）图件的可读性和美观性（5分）		
	（4）图件的数字化成果和信息系统的质量（5分）		
5. 评估报告与技术要求、细则的符合程度	（1）评估报告与实施细则的符合程度（5分）	10分	
	（2）评估报告与有关技术要求的符合程度（5分）		
合计得分		100分	
报告质量等级评分标准	优秀：90≤综合得分≤100分；良好：75≤综合得分＜90分；合格：60≤综合得分＜75分；不合格：综合得分＜60分	报告质量等级	

注：评估工作程序不符合规定的评估报告不得评为优秀。

4. 地址灾害评估调查表，见表2-10。

地质灾害评估调查表 表2-10

编号		灾害（隐患）名称		位置	
地质环境要素					
地表形态及变形特征					
结构及体积特征					
发育程度		危害程度		诱发因素	
防治建议					
平面和剖面示意图（或照片）					
调查负责人		填表人	审核人		填表日期

5. 地质灾害危险性评估报告编写参考提纲

地质灾害危险性评估报告编写参考提纲

前言

说明评估任务由来，评估工作的依据，主要任务和要求。

第一章 评估工作概述

一、工程和规划概况与征地范围

二、以往工作程度

三、工作方法及完成的工作量

四、评估范围与级别的确定

第二章 地质环境条件

一、气象、水文

二、地形地貌

三、地层岩性

四、地质构造与区域地壳稳定性

五、工程地质条件

六、水文地质条件

七、人类工程活动对地质环境的影响

第三章　地质灾害危险性现状评估

一、地质灾害类型及特征：阐述已发生的灾种、数量、分布、规模、形成机制、危害对象、稳定性等

二、地质灾害危险性现状评估：按灾种分别进行评估

第四章　地质灾害危险性预测评估

一、工程建设引发或加剧地质灾害危险性的预测

二、工程建设可能遭受地质灾害危险性的预测

（在山地丘陵区进行工程建设，一般工程设计挖方切坡工程，对潜在不稳定边坡，必须进行危险性预测评估，可列专节论述）

第五章　地质灾害危险性综合分区评估及防治措施

一、地质灾害危险性综合评估原则与量化指标的确定

二、地质灾害危险性综合分区评估

三、建设场地适宜性分区评估

四、防治措施

第六章　结论与建议

八、交通影响评价

建设项目交通影响评价是介于城乡规划管理和建设管理程序之间的重要管理与技术环节，在促进土地利用与交通系统协调发展方面发挥着重要作用。它通过分析拟建设项目对周边交通系统运行的影响，对建设项目选址、规模、规划设计方案在交通方面的合理性进行分析和评价，并提出改善措施，帮助规划、建设、交通管理等相关部门在土地开发管理审批程序的最后阶段进行交通与土地利用协调的决策。

交通影响评价主要在中微观层面进一步核实土地利用与交通系统规划建设的合理性，它在合理配置土地开发强度与交通系统的供求关系，避免城市功能和交通需求的过度集中，引导土地的集约化利用和中微观交通系统的合理化建设等方面，均具有重要意义，它是在中微观层面保障城市与交通系统可持续发展的重要技术手段。

（一）依据

（1）《中华人民共和国城乡规划法》（主席令第74号）；

（2）《国务院办公厅转发公安部 建设部关于实施全国城市道路交通管理"畅通工程"意见的通知》（国办发〔2000〕18号）；

（3）《中华人民共和国道路交通安全法实施条例》（国务院令405号）；

（4）《中华人民共和国道路交通安全法》（主席令第47号）（2011修正）；

（5）《城市规划编制办法》（建设部令第146号）；

（6）《建设项目交通影响评价技术标准》CJJ/T 141—2010；

（7）《建设项目交通影响评价技术手册》；

（8）其他的相关的法规、标准和规范；

（9）与项目相关的城镇总体规划、控制性详细规划、城镇综合交通规划和专项交通规划；

（10）建设项目相关的政府文件、论证材料；

（11）建设项目的现状与规划土地利用资料、建设项目的现状交通资料、评价范围内的现状与规划土地利用资料、评价范围内的现状与规划交通资料、类似项目交通出行特征资料等；

（12）投资人的组织机构、经营范围、财务能力等；

（13）根据不同行业项目的特殊要求需要的其他相关资料；

（14）全过程工程咨询单位的知识和经验体系。

（二）内容

1．交通影响评价工作的主要内容

（1）确定交通影响评价的范围与年限；

（2）进行相关调查和资料收集；

（3）分析评价范围内现状、各评价年限的土地利用与交通系统；

（4）分析交通需求；

（5）评价建设项目交通影响程度；

（6）提出对建设项目评价范围内的交通系统、建设项目选址、建设项目报审方案的改善建议，并对改善措施进行评价；

（7）提出评价结论。

需要指出的是，《建设项目交通影响评价技术标准》规定的内容为普遍性要求，即一般交通影响评价技术工作应具备的基本内容。由于各城市交通特点和交通咨询技术水平差距较大，各地可根据实际情况，对交通影响评价工作的相关内容和要求做出更加细致的规定。

2．交通影响评价报告编制的主要内容

（1）建设项目概况

建设项目概况应包括建设项目主要规划设计条件、主要技术经济指标和业态、建设方

案等。

（2）评价范围与年限

（3）评价范围现状与规划情况

评价范围现状与规划情况应介绍评价范围内现状、规划的土地利用和交通发展情况。

（4）现状交通分析

现状交通分析应包括下列内容：

1）交通调查方案说明；

2）现状交通运行状况评价，应符合以下规定：

①应对评价范围内各种交通方式的交通流特征、交通设施、交通管理政策及措施进行说明。

②应对评价范围内的现状道路、公共交通、自行车、行人、停车等交通系统的管理措施、供需和运行状况进行分析，提出现状交通系统存在的主要问题。

（5）交通需求预测

交通需求预测应对各评价年限、各评价时段的背景交通和项目新生成交通进行预测，分析评价范围内交通系统的交通量分布和运行特征。

（6）交通影响程度评价

交通影响程度评价应包括下列内容：

1）评价范围内主要交通问题分析、根据交通系统供需分析和交通影响程度评价，提出评价范围内交通系统存在的主要交通问题。

2）评价建设项目新生成交通需求对评价范围内交通系统运行的影响程度。评价对象应包括范围内各种交通系统，包括机动车、公共交通、停车、自行车和行人等。

（7）交通系统改善措施与评价

交通系统改善措施与评价应包括下列内容：

1）改善出入口布局与组织，优化建设项目内部交通设施；

2）评价范围内交通系统改善；

3）改善措施评价。

（8）结论及建议应包括下列内容：

1）交通影响评价的结论及建议应包括：评价结论、必要性措施和建议性措施。

2）评价结论应明确项目建成对评价范围内交通系统的影响程度，明确交通改善后建设项目交通影响是否可接受，以及是否需要对建设项目的选址和（或）报审方案进行调整。

3）必要性措施是保证建设项目交通影响可接受的前提条件，建议性措施包括对建设项目内部或评价范围内交通系统推荐采取的措施与方法。对评价范围内交通系统影响为显著影响的建设项目，应明确必要性措施。

（9）交通影响评价报告书至少应包括如下内容的图纸：

1）项目区域位置图；

2）交通影响评价范围图；

3）建设项目总平面及交通组织图；

4）项目周边现状土地利用图；

5）项目周边现状交通条件图；

6）项目周边现状交通运行状况图；

7）项目周边土地利用规划图；

8）项目周边规划交通条件图；

9）评价年无本项目路网交通流量及运行状况图；

10）项目交通需求分布图；

11）项目新增交通量在路网上的分配图；

12）评价年有本项目路网交通流量及运行状况图（改善前）；

13）总体交通改善措施图；

14）评价年有本项目路网交通流量及运行状况图（改善后）；

15）建设项目交通组织及出入口布局优化方案图；

16）项目到达/离开车流交通组织建议图；

17）道路交通改善措施详细方案图。

（三）程序

交通影响评价工作程序主要包括组建项目组、编制评价工作大纲、现状调查及分析、交通量预测、交通影响分析评价、交通组织规划、报告编制以及报告评审等八个环节。具体内容如下：

1．组建项目组

在项目交通影响评价报告编制阶段，全过程工程咨询单位组建项目组。

2．编制评价工作大纲

专业咨询工程师充分收集建设项目用地、规划、设计方案等资料，并组织现场勘察，包括项目周边的道路网现状及规划情况，项目周边的一些建筑情况，项目区内土地利用性质分析，项目的性质、规模、面积，出入口、停车等的设置情况。在分析已有资料基础上，根据项目建设方案和规划的特点，并结合相关规范条文规定，编制评价工作大纲，明确任务，确定研究范围及预测年限，进行工作部署，提出质量监控措施和成果等。

3．现状调查及分析

专业咨询工程师对项目周边道路网进行交通量调查，掌握项目周边地区交通流时空变化特性、道路服务水平、停车设施供需状况以及公共交通现状，在调查的基础上进行现状道路服务水平、停车设施、公共交通现状供需的分析；对类似已建项目进行调查，为新建项目提供基础数据。对不同类型的建筑，还会进行不同的需求分析及调查分析。

4．交通量预测

专业咨询工程师进行交通量预测。交通量预测包括两部分，一部分为背景交通量的预测，另一部分为诱增交通量的预测。进行交通量预测时，先对上述两种交通量分别进行预测，然后将二者相加，获得未来交通需求。

5．交通影响分析评价

专业咨询工程师在考虑项目建成并充分投入使用的情况下，估计周边道路的高峰小时交通量，进行服务水平的灵敏度分析，并计算由于项目新增的交通量所占总的新增交通量的比例，以确定由于项目开发对周边道路网的影响程度。

一般来说，交通影响分析应包括：新建项目对所在区域局部路网的影响程度即交通服务水平的降低程度分析、新建项目的出入口供需关系分析与设计、项目群内交通组织设计、公交分析和停车分析等。

6．交通组织规划

专业咨询工程师在进行交通评价的基础上，对项目的交通诱导系统和交通组织路线进行设计，使其路线简捷、畅通；并且使使用者对路线清晰明了，体现以人为本的思想。

7．报告编制

专业咨询工程师在对相关资料及分析结果进行整理汇总，并在此基础上进行交通影响评价报告的编制工作。评估报告应有全面、真实的所需资料，专业咨询工程师应承诺对评估报告资料的真实性负责。

8．报告评审

一般由公安交通管理部门组织有关单位现场勘验，对需要进行评审的，组织规划、建设、市政、交通、公路等有关部门和专家以及建设单位、设计单位、交通影响评价编制单位进行评审，专业咨询工程师必须参与评审会议，并对评估报告进行汇报，根据评审会意见，对设计方案对道路交通有不利影响的，要求设计单位调整设计方案；对交通影响评价报告结论与评审意见不一致的，要求编制单位调整交通影响评价报告。经修改完善的评价报告经相关部门复核通过后出具《建设项目交通影响评价审核意见书》。

交通影响评价工作程序流程图如图2-11所示。

（四）注意事项

（1）交通影响评价的原则

1）建设项目交通影响评价的核心原则是建立合理的

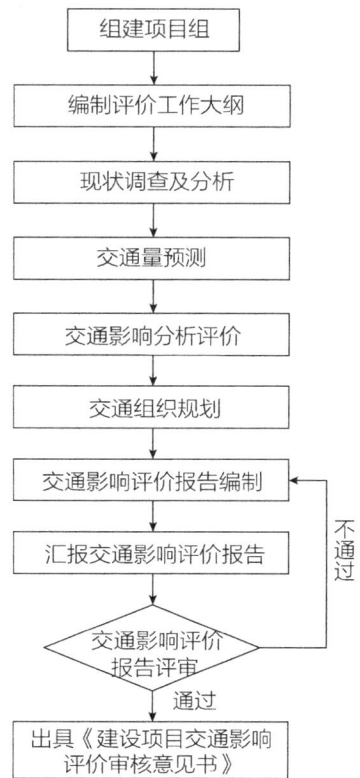

图2-11　交通影响评价工作程序流程图

土地开发与交通系统之间的匹配关系，落实"以人为本"的交通发展策略。

2）在交通设施布局与交通运行组织上，坚持公共交通优先，突出交通的集约与节约，落实国家关于优先发展公共交通的政策，形成与公共交通发展密切配合的土地开发模式。

3）坚持以人为本的设计思想，统筹考虑建设项目交通生成中的机动车交通与公共交通、自行车、行人等多种方式的出行需求，避免完全以机动车交通为核心，而忽略对公交和慢行交通的评价。

（2）建设项目分类

1）交通影响评价应根据用地类型、建筑物使用性质和交通出行特征，对建设项目进行分类。

2）大类应依据用地类型和建筑物使用功能确定，划分为11个大类，大类划分的名称和代码应符合表2-11的规定所示。

建设项目大类划分 表2-11

大类名称	住宅	商业	服务	办公	场馆与园林	医疗	学校	交通	工业	混合	其他
大类代码	T01	T02	T03	T04	T05	T06	T07	T08	T09	T10	T11

3）城市和镇应在大类基础上按照本地建设项目交通出行特征进行中类划分。中类划分宜符合表2-12的规定。

建设项目中类划分 表2-12

大类		中类		说明
名称	代码	名称	代码	
住宅	T01	宿舍	T011	集体宿舍、集体公寓等
		保障性住宅	T012	廉租房、经济适用房等
		普通住宅	T013	普通商品房、居民楼等
		高级公寓	T014	—
		别墅	T015	—
商业	T02	专营店	T021	专卖店、小型连锁店等
		综合型商业	T022	综合型超市、百货商场、购物中心等
		市场	T023	批发或零售市场、农集贸市场、菜市场等
服务	T03	娱乐	T031	娱乐中心、俱乐部、休闲会所、活动中心、迪厅等
		餐饮	T032	餐馆、饭店、饮食店等
		旅馆	T033	招待所、旅馆、酒店、宾馆度假中心等
		服务网点	T034	邮局、电信银行、证券、保险等对外服务的分理处或营业网点
办公	T04	行政办公	T041	党政机关、社会团体的办公楼等
		科研与企事业办公	T042	—
		商务写字楼	T043	

大类		中类		说明
名称	代码	名称	代码	
场馆与园林	T05	影剧院	T051	电影、剧场、音乐厅等
		文化场馆	T052	图书馆、博物馆、美术馆、科技馆、纪念馆等
		会展场馆	T053	展览馆、会展中心等
		体育场馆	T054	比赛性体育场馆、训练性体育场馆、综合性场馆、健身中心等
		园林与广场	T055	城市公园、休憩广场、游乐场、旅游景区等
医疗	T06	社区医院	T061	诊所、社区医疗中心、体检中心等
		综合医院	T062	各级各类综合医院、急救中心等
		专科医院	T063	—
		疗养院	T064	疗养院、养老院、康复中心等
学校	T07	高等院校	T071	—
		中专及成教学校	T072	中专、职高、特殊学校及各类成人与业余学校
		中学	T073	高中、初中
		幼儿园和小学	T074	小学、幼儿园
交通	T08	客运场站	T081	交通客运站、客运枢纽等
		货运场站	T082	货运站、货运码头、物流中心、仓储设施等
		加油站	T083	
		停车设施	T084	社会停车场（库）、公共汽电车停车场（库）等
工业	T09	工业	T091	—
混合	T10	混合	T101	使用功能包含了两种或两种以上建设项目大类的建设项目，如多功能综合楼、商住楼等
其他	T11	市政	T111	非交通类的市政设施，如水厂、变电站等
		其他	T112	农业建筑、军事建筑等特殊建筑

4）城市和镇宜在中类基础上按照建设项目的交通出行特征划分小类。

5）城市和镇应通过分类调查确定不同类别建设项目的出行率等出行参数。

（3）交通影响评价启动阈值

1）城市和镇应根据本地交通系统状况以及建设项目分类、区位和规模，确定本地建设项目交通影响评价启动阈值。

2）建设项目规模或指标达到或超过规定的交通影响评价启动阈值时，应进行交通影响评价。

3）建设项目报建阶段交通影响评价启动阈值应符合下列规定：

①住宅（T01）、商业（T02）、服务（T03）、办公（T04）类建设项目，交通影响评价启动阈值应符合表2-13的规定。

住宅、商业、服务、办公类建设项目交通影响评价启动阈值取值范围　　表2-13

城市和镇人口规模（万人）	项目位置	建设项目新增建筑面积（万m²）	
		住宅类项目	商业、服务、办公类项目
≥200	城市中心区	3~8	1~3
	中心城市除中心区外的其他地区/卫星城中心区	5~10	2~5
	其他地区	10~20	4~10
100~200	城市中心区	2~5	1~2
	其他地区	3~8	2~5
<100	—	2~8	1~5

注：1. 人口规模是指正在执行的城市和镇总体规划所确定的规划末期成长人口规模；
　　2. 建设项目的建筑面积，有建筑设计方案时按总建筑面积计算，否则按容积率建筑面积计算；
　　3. 在同一栏中，人口规模越大、交通问题越复杂的城市和镇，其阈值选取宜越低。

②场馆与园林（T5）和医疗（T6）类建设项目的启动阈值应为：新增配建机动车配建停车泊位大于100个。

符合下列条件之一的项目，应在报建阶段进行交通影响评价：

a. 单独报建的学校（T07）类建设项目。

b. 交通生成量大的交通（T08）类建设项目。

c. 混合类（T10）的建设项目，其总建筑面积或指标达到其使用功能所含建设项目分类（T01~T09，T11）中任一类的启动阈值。

d. 主管部门认为应当进行交通影响评价的工业（T09）类、其他（T11）类和其他建设项目。

4）符合下列条件之一的建设项目，应在建设项目选址阶段进行影响评价：

①特大城市的建设项目规模达到报建阶段启动阈值的5倍及以上，其他城市和镇达到3倍及以上；

②或重要的交通类项目；

③管理部门认为需要在选址阶段也进行交通影响评价的建设项目，应在建设项目选址阶段进行交通影响评价。

5）规划人口规模超过1000万的城市和国家历史文化名城可在本标准基础上确定更为严格的阈值标准。

6）当相邻建设项目开发建成时间接近，出入口相近或者共用时，可对多个相邻建设项目合并进行交通影响评价。

（4）建设项目交通影响评价采用的基础资料应完整、准确、有效，开展的交通调查应真实、合理，并符合本书的有关要求。

（5）建设项目交通影响评价应与建设项目方案设计同步或提前进行。

（6）在确定交通影响分析的研究范围时，有两方面的问题值得注意：一是在预测项目开发后产生的交通量时，需要考虑的新的交通增长源的分布范围；二是新增交通量对周边道路交通设施的影响范围。关于需要考虑的新的交通增长源的分布范围，原则上应考虑有关规划已经确定的未来用地发展项目，例如新居住区的开发、商业中心的建设等。如果这些新的用地项目所引发的交通量，会影响到拟开发场所的周边道路交通设施，则应将其纳入分析范围之中。这可以向当地的规划部门咨询。

第四节　项目决策阶段投资估算

投资估算是在项目投资决策的过程中，依据现有的资料和特定的方法对建设项目的投资数额进行的估计。它是项目建设前期编制项目建议书和可行性研究报告的重要组成部分，是项目决策的重要依据之一。投资估算的准确与否不仅影响到可行性研究工作的质量和经济评价结果，也直接关系到下一阶段的设计概算和施工图预算的编制，对建设项目资金筹措方案有直接的影响。因此，全面准确地估算建设项目的工程造价，是可行性研究乃至整个决策阶段造价管理的重要任务。投资估算在项目开发建设工程中的作用表现为：

（1）项目建议书阶段的投资估算，是项目投资主管部门审批项目建议书的依据之一，并对项目的规划、规模起参考作用。

（2）项目可行性研究阶段的投资估算，是项目投资决策的重要依据，也是研究、分析、计算项目投资经济效果的重要条件。当可行性研究被批准后，其投资估算额即作为建设项目投资的最高限额，不得随意突破。

（3）项目投资估算对工程设计概算起控制作用，设计概算不得突破批准的投资估算额，并应控制在投资估算额之内。

（4）投资估算可作为项目资金筹措及制定建设贷款计划的依据，建设单位可根据批准的项目投资估算额，进行资金筹措和向银行申请贷款。

（5）项目投资估算是核算建设项目固定资产投资需要额和编制固定资产投资计划的重要依据。

一、依据

建设项目投资估算的基础资料与依据主要包括以下几个方面。

（一）行业部门资料

（1）《投资项目可行性研究指南（试行版）》；
（2）《建设项目经济评价方法与参数》（第三版）；
（3）有关机构发布的建设工程造价费用构成、估算指标、计算方法，以及其他有关工程造价的文件；

（4）有关机构发布的工程建设其他费用估算方法和费用标准，以及物价指数；

（5）部门或行业制定的投资估算方法和估算指标。

（二）建设项目资料

（1）拟建项目的建设方案确定的各项工程建设内容及工程量；

（2）拟建项目所需设备、材料的市场价格；

（3）投资人的组织机构、经营范围、财务能力等；

（4）根据不同行业项目的特殊要求需要的其他相关资料；

（5）全过程工程咨询单位的知识和经验体系。

二、内容

根据《投资项目可行性研究指南（试行版）》，及《建设项目经济评价方法与参数》（第三版）等相关规定可知，投资估算是在对建设地块和地质条件，项目的建设规模、技术方案、设备方案、工程方案及项目实施进度等进行研究并基本确定的基础上，估算项目投入总资金，并测算建设期内分年资金需要量。投资估算作为制定融资方案、进行经济评价，以及编制初步设计概算的依据。

建设项目总投资包括土地使用费用、建设投资和流动资金。其中建设投资由建筑工程费、设备及工器具购置费、安装工程费、工程建设其他费用、基本预备费、涨价预备费、建设期利息构成。其中，建筑工程费、设备及工器具购置费、安装工程费形成固定资产；工程建设其他费用可分别形成固定资产、无形资产、递延资产。基本预备费、涨价预备费、建设期利息，在可行性研究阶段为简化计算一并计入固定资产。

建设投资可分为静态投资和动态投资两部分。静态投资部分由建筑工程费、设备及工器具购置费、安装工程费、工程建设其他费用、基本预备费构成；动态投资部分由涨价预备费和建设期利息构成。

建设项目总投资构成如图2-12所示。

其中建筑工程费是指为建造永久性建筑物和构筑物所需要的费用，如场地平整、厂房、仓库、电站、设备基础、工业窑炉、矿井开拓、露天剥离、桥梁、码头、堤坝、隧道等项工程的费用。

设备及工器具购置费，包括设备的购置费、工器具购置费、现场制作非标准设备费、生产用家具购置费和相应的运杂费。对于价值高的设备应按单台（套）估算购置费；价值较小的设备可按类估算。国内设备和进口设备的设备购置费应分别估算。

安装工程费，包括各种机电设备装配和安装工程费用，与设备相连的工作台、梯子及其装设工程费用，附属于被安装设备的管线敷设工程费用；安装设备的绝缘、保温、防腐等工程费用；单体试运转和联动无负荷试运转费用等。注意需要安装的设备才估算安装工程费。

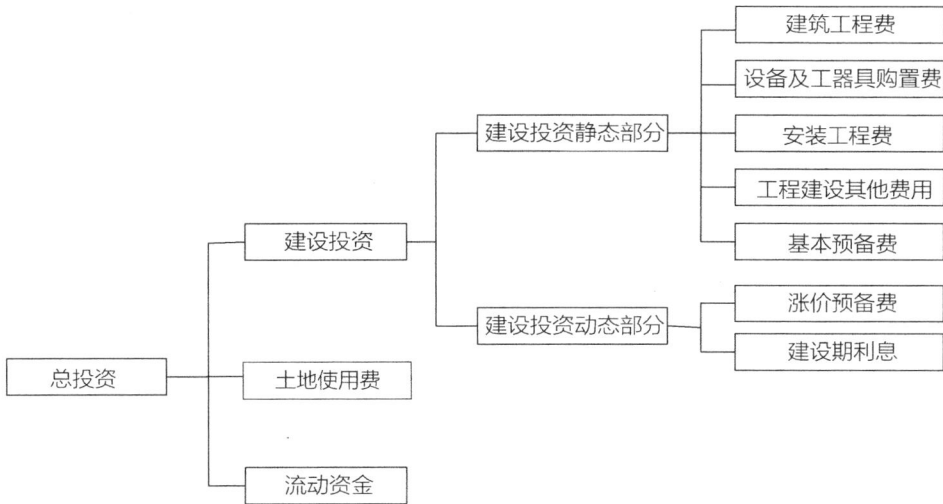

注：本书中工程建设其他费用包含资金成本、专利及专有技术费、建设单位管理费、勘察设计费、研究试验费、建设单位临时设施费、工程建设监理费、工程保险费、引进技术和进口设备其他费用、联合试运转费、生产职工培训费、办公及生活家具购置费等。考虑到土地获得渠道的多样化，本书将土地使用费从工程建设其他费用中剥离开来，单独列项。使用者可根据拟建项目实际发生的具体情况确定

图2-12　建设项目总投资构成图

工程建设其他费用估算。工程建设其他费用按各项费用科目的费率或者取费标准估算。

基本预备费，是指在项目实施中可能发生难以预料的支出，需要事先预留的费用，又称工程建设不可预见费，主要指设计变更及施工过程中可能增加工程量的费用。

涨价预备费是对建设工期较长的项目，由于在建设期内可能发生材料、设备、人工等价格上涨引起投资增加，需要事先预留的费用，亦称价格变动不可预见费。

建设期利息是指项目借款在建设期内发生并计入固定资产的利息。

流动资金是指生产经营性项目投产后，为进行正常生产运营，用于购买原材料、燃料，支付工资及其他经营费用等所需的周转资金。

三、程序

投资估算的编制一般包含静态投资、动态投资与流动资金估算三部分，主要包括以下几步。

（一）估算单项工程费用

分别估算各单项工程所需的建筑工程费、设备及工器具购置费和安装工程费。

1. 建筑工程费估算

建筑工程费的估算可以采用单位建筑工程投资估算法、单位实体工程量投资估算法和概算指标投资估算法三种方法中的某一种方法进行估算，并且应编制建筑工程费用估算

表，如表2-14所示。

建筑工程费用估算表

表2-14

序号	建、构筑物单位工程名称	单位	工程量	单价（元）	费用合计（万元）

2．设备及工器具购置费估算

设备购置费估算应根据项目主要设备表及价格、费用资料编制。工器具购置费一般按占设备费的一定比例计取。

3．安装工程费估算

安装工程费通常按行业或专门机构发布的安装工程定额、取费标准和指标估算投资，并应当编制安装工程费用估算表，如表2-15所示。

安装工程费用估算表

表2-15

序号	安装工程单位工程名称	单位	数量	指标（费率）	安装费用（万元）
1	设备				
	A				
	B				
	……				
2	管线工程				
	A				
	B				
	……				
	合计				

（二）估算工程建设其他费用及预备费

在汇总各单项工程费用的基础上，估算工程建设其他费用和基本预备费。

1．工程建设其他费用估算

工程建设其他费用按各项费用科目的费率或者取费标准估算，应编制工程建设其他费用估算表。同时，本书建议把土地使用费提升一级和其他费用同级考虑，如表2-16所示。

工程建设其他费用估算表（单位：万元）　　　　　表2-16

序号	费用名称	计算依据	费率或标准	总价
1	建设单位管理费			
2	建设单位临时设施费			
3	工程保险费			
4	总咨询费（移交前）			
4.1	前期工程咨询费			
4.2	环境影响评价费			
4.3	工艺流程研究费用（暂定为0）			
4.4	水土保持评价费（暂定为0）			
4.5	工程勘察费			
4.6	工程设计费			
4.7	工程建设监理费（含保修期）			
4.8	招标代理费			
4.9	全过程工程造价咨询费			
4.10	竣工图编制费			
4.11	总协调费			
5	总咨询费（移交后）			
5.1	物业管理			
5.2	资产评估			
5.3	房地产评估			
6	其他			
6.1	招投标交易服务费			
6.2	白蚁防治费			
6.3	弃土场受纳处置费			
6.4	施工图审查费			
6.5	第三方检测费			
6.6	高可靠性用电费			
6.7	引进技术和进口设备其他费用			
6.8	联合试运转费用			
6.9	生产职工培训费			
6.10	办公及生活家具购置费			
6.11	竣工验收专项费			
6.12	BIM平台建设费			
6.13	BIM平台一体化费			
	合计			

2. 基本预备费估算

基本预备费以建筑工程费、设备及工器具购置费、安装工程费及工程建设其他费用之和为计算基数，乘以基本预备费率计算。

（三）估算涨价预备费和建设期利息

1．涨价预备费估算

涨价预备费以建筑工程费、设备及工器具购置费、安装工程费之和为计算基数。

2．建设期利息估算

计算建设期利息时，为了简化计算，通常假定借款均在每年的年中支出，借款第一年按半年计息，其余各年份按全年计息，计算公式为：

各年应计利息=（年初借款本息累计+本年借款额/2）×年利率

（四）估算流动资金

（五）汇总得到建设项目总投资估算

可行性研究阶段的投资估算编制流程如图2-13所示。

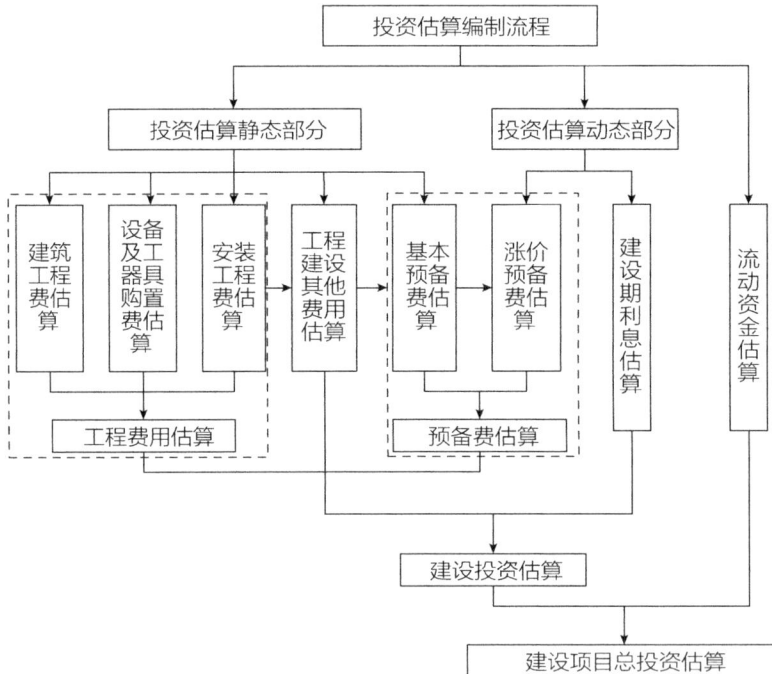

图2-13　建设项目可行性研究阶段投资估算编制工作流程

此外，除了估算出项目投入的总投资外，应根据项目实施进度的安排，编制分年资金投入计划。

四、注意事项

（一）投资估算的原则

投资估算是拟建项目前期可行性研究的重要内容，是经济效益评价的基础，是项目决策的重要依据。因此，在编制投资估算时应符合下列原则：

（1）实事求是、科学合理的原则；

（2）合理利用资源，效益最高的原则；

（3）适度前瞻性的原则。

（二）投资估算精度要求

投资估算应达到以下要求：

（1）工程内容和费用构成齐全，计算合理，不重复计算，不提高或者降低估算标准，不漏项不少算；

（2）选用指标与具体工程之间存在标准或者条件差异时，应进行必要的换算或者调整；

（3）投资估算精度应能满足控制初步设计概算的要求。

（三）投资估算的目标

投资估算有分目标和总目标，在总目标确定的情况下，要结合全生命周期成本最优原则、可实施性原则，利用价值工程合理分解分目标，进而将分目标转成限额设计。

第三章

设计阶段工程咨询服务

第一节　设计阶段概述

建设项目设计阶段是在决策阶段形成的咨询成果（如项目建议书、可行性研究报告、投资估算等）和投资人要求基础上进行深化研究，对拟建项目进行综合分析、论证，编制项目勘察设计文件并提供相关咨询服务的过程。在决策阶段作出投资决策后，控制项目工程造价的关键就在于设计。设计阶段是在技术和经济上对拟建工程的实施进行全面的安排，也是对工程建设进行规划的过程。根据中国现行的法律法规和政策、规范等，建设项目设计阶段主要包括工程勘察和工程设计两个环节。

工程勘察是根据建设工程和法律法规的要求，查明、分析、评价拟建项目建设场地的地质地理环境特征和岩土工程条件，编制建设工程勘察文件的活动。工程勘察工作内容包括制订勘察任务书和组织勘察咨询服务，如工程测量，岩土工程勘察、设计、治理、监测，水文地质勘察，环境地质勘察等；出具的工程勘查文件主要指岩土工程勘察报告及相关的专题报告。

工程设计是根据建设工程规范、标准，相关法律法规的要求，对拟建项目所需的技术、经济、资源、环境等条件进行综合分析、论证，结合工程勘察报告，编制建设工程设计文件，提供相关服务的活动。工程设计工作内容包括编写设计任务书、组织方案设计、初步设计（有工艺要求的需增加技术或工艺设计）、施工图设计等设计咨询服务工作。出具的设计文件包括设计说明、总平面、建筑、结构、建筑电气、给水排水、供暖通风与空气调节、热能动力等。设计文件根据不同设计阶段的深度要求，在内容深度上有所不同。

设计阶段造价管控工作内容包括编审工程概算和施工图预算；对设计方案进行经济比选和优化建议；协助限额设计。

全过程工程咨询单位在建设项目设计阶段的服务内容和流程如图3-1所示。

第二节　项目勘察服务

本书所讲的工程勘察咨询服务是以通用工程勘察为例进行分析说明，包括工程测量、岩土工程勘察、岩土工程设计与检测监测、水文地质勘察、工程水文气象勘察、工程物勘、室内试验等，以及专业工程（如煤炭、水利、电力、铁路、公路、通信、海洋工程、长输管道等）的勘察服务。流程可参照本书说明，具体标准执行相应专业工程的勘察技术标准规范。各项建设项目在设计和施工之前，必须按基本建设程序进行岩土工

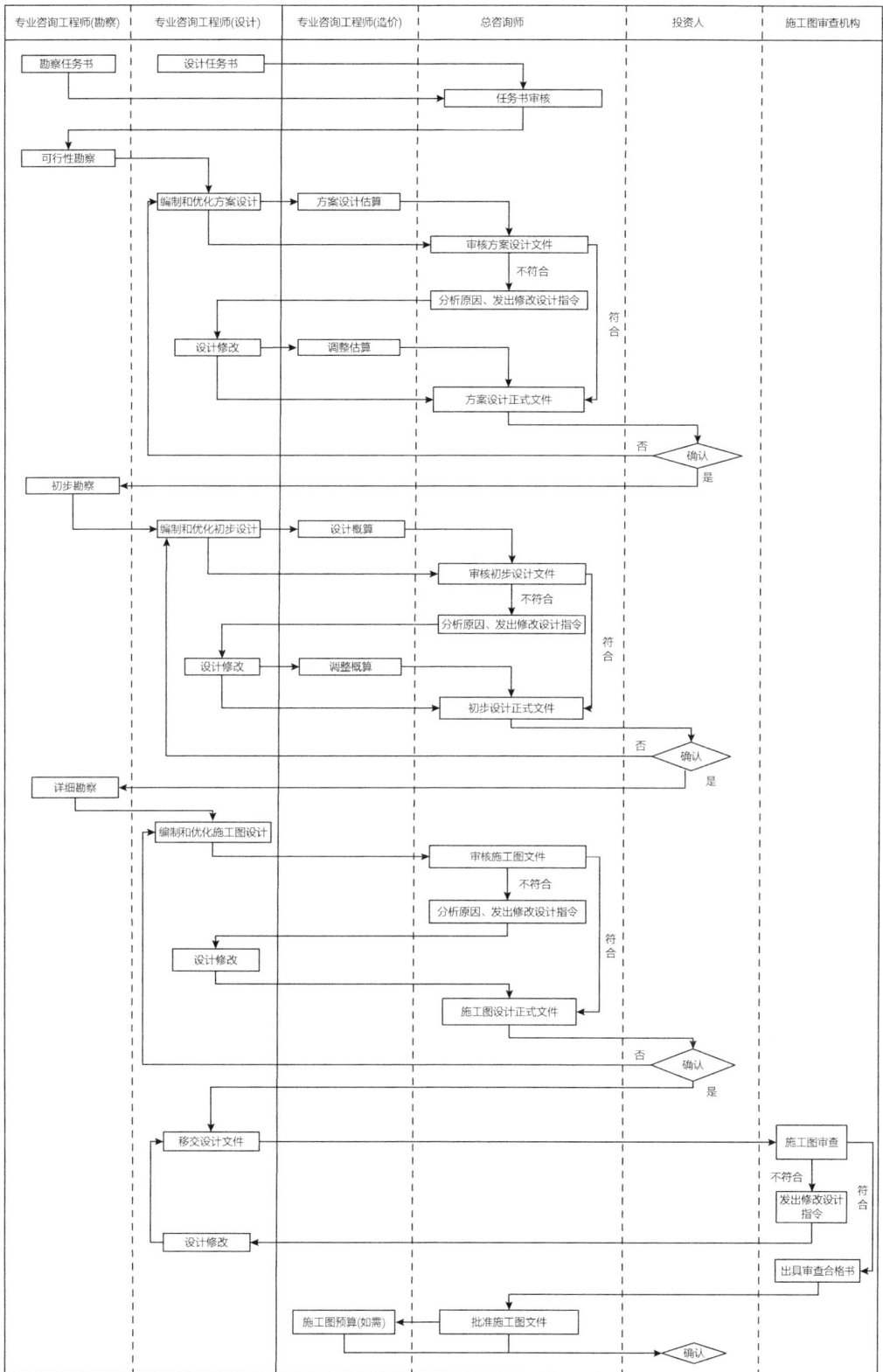

专业咨询工程师(勘察)	专业咨询工程师(设计)	专业咨询工程师(造价)	总咨询师	投资人	施工图审查机构

图3-1　全过程工程咨询单位设计阶段咨询服务流程图

程勘探。岩土工程勘察应按工程建设各勘察阶段的要求，正确反映工程地质条件，查明不良地质作用和地质灾害，精心勘察、精心分析，提出资料完整、评价正确的勘察报告。

一、勘察任务书的编制

（一）依据

（1）项目建议书及可行性研究等批复文件；

（2）全过程工程咨询委托合同；

（3）工程建设强制性标准；

（4）国家规定的建设工程勘察、设计深度要求；

（5）《建设工程勘察设计管理条例》（国务院令第293号令）（2015年修订）；

（6）《岩土工程勘察规范》GB 50021—2001（2009年版）；

（7）《建设工程勘察质量管理办法》（建设部2002年第115号令）（2007年修订）。

（二）内容

（1）勘察任务书的拟定，应把地基、基础与上部结构作为互相影响的整体，并在调查研究场地工程地质资料的基础上，下达勘察任务书。

（2）勘察任务书应说明工程的意图、设计阶段（初步设计阶段或施工图设计阶段）、要求提交勘察文件的内容、现场及室内的测试项目以及勘察技术要求等，同时应提供勘察工作所需要的各种图表资料。

（3）为配合初步设计阶段进行的勘察，在勘察任务书中应说明工程的类别、规模、建筑面积及建筑物的特殊要求、主要建筑物的名称、最大荷载、最大高度、基础最大埋深和重要设备的有关资料等，并向专业咨询工程师（勘察）提供附有坐标的、比例为1：1000～1：2000的地形图，图上应划出勘察范围。

（4）为配合施工图设计阶段进行的勘察，在勘察任务书中应说明需要勘察的各建筑物具体情况。如建筑物上部结构特点、层数、高度、跨度及地下设施情况，地面平整标高，采取的基础形式、尺寸和埋深、单位荷重或总荷重以及有特殊要求的地基基础设计和施工方案等，并提供经上级部门批准附有坐标及地形的建筑总平面布置图或单幢建筑物平面布置图。如有挡土墙时还应在图中注明挡土墙位置、设计标高以及建筑物周围边坡开挖线等。

（三）程序

全过程工程咨询单位编制勘察任务书程序，如图3-2所示。

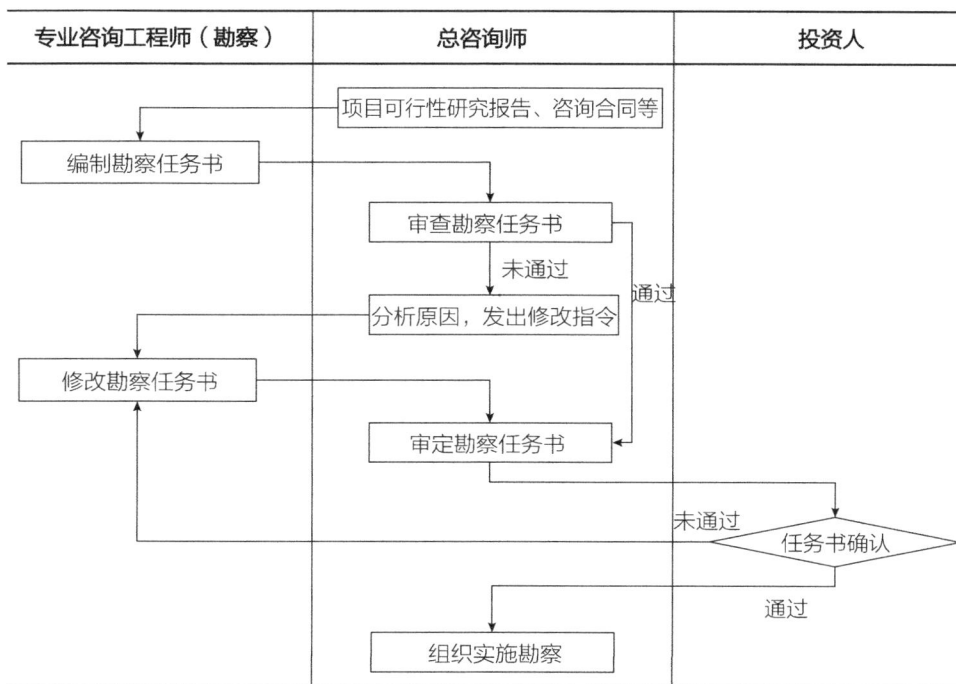

图3-2 全过程工程咨询单位编制勘察任务书程序

（四）注意事项

勘察任务书是大中型基本工程项目、限额以上技术改造项目进行投资决策和转入实施阶段的法定文件，大中型基本工程项目、限额以上技改项目要在编写出可行性报告之后编制勘察任务书。

二、勘察作业和文件编审

工程勘察文件是建筑地基基础设计和施工的重要依据，必须保证野外作业和实验资料的准确可靠，同时，文字报告和有关图表应按合理的程序编制。勘察文件的编制要重视现场编录、原位测试和实验资料的检查校核，使之相互吻合，相互印证。

（一）依据

项目勘察阶段咨询服务的依据主要有：

（1）经批准的项目建议书、可行性研究报告等文件；

（2）勘察任务书；

（3）《建设工程勘察设计管理条例》（国务院令第293号令）（2015年修订）；

（4）《工程建设项目勘察设计招标投标办法》（发展计划委员会2003年第2号令）（2013年修订）；

（5）《建设工程勘察设计资质管理规定》（建设部2006年第160号令）（2015年修订）；

（6）《建设工程勘察质量管理办法》（建设部2002年第115号令）（2007年修订）；

（7）《实施工程建设强制性标准监督规定》（建设部2008年第81号令）（2015年修订）；

（8）《中华人民共和国建筑法》（主席令第91号令）（2011年修订）；

（9）《岩土工程勘察规范》GB 50021—2001（2009年版）；

（10）其他相关专业的工程勘察技术规范标准。

（二）内容

1．勘察方案编审

勘察方案应由全过程工程咨询单位勘察专业工程师编制、设计专业工程师进行审查，编审主要包括以下内容：

（1）钻孔位置与数量、间距是否满足初步设计或施工图设计的要求；

（2）钻孔深度应根据上部荷载与地质情况（地基承载力）确定；

（3）钻孔类别比例的控制，主要是控制性钻孔的比例以及技术性钻孔的比例；

（4）勘探与取样，包括采用的勘探技术手段方法，取样方法及措施等；

（5）原位测试，主要包括标贯试验、重探试验、静力触探、波速测试、平板载荷试验等。在勘察方案中应明确此类测试的目的、方法、试验要求、试验数量；

（6）土工试验，土工试验项目应该满足建筑工程设计与施工所需要的参数，比如：为基坑支护提供参数的剪切试验，地基土强度验算时的三轴剪切试验，以及水质分析等；

（7）项目组织，包括机械设备、人员组织；

（8）方案的经济合理性。

通过对勘察方案的编制和审查，可以保证勘察成果满足设计需要，满足项目建设需要，为设计工作的开展提供真实的地勘资料。

2．勘察作业实施

全过程工程咨询单位应组织专业咨询工程师（勘察）按规范精心开展勘察作业，包括野外作业，如工程地质测绘与调查、勘察与取样、原位测试、现场检验与监测等；室内试验，如土的物理性质、抗剪强度试验，岩石试验等。专业咨询工程师（勘察）实施勘察作业必须按《岩土工程勘察规范》GB 50021—2001（2009年版）的规定进行，为保证勘察作业成果质量，全过程工程咨询单位应组织其他专业咨询工程师（如设计）对专业咨询工程师（勘察）的作业活动进行监督和配合协助。

3．勘察文件编审

勘察文件是勘察工作的成果性文件，需要充分利用相关的工程地质资料，做到内容齐全、论据充足、重点突出。此外，勘察文件应正确评价建筑场地条件、地基岩土条件和特殊问题，为工程设计和施工提供合理适用的建议。因此，全过程工程咨询单位要全面细致做好工程勘察文件的编制与审查，为设计和施工提供准确的依据。

全过程工程咨询单位须按照国家和省市制定的工程勘察标准、技术规范和有关政策文件，组织专业技术力量和设备等，组织开展工程勘察工作，精心编制和审查工程勘察文件，特别应重点做好以下几个方面内容：

（1）勘察文件是否满足勘察任务书委托要求及合同约定；

（2）勘察文件是否满足勘察文件编制深度规定的要求；

（3）组织专家对勘察文件进行内部审查，确保勘察成果的真实性、准确性，将问题及时反馈至专业咨询工程师（勘察），并跟踪落实修改情况；

（4）检查勘察文件资料是否齐全。有无缺少实验资料、测量成果表、勘察工作量统计表和勘探点（钻孔）平面位置图、柱状图、岩芯照片等；

（5）工程概述是否表述清晰，有无遗漏，包括：工程项目、地点、类型、规模、荷载、拟采用的基础形式等各方面；

（6）勘察成果是否满足设计要求。

全过程工程咨询单位审查合格后要将勘察文件报送当地建设行政主管部门对勘察文件中涉及工程建设强制性标准的内容进行严格审查。并将审查意见及时反馈至专业咨询工程师（勘察），直至取得审查合格书。

（三）程序

全过程工程咨询单位勘察阶段咨询服务程序，如图3-3所示。

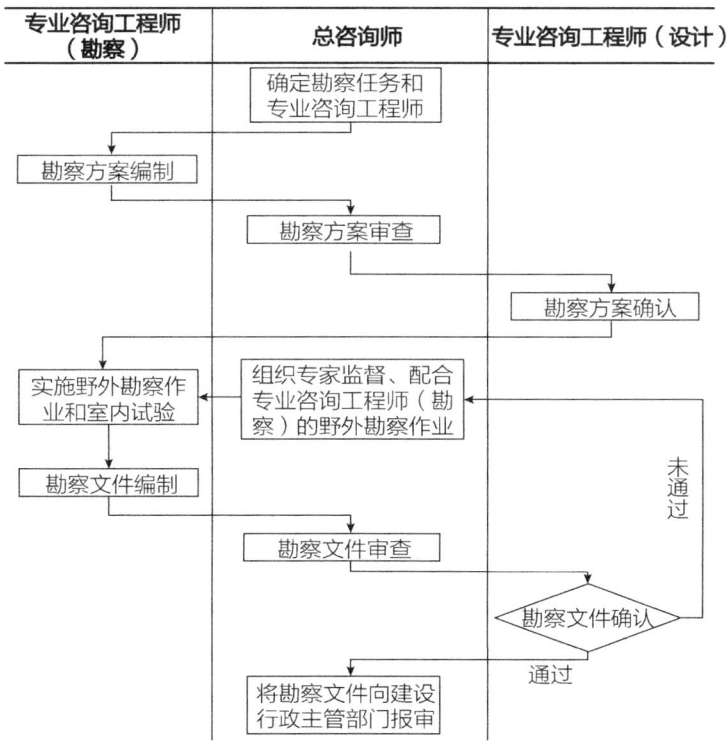

图3-3　全过程工程咨询单位开展勘察咨询服务程序

（四）注意事项

勘察咨询服务的注意事项主要有：

（1）凡在国家建设工程设计资质分级标准规定范围内的建设工程项目，均应当委托勘察业务；

（2）开展勘察业务须具备相应的工程勘察资质证书，且与其证书规定的业务范围相符，全过程工程咨询单位如没有相应资质的，应发包给具有相应资质的工程勘察单位实施；

（3）勘察方案必须经报审合格后，方可实施；

（4）勘察文件应满足勘察任务书和投资人的要求，须符合《建设工程勘察设计资质管理规定》（建设部2006年第160号令）（2015年修订），并且须满足项目设计文件编制需要。

第三节　项目设计服务

根据住房城乡建设部印发的《建筑工程设计文件编制深度规定（2016版）》（建质〔2016〕247号），建筑工程（民用建筑、工业厂房、仓库及其配套工程）一般应分为方案设计、初步设计和施工图设计三个阶段；对于技术要求相对简单的民用建筑工程，当有关主管部门在初步设计阶段没有审查要求，且合同中没有做初步设计的约定时，可在方案设计审批后直接进入施工图设计。本节以《建筑工程设计文件编制深度规定（2016版）》为例，阐述民用建筑工程项目方案设计、初步设计、施工图设计咨询服务内容，而市政工程、公路工程、水利工程等其他类型项目，应根据对应的设计阶段划分标准和内容规定执行。

方案设计文件，应满足编制初步设计文件的需要，并应满足方案审批或报批的需要。

初步设计应根据批准的可行性研究报告或方案设计进行编制，要明确工程规模、建设目的、投资效益、设计原则和标准，深化设计方案，确定拆迁、征地范围和数量，编制初步设计概算，提出设计中存在的问题、注意事项及有关建议，其深度应能满足确定工程投资、满足编制施工图设计、主要设备订货、招标及施工准备的要求。

施工图设计应根据批准的初步设计进行编制，其设计文件应能满足施工招标、施工安装、材料设备订货、非标设备制作、加工及编制施工图预算的要求。

在开展工程设计工作前，全过程工程咨询单位应编制设计任务书，保证设计工作顺利有序进行。

全过程工程咨询单位的勘察设计咨询服务不仅需要在项目设计阶段充分实施，而且需要延伸至项目实施乃至竣工阶段。在实施阶段，专业咨询工程师（勘察、设计）需提供的咨询服务主要有设计文件资料管理、设计交底和图纸会审、地勘和设计的现场咨询、专项设计和深化设计、设计变更等，具体实施指南详见项目实施阶段咨询服务。

一、设计任务书的编制

（一）依据

（1）土地挂牌文件、选址意见书或土地合同；

（2）建设用地规划许可证；

（3）项目设计基础资料；

（4）上阶段政府报建的批文（如项目建议书或可行性研究报告批复）；

（5）项目成本管理指导书；

（6）勘察文件；

（7）环境评估报告；

（8）交通评估报告；

（9）能源评估报告；

（10）物业管理设计要点。

（二）内容

设计任务书一般由全过程工程咨询单位与投资人充分沟通后编制。

设计任务书是投资人对工程项目设计提出的要求，是工程设计的主要依据。进行可行性研究的工程项目，可以用批准的可行性研究报告代替设计任务书。设计任务书可分为方案设计任务书、初步设计任务书、施工图设计任务书和专业设计任务书等。

根据可行性研究报告的内容，经过研究并选定方案之后编制的设计任务书，要对拟建项目的投资规模、工程内容、经济技术指标、质量要求、建设进度等做出规定。设计任务书的主要内容如表3-1所示。

设计任务书编制要点　　　　　　　　　　表3-1

序号	内容	内容要点
1	项目名称、建设地点	
2	批准设计项目的文号、协议书文号及其有关内容	
3	项目建设的依据和目的	
4	建筑造型及建筑室内外装修方面要求	
5	项目建设的规模及生产纲要（生产大纲、产品方案）	对市场需求情况的预测
		对国内外同行业的生产能力估计
		市场销售量预测、价格分析、产品竞争能力分析、国外市场需求情况的预测、进入国际市场的前景分析
		项目建设的规模、产品方案及发展方向的技术经济比较与分析

序号	内容	内容要点
6	资源、原材料、燃料动力、供水、运输、协作配套、公用设施的落实情况	所需资源、原材料、辅助材料、燃料动力的种类、数量、来源及供应的可能性和条件
		所需公用设施的数量、供应方式和供应条件
		资源的综合利用和"三废"治理的要求
7	建设条件和征地情况	建设用地的范围，地形、场地内原有建筑物、构筑物、要求保留的树木及文物古迹的拆除和保留情况等
		场地周围道路及建筑等环境情况
		交通运输，供水、供电、供气的现状及发展趋势
8	生产技术、生产工艺、主要设备选型、建设标准及相应的技术指标	
9	项目的构成及工程量估算	项目的主要单项工程、辅助工程及相应配套工程的构成
		项目布置方案和工程量的估算
10	环境保护、城乡规划、抗震、防洪、文物保护等方面的要求和相应的措施方案	
11	组织机构、劳动定员和人员培训设想	
12	建设工期与实施进度	
13	投资估算、资金筹措和财务分析	主体工程和辅助配套工程所需投资（利用外资项目或引进技术项目应包括外汇款项）
		生产流动资金的估算
		资金来源、筹措方式、偿还方式、偿还年限
14	经济效益和社会效益	项目要达到的各项微观和宏观经济指标
		分析项目的社会效益
15	附件	可行性分析和论证资料
		项目建议书批准文件
		征地和外部协作配套条件的意向性协议
		环保部门关于"三废"治理措施的审核意见
		劳动部门关于劳动保护措施的审核意见
		消防部门关于消防措施的审核意见

（三）程序

全过程工程咨询单位编制设计任务书程序，如图3-4所示。

（四）注意事项

设计任务书是设计的依据，同时也是投资人的意图反映，因此，编制设计任务书时

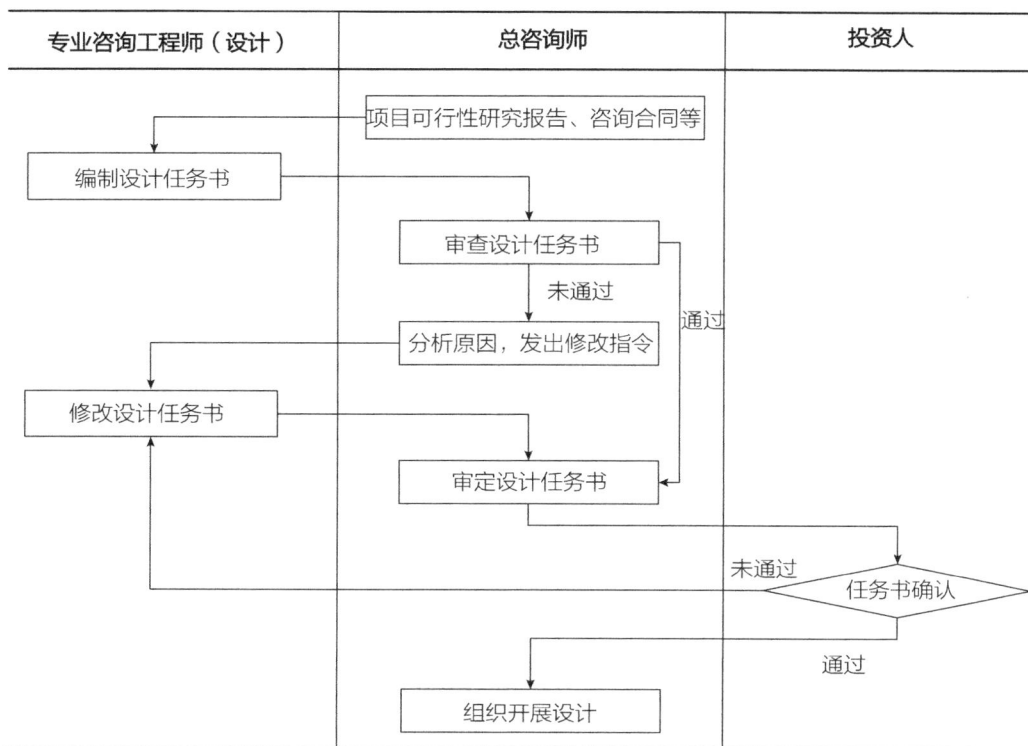

图3-4　全过程工程咨询单位编制设计任务书程序

需要充分体现项目建设意义，力图达到明确表达设计意图、明确表达设计功能和要求的目的。

二、方案设计

项目方案设计阶段是设计实质性的开始的阶段。建筑设计方案应满足投资人的需求和编制初步设计文件的需要，同时需向当地规划部门报审。

（一）依据

（1）与工程设计有关的依据性文件，如选址及环境评价报告、用地红线图、项目的可行性研究报告、政府有关主管部门对立项报告的批文、初步设计任务书或协议书等；

（2）设计所执行的主要法规和所采用的主要标准；

（3）设计基础资料，如气象、地形地貌、水文地质、抗震设防烈度、区域位置等；

（4）政府有关主管部门对项目设计的要求，如对总平面布置、环境协调、建筑风格等方面的要求。当城市规划等部门对建筑高度有限制时，应说明建筑、构筑物的控制高度（包括最高和最低高度限值）；

（5）工程规模（如总建筑面积、总投资、容纳人数等）、项目设计规模等级和设计标准（包括结构的设计使用年限、建筑防火类别、耐火等级、装修标准等）。

（二）内容

1. 方案设计文件编制

在项目方案设计阶段，全过程工程咨询单位编制和交付的主要设计成果文件有：方案设计说明书、初步设计图纸，文件内容如图3-5所示，具体内容详见《建筑工程设计文件编制深度规定（2016版）》。

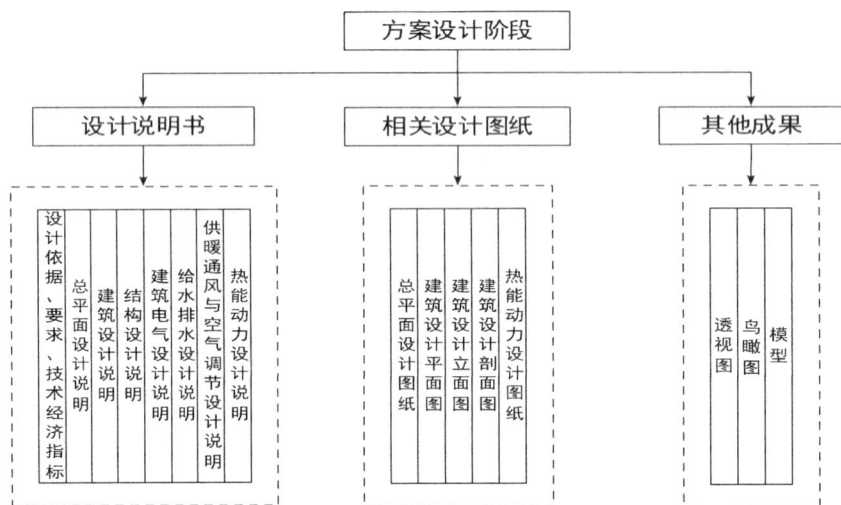

图3-5　项目方案设计阶段主要成果文件

2. 方案设计文件审查与优化

在方案设计阶段，全过程工程咨询单位应组织专家委员对方案设计进行审查和优化，以确定此方案设计是否切实满足投资人要求，审查和优化内容主要有以下几点：

（1）是否响应招标要求，是否符合国家规范、标准、技术规程等的要求；

（2）是否符合美观、实用及便于实施的原则；

（3）总平面的布置是否合理；

（4）景观设计是否合理；

（5）平面、立面、剖面设计情况；

（6）结构设计是否合理，可实施；

（7）公建配套设施是否合理、齐全；

（8）新材料、新技术的运用；

（9）设计指标复核；

（10）设计成果提交的承诺。

方案设计完成后，全过程工程咨询单位应组织行业专家，针对方案的不足，结合拟建项目情况，对方案提出修改建议，并编制形成正式文件。在规定的时间内督促专业咨询工程师（设计）提出最优方案，直到满足投资人要求。

3. 方案设计报审

全过程工程咨询单位应将内部审查并调整完毕的方案向当地规划部门报审。为了防止因审批时间过长而耽误整个项目进度的情况出现，在方案报审的过程中，全过程工程咨询单位应本着为投资人着想的服务理念，协助专业咨询工程师（设计）作好方案报审的准备工作，尽量确保方案会审顺利进行。对于报审前全过程工程咨询单位的准备工作，主要包括以下内容：

（1）报审前复查设计方案图纸，检查是否符合规范要求，图纸是否具有专业咨询工程师（设计）图签、出图章、设计资质证书编号及各专业设计人员的签名；

（2）检查报审的图纸文件是否齐全，不全的应要求专业咨询工程师（设计）补送有关图纸、文件，审批时间从补齐之日算起；

（3）在取得《建筑工程设计方案审核意见单》后，立即协助投资人申请《建筑工程规划许可证》，为后期工作做好准备；

（4）若设计方案经审核需做较大修改的，全过程工程咨询单位应再次及时组织送审设计文件。

完成建筑方案的报批审查后，方可进入初步设计阶段。

（三）程序

方案设计编审流程图，如图3-6所示。

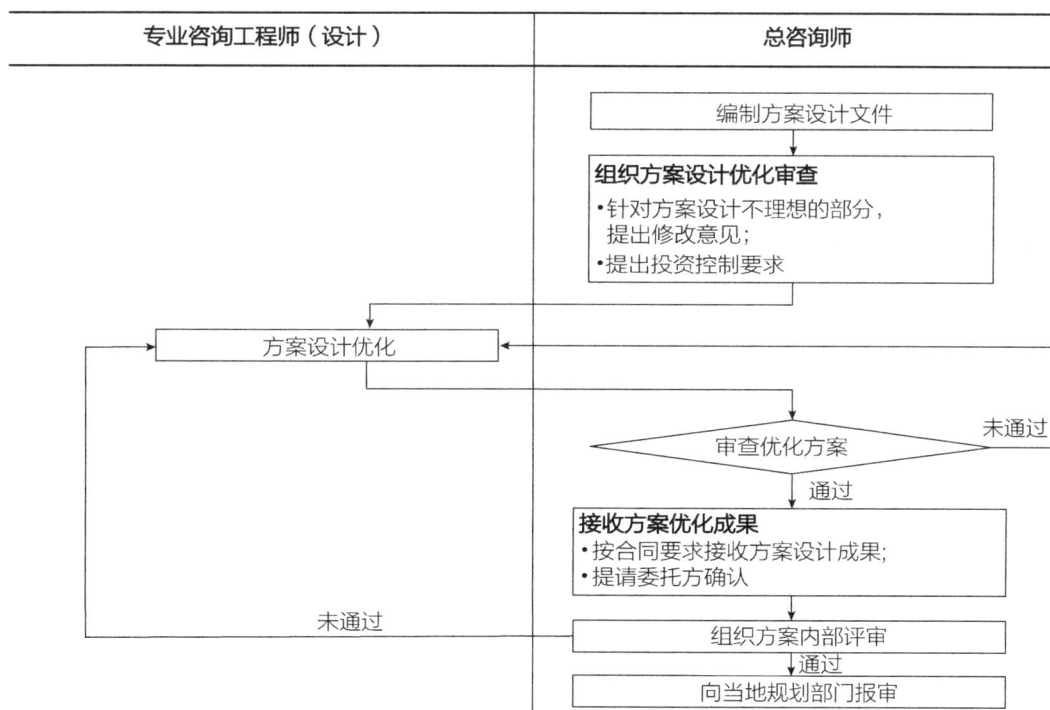

图3-6　全过程工程咨询单位编审方案设计流程图

（四）注意事项

（1）方案设计要以满足最终投资人的需求为重点，结合使用人的需求对建筑的整体方案进行设计、评选和优选。

（2）全过程工程咨询单位及其专业咨询工程师（设计）若无能力自行完成方案设计，应进行方案设计招标，如果只对方案设计进行招标，而无需中标单位承担后续设计任务时，要在招标文件中进行说明。

（3）全过程工程咨询单位需要对方案设计组织专家进行优化，在功能、投资等方面提出合理化建议。

（4）方案设计阶段的报批管理也是全过程工程咨询单位的重点工作内容，应引起重视。

三、初步设计

在方案设计通过投资人及相关部门的审批以后，就可以开展初步设计，初步设计文件应满足《建筑工程设计文件编制深度的规定（2016版）》的规定，并提供相应的设计概算，以便投资人有效控制投资。

（一）依据

（1）国家政策、法规；

（2）各专业执行的设计规范、标准和现行国家及项目所在地的有关标准、规程；

（3）政府有关主管部门的批文、可行性研究报告、立项书、方案文件等的文号或名称；

（4）批准的方案设计；

（5）规划、用地、环保、卫生、绿化、消防、人防、抗震等要求和依据资料；

（6）委托方提供的有关使用要求或生产工艺等资料；

（7）建设场地的自然条件和施工条件；

（8）有关的合同、协议、设计任务书等；

（9）其他的有关资料。

（二）内容

1．初步设计文件编制

在项目初步设计阶段，全过程工程咨询单位编制和交付的主要设计成果文件，在设计深度上应符合已审定的方案设计内容，能据以确定土地征用范围、准备主要设备及材料，能据以进行施工图设计和施工准备，并作为审批确定项目投资的依据。初步设计内容和成果文件如图3-7所示，具体内容详见《建筑工程设计文件编制深度规定（2016版）》。对

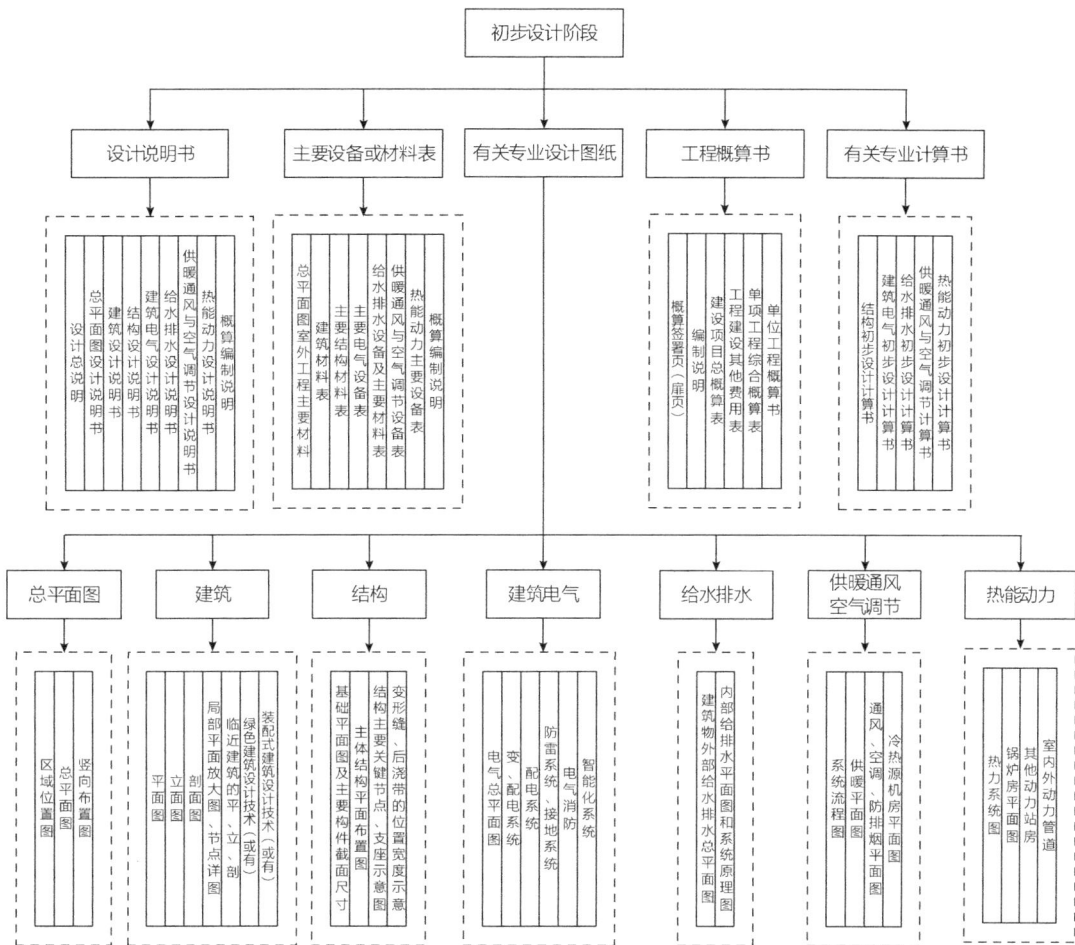

图3-7 项目初步设计阶段主要成果文件

于涉及建筑节能、环保、绿色建筑、人防、装配式建筑等，其设计说明应有相应的专项内容。

2. 初步设计文件审查与优化

当初步设计图纸出来后，全过程工程咨询单位需组织各专业专家逐张审查图纸，重点审查选材是否经济、做法是否合理、节点是否详细、图纸有无错、缺、漏等问题。在认真审阅图纸后，书面整理专家审图意见，与投资人和专业咨询工程师（设计）约定时间，共同讨论交换意见，达成共识后，进行设计图纸修改。

全过程工程咨询单位对初步设计审查合格后，需按当地建设行政主管部门的规定，将初步设计文件报送建设行政主管部门审查。

全过程工程咨询单位进行的初步设计审查应当包括下列主要内容：

（1）是否按照方案设计的审查意见进行了修改。

（2）是否达到初步设计的深度，是否满足编制施工图设计文件的需要。

（3）是否满足消防规范的要求。

（4）建筑专业：①建筑面积等指标是否相比可行性研究报告有大的变化；②建筑功能分隔是否得到深化，总平面、楼层平面、立面设计是否深入；③主要装修标准明确；④各楼层平面是否分隔合理，有较高的平面使用系数。

（5）结构专业：①结构体系选择恰当，基础形式合理；②各楼层布置合理。

（6）设备专业：①系统设计合理；②主要设备选型得当、明确。

（7）有关专业重大技术方案是否进行了技术经济分析比较，是否安全、可靠。

（8）初步设计文件采用的新技术、新材料是否适用、可靠。

（9）设计概算编制是否按照国家和地方现行有关规定进行编制，深度是否满足要求；概算是否控制在可研批复的范围之内，与可研批复的偏差是否有充足的理由并符合相关规定。

（三）程序

项目初步设计文件编审程序，如图3-8所示。

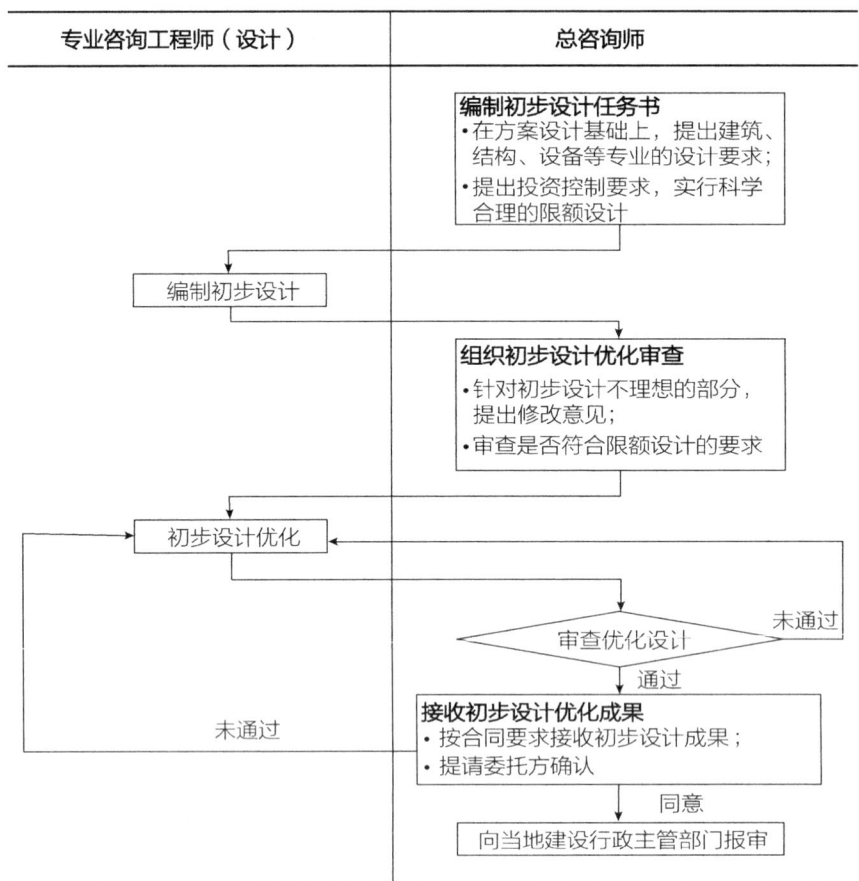

图3-8　全过程工程咨询单位编审初步设计文件流程图

（四）注意事项

（1）初步设计深度不够是目前建设项目初步设计存在的一个普遍问题。因此，初步设计管理也要注重对设计人员经验和业务水平等方面加强对专业咨询工程师（设计）的管理。

（2）注重初步设计的建设规模、建设功能、建设标准不能与可行性研究报告偏离，投资额度应控制在可行性研究报告确定的目标之内。

（3）全过程工程咨询单位需要按国家《建筑工程设计文件编制深度规定》的要求及合同要求，严格审查初步设计文件的内容是否齐全，设计文件的份数是否满足合同约定。

四、施工图设计

施工图设计阶段主要是通过图纸把设计者的意图和全部设计结果表达出来，主要以图纸的形式提交设计文件成果，使整个设计方案得以实施。施工图设计，一是用于指导施工，二是作为工程预算编制的依据。施工图设计应满足国家《建筑工程设计文件编制深度的规定（2016版）》（建质函〔2016〕247号）的要求。

（一）依据

（1）国家政策、法规及设计规范；

（2）设计任务书或协议书；

（3）批准的初步设计；

（4）详细的勘察资料；

（5）关于初步设计审查意见；

（6）关于初步设计建设项目所在地建设行政主管部门的批复意见；

（7）《实施工程建设强制性标准监督规定》（建设部2008年第81号令）（2015年修订）；

（8）《房屋建筑和市政基础设施工程施工图设计文件审查管理办法》（建设部2004年第134号令）（2013年修订）；

（9）其他有关资料。

（二）内容

1. 施工图设计文件编制

施工图设计文件包括合同要求所涉及的所有专业的设计图纸（含图纸目录、说明和必要的设备、材料表等）以及图纸总封面；对于涉及建筑节能设计的专业，其设计说明应有建筑节能设计的专项内容；涉及装配式建筑设计的专业，其设计说明及图纸应有装配式建筑专项设计内容。

在项目施工图设计阶段，全过程工程咨询单位根据批准的初步设计进行编制和交付的

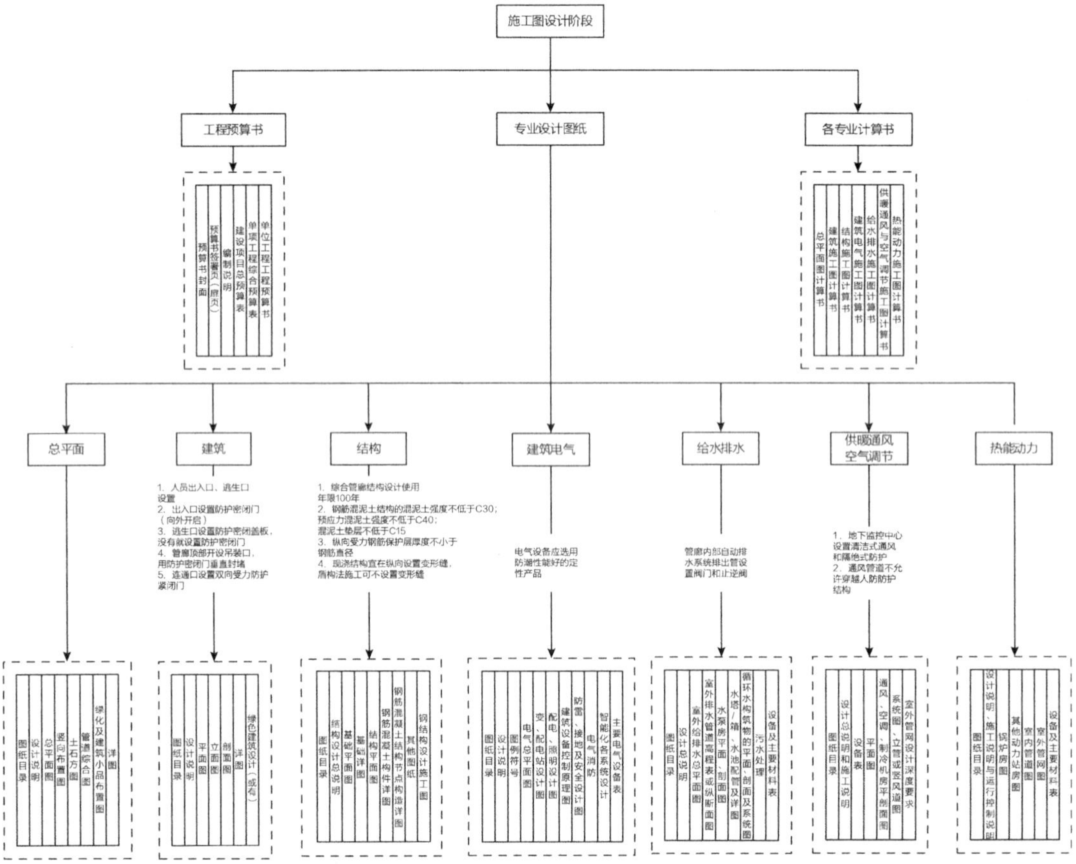

图3-9 项目施工图设计阶段主要成果文件

设计成果文件，须能满足施工招标、施工安装、材料设备订货、非标设备制作、加工及编制施工图预算的要求。施工图设计成果文件如图3-9所示，具体内容详见《建筑工程设计文件编制深度规定（2016版）》。

2.施工图设计文件审查

施工图设计阶段，全过程工程咨询单位需要对施工图设计文件进行审查。施工图设计审查分为全过程工程咨询单位自行组织的技术性及符合性审查，以及建设行政主管部门认定的施工图审查机构实施的工程建设强制性标准及其他规定内容的审查，完成审查后的施工图文件应按建设行政主管部门要求进行备案。

（1）全过程工程咨询单位对施工图设计及审查

在施工图出图后及送行政审查前，全过程工程咨询单位应组织投资人、专业咨询工程师等对施工图的设计内容进行内部审查，如：专业咨询工程师（造价）应从工程量清单编制过程中发现的技术问题，或从造价控制的角度提出意见、建议；而专业咨询工程师（监理）应结合施工现场（比如，技术的可靠性、施工的便利性、施工的安全性等方面）提出意见、建议；全过程工程咨询单位应从施工图是否满足投资人需求，符合使用人的使用要求等方面进行审查。

全过程工程咨询单位对各单位审查意见进行汇总，并召开专题会议共同讨论，由专业咨询工程师（设计）对施工图进行修改、完善，最后形成正式的施工图。

施工图设计文件应正确、完整和详尽，并确定具体的定位和结构尺寸、构造措施、材料、质量标准、技术细节等，还应满足设备、材料的采购需求，满足各种非标准设备的制作需求，满足招标及指导施工的需要。全过程工程咨询单位对施工图设计审查的主要内容应包括：

1）建筑专业：

①建筑面积是否符合政府主管部门批准意见和设计任务书的要求，特别是计入容积率的面积是否核算准确；

②建筑装饰用料标准是否合理、先进、经济、美观，特别是外立面是否体现了方案设计的特色，内装修标准是否符合投资人的意图；

③总平面设计是否充分考虑了交通组织、园林景观，竖向设计是否合理；

④立面、剖面、详图是否表达清楚；

⑤门窗表是否能与平面图对应，其统计数量有无差错，分隔形式是否合理；

⑥消防设计是否符合消防规范，包括防火分区是否超过规定面积，防火分隔是否达到耐火时限，消防疏散通道是否具有足够宽度和数量，消防电梯设置是否符合要求；

⑦地下室防水、屋面防水、外墙防渗水、卫生间防水、门窗防水等重要位置渗漏的处理是否合理；

⑧楼地面做法是否满足投资人要求。

2）结构专业：

①结构设计总说明的内容是否准确全面，结构构造要求是否交代清楚；

②基础设计是否符合初步设计确定的技术方案；

③主体结构中的结构布置选型是否符合初步设计及其审查意见，楼层结构平面梁、板、墙、柱的标注是否全面，配筋是否合理；

④结构设计是否满足施工要求；

⑤基坑开挖及基坑围护方案的推荐是否合理；

⑥钢筋含量、节点处理等问题是否合理；

⑦土建与各专业的矛盾问题是否解决。

3）设备专业：

①系统是否按照初步设计的审查意见进行布置；

②与建筑结构专业是否矛盾；

③消防工程设计是否满足消防规范的要求，包括火灾报警系统、防排烟系统、消火栓系统、喷淋系统以及疏散广播系统等；

④给水管供水量及管道走向、管径是否满足最不利点供水压力需要，是否满足美观需要；

⑤排水管的走向及布置是否合理；

⑥管材及器具选择是否符合规范及投资人要求；

⑦水、电、煤、消防等设备、管线安装位置设计是否合理、美观且与土建图纸不相矛盾；

⑧煤气工程是否满足煤气公司的审图要求；

⑨室内电器布置是否合理、规范，强、弱电室内外接口是否满足电话局、供电局及设计要求；

⑩用电设计容量和供电方式是否符合供电局规定要求。

完成内部审查后，应及时送至相关的施工图审查机构审查，并取得施工图审查合格书。

（2）施工图审查机构对施工图设计的审查

施工图审查机构对施工图设计的审查内容主要包括：

1）是否符合工程建设强制性标准；

2）地基基础和主体结构的安全性；

3）是否符合民用建筑节能强制性标准，对执行绿色建筑标准的项目，还应当审查是否符合绿色建筑标准；

4）勘察设计企业和注册执业人员以及相关人员是否按规定在施工图上加盖相应的图章和签字；

5）法律、法规、规章规定必须审查的其他内容。

（三）程序

（1）全过程工程咨询单位对施工图设计的编审程序，如图3-10所示。

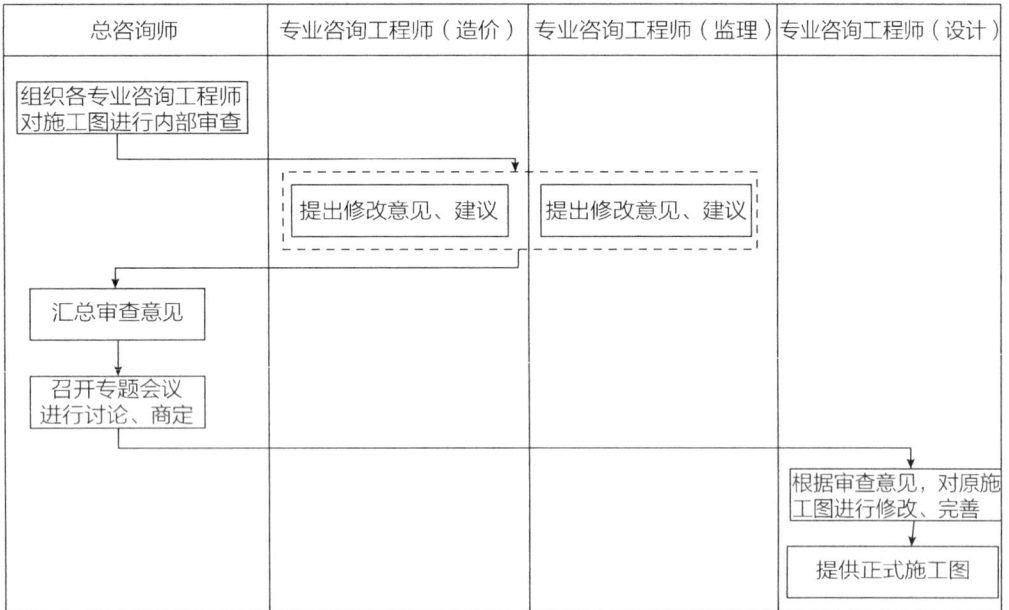

图3-10 全过程工程咨询单位对施工图设计的编审流程

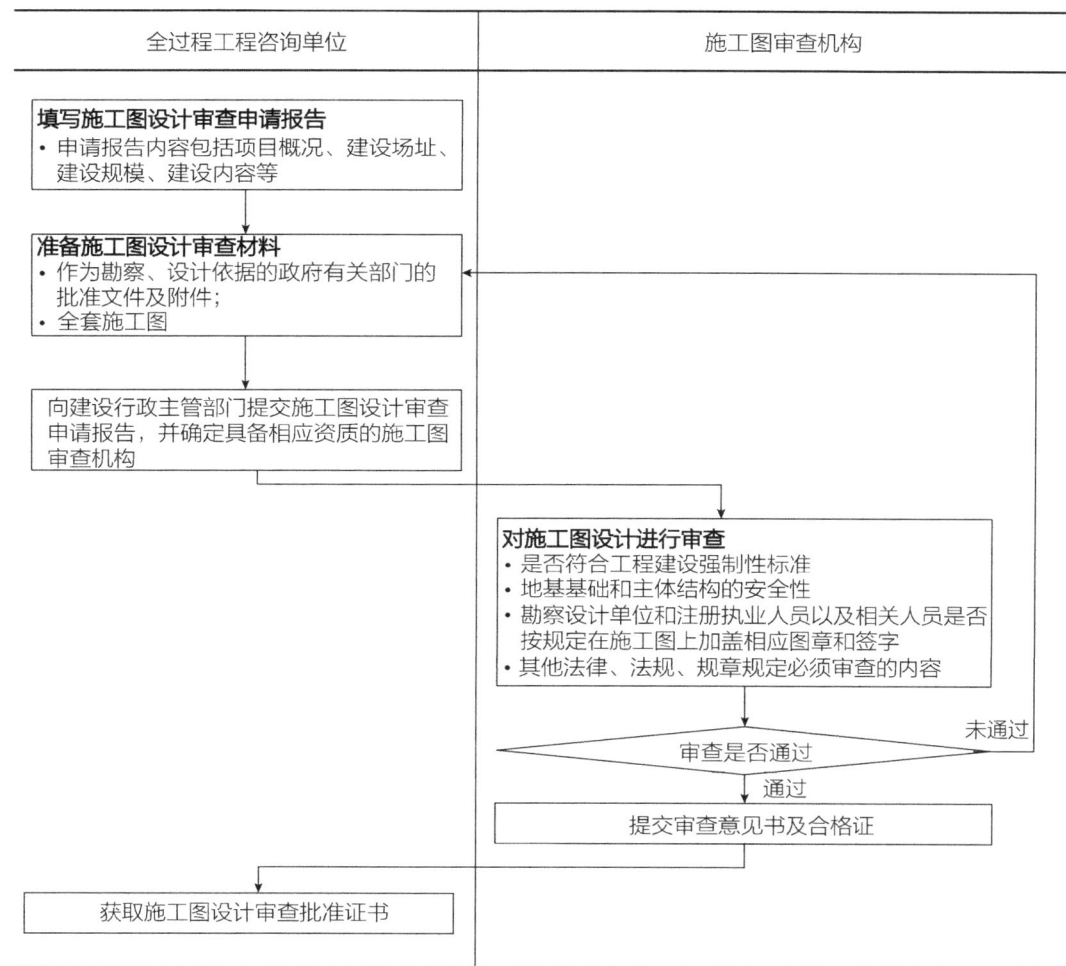

全过程工程咨询单位	施工图审查机构

填写施工图设计审查申请报告
· 申请报告内容包括项目概况、建设场址、建设规模、建设内容等

准备施工图设计审查材料
· 作为勘察、设计依据的政府有关部门的批准文件及附件；
· 全套施工图

向建设行政主管部门提交施工图设计审查申请报告，并确定具备相应资质的施工图审查机构

对施工图设计进行审查
· 是否符合工程建设强制性标准
· 地基基础和主体结构的安全性
· 勘察设计单位和注册执业人员以及相关人员是否按规定在施工图上加盖相应图章和签字
· 其他法律、法规、规章规定必须审查的内容

审查是否通过　　　　未通过

通过

提交审查意见书及合格证

获取施工图设计审查批准证书

图3-11　施工图审查机构对施工图设计的审查程序

（2）政府施工图审查机构对施工图设计的审查程序，如图3-11所示。

（四）注意事项

（1）施工图审查机构一定要具备相应资质，超限高层建筑工程的施工图设计文件审查应当由经国务院建设行政主管部门认定的具有超限高层建筑工程审查资格的施工图设计文件审查机构承担。

（2）未经超限高层建筑工程抗震设防专项审查，建设行政主管部门和其他有关部门不得对超限高层建筑工程施工图设计文件进行审查。

（3）工程勘察文件经审查合格后，专业咨询工程师（设计）方可采用，同一项目的工程勘察文件与施工图设计文件原则上应委托同一审查机构审查。

（4）全过程工程咨询单位对施工图设计进行审查时，要注意施工图设计是否按照设计合同的规定提供足够套数的施工图，是否所有的施工图都加盖了专业咨询工程师（设

计）的出图章，是否设计人、校对人、专业负责人、设计总负责人的签字齐全并且有专业会签。

第四节　项目设计阶段造价管控

在建设项目的工作分解结构中，建设项目的设计与计划阶段是决定建筑产品价值形成的关键阶段，它对建设项目的建设工期、工程造价、工程质量以及建成后能否产生较好的经济效益和使用效益，起到决定性的作用，因此对设计阶段进行造价管理是非常重要的。从国内外工程实践及造价资料分析表明，在方案设计阶段，影响项目投资的可能性为75%～95%；在初步设计阶段，影响项目投资的可能性为35%～75%；在施工图设计阶段，影响项目投资的可能性为5%～35%。由此可见，重视对设计阶段的造价管理，可以有效解决建设项目总造价偏高的问题。因此，控制工程造价的思想在设计开始的时候就应该保证选择恰当的设计标准和合理的功能水平。各阶段对投资影响程度分析如图3-12所示。

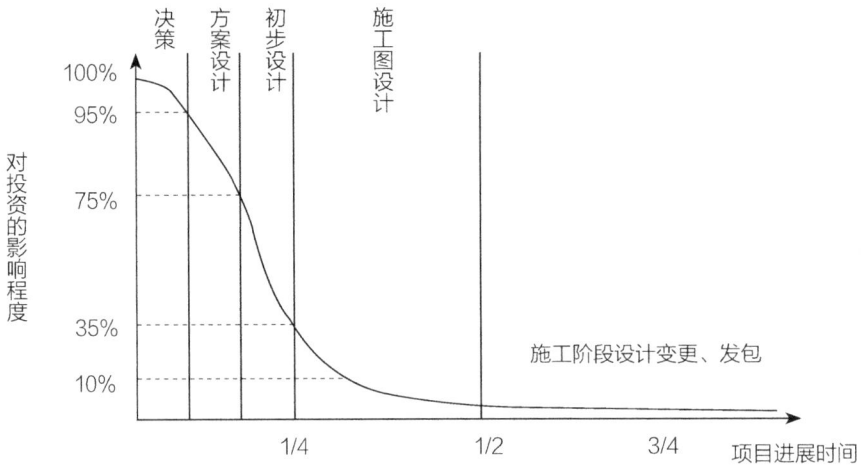

图3-12　各设计阶段对投资影响程度分析图

一、设计概算的编制与审核

（一）依据

（1）国家设计规范、标准以及项目的勘察文件、初步设计文件；

（2）政府有关主管部门对项目的批文、可行性研究报告、立项书、方案文件等；规划、用地、环保、卫生、绿化、消防、人防、抗震等要求和依据资料；

（3）国家和地方政府有关工程建设和造价管理的法律、法规和方针政策；

（4）当地和主管部门颁布的概算定额、工期定额、指标（或预算定额、综合预算定额）、单位估价表、类似工程造价指标、工程费用定额、工期定额和相关费用规定的文件等；

（5）当地现行的建设工程价格信息；

（6）建设单位提供的有关概算的其他资料；

（7）工程建设其他费用计费依据；

（8）有关文件、合同、协议等；

（9）投资人提供的有关使用要求或生产工艺等资料；建设场地的自然条件和施工条件；

（10）《建设项目设计概算编审规程》CECA/GC 2—2015；

（11）全过程工程咨询单位的知识经验积累和指标指数体系。

（二）内容

1．编制主要内容

（1）建设项目总概算及单项工程综合概算；

（2）工程建设其他费用、预备费、专项费用概算；

（3）单位工程概算；

（4）如果设计概算经批准后调整，经过原概算审批单位同意，可编制调整概算。

2．审查主要内容

（1）审查设计概算文件是否齐全；

（2）审查设计概算的编制依据，依据需满足合法性、时效性、适用范围；

（3）审查概算编制深度；

（4）审查建设规模、标准，如概算总投资超过原批准投资估算10%以上，应进一步审查超估算的原因，确因实际需要投资规模扩大，需要重新立项审批；

（5）审查设备规格、数量和配置；

（6）审查建筑安装工程工程费，审查是否有多算、重算、漏算；

（7）项目概算工期是否符合工期定额的规定；

（8）审查计价指标；

（9）审查其他费用。

（三）程序

在专业咨询工程师（设计）编制初步设计文件过程中，全过程工程咨询单位应安排专业咨询工程师（造价）参与并编制设计概算，在造价控制目标内进行估算调整及设计调整、组织初步设计概算内部评审、进行技术经济分析比较或调整概算，同时须考虑项目工期对概算的影响。专业咨询工程师（造价）应与专业咨询工程师（设计）密切配合、讨论和优化设计方案，以选出技术先进、经济合理的最佳设计方案，确保概算的质量，并且总咨询师应对设计概算的质量把关。全过程工程咨询单位开展设计概算编审工作程序如图3-13所示。

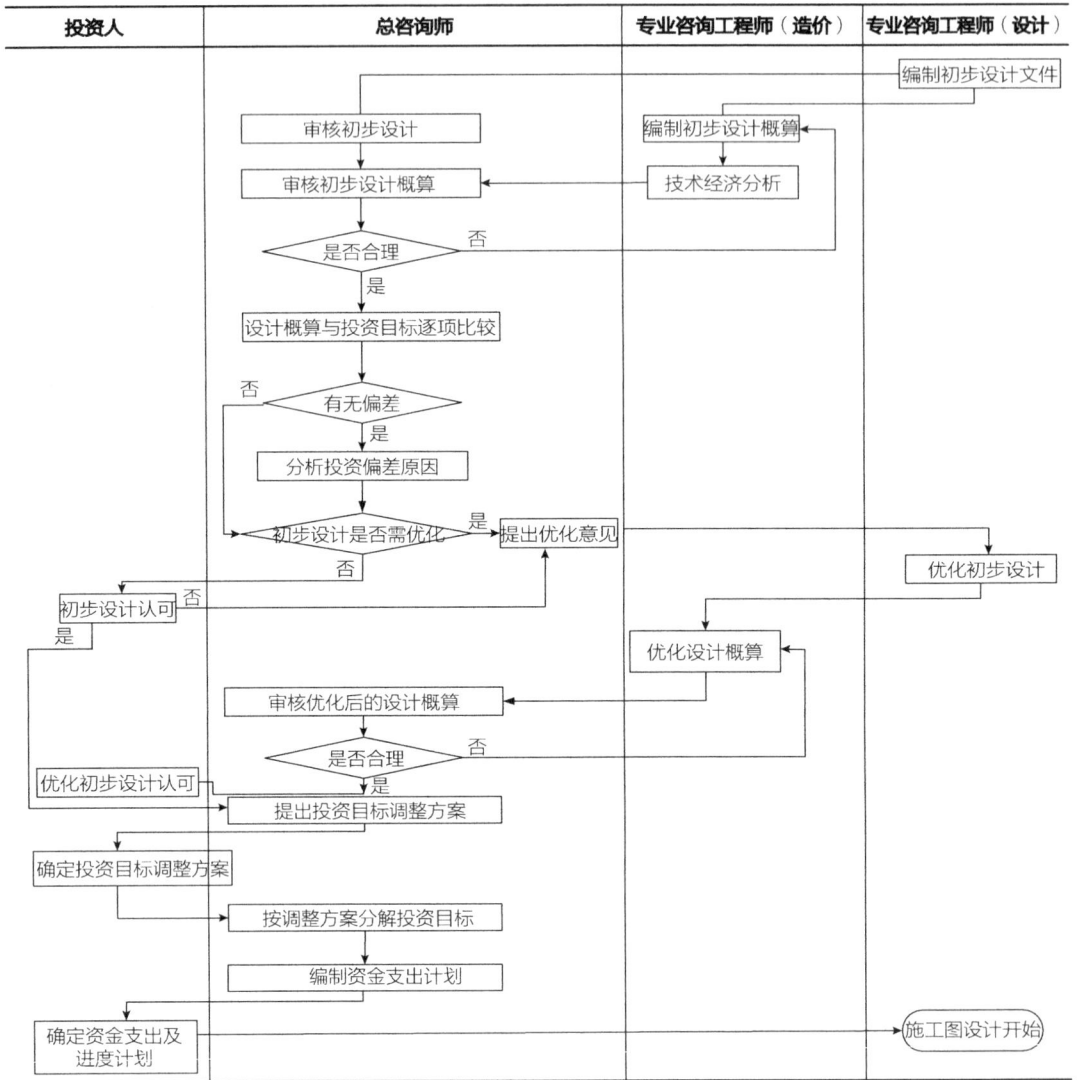

图3-13　全过程工程咨询单位设计概算编审工作流程

（四）注意事项

（1）设计概算是编制建设项目投资计划、确定和控制建设项目投资、控制施工图设计和施工图预算的依据。为了确保概算编审质量，全过程工程咨询单位应对编审的专业咨询工程师（造价）进行认真考核；可采取送审值与审批值差额比率方法考核，规定总概算、综合概算、单位工程概算审核差额比率，以及责任人员。

（2）编审概算的专业咨询工程师（造价）须深入了解建设工程的概况，认真阅读设计说明书，充分了解设计意图，必要时到工程现场实地察看，而且必须充分考虑概算工期定额对造价的影响。

（3）若审查后初步设计概算超出立项批复的投资额，全过程工程咨询单位需要与投资人共同作出决策：是降低建设标准还是减少建筑面积或其他，必要时重新立项报批。

二、限额设计和设计方案经济比选优化

设计阶段是分析处理工程技术和经济的关键环节，在设计过程中专业咨询工程师（造价）需要密切配合专业咨询工程师（设计），协助其处理好工程技术先进性与经济合理性之间的关系，通过多方案技术经济分析，优化设计方案；通过限额设计有效控制工程造价。

（一）限额设计

限额设计是指按照批准的可行性研究报告中的投资限额进行初步设计、按照批准的初步设计概算进行施工图设计、按照施工图预算造价（当超概算时）对施工图设计中相关专业设计文件修改调整的过程。限额设计需要在投资额度不变的情况下，实现使用功能和建设规模的最大化。

1．依据

（1）相关法律法规、政策文件、标准规范等；

（2）项目可行性研究报告、业主需求书、不同深度的勘察设计文件（含技术要求）、决策和设计阶段造价文件等；

（3）项目资金来源，项目性质，项目技术要求，投资人对工程造价、质量、工期的期望以及资金的充裕程度等。

2．内容

限额设计的控制过程是合理确定项目投资限额，科学分解投资目标，进行分目标的设计实施，设计实施的跟踪检查，检查信息反馈用于再控制的循环过程。

（1）合理确定项目投资限额

鉴于经审批的设计任务书中的项目总投资额，即为进行限额设计控制项目造价的主要依据，而设计任务书中的项目总投资额又是根据审批的项目可行性研究报告中的投资估算额下达的，提高项目可行性研究报告中投资估算的科学性、准确性、可信性，便成为合理确定项目投资限额的重要环节。为适应推行限额设计的要求，应适当加深项目可行性研究报告的深度，并维护项目投资估算的严肃性；使投资估算真正起到控制项目造价的作用。为此，在编制项目投资估算时，要做到科学地、实事求是地编制项目投资估算，使项目的投资限额与单项工程的数量、建筑标准、功能水平相协调。

（2）科学分配初步设计的投资限额

专业咨询工程师（设计）在进行设计以前，总咨询师应将项目设计任务书中规定的建设方针、设计原则、各项技术经济指标等向专业咨询工程师（设计）交底，并将设计任务与规定的投资限额分工程分专业下达到专业咨询工程师（设计），亦即将设计任务书中规定的投资限额分配到各单项工程和单位工程，作为进行初步设计的造价控制目标或投资限额，并要求各专业设计人员认真研究实现投资限额的可行性，对项目的总图方案、工艺流程、关键设备、主要建筑和各种费用指标提出方案比选，作出投资限额决定。

（3）根据投资限额进行初步设计

初步设计开始时，总咨询师应将可行性研究报告的设计原则、建设方针、建设标准和各项控制经济指标向专业咨询工程师（设计）交底，对关键设备、工艺流程、主要建筑和各种费用指标提出技术方案比较，研究实现可行性研究报告中投资限额的可行性，将设计任务和投资限额分专业同时下达，促使专业咨询工程师（设计）进行多方案比选。并以单位工程为考核单元，事先做好专业内部的平衡调整，提出节约投资的措施，力求在不降低可行性研究报告中确定的建设标准的基础上，将工程量和工程造价控制在限额内。对由于初步设计阶段的主要设计方案与可行性研究阶段的假设设计方案相比较发生重大变化所增加的投资，应进一步优化方案，同时利用价值工程进行分析，确定投资增加的有效性和可行性，在不影响投资人资金安排的前提下，报总咨询师批准后，才可调整工程概算。

（4）合理分配施工图设计的造价限额

经审查批准的建设项目或单项工程初步设计及初步设计概算，应作为施工图设计的造价控制限额。专业咨询工程师（设计）把概算限额分配给各单位工程各专业设计上作为其造价控制额，使之在造价控制额内进行设计优化和施工图设计。

3. 程序

限额设计强调技术与经济的统一，需要造价和设计的专业咨询工程师密切合作。专业咨询工程师（设计）进行设计时，应基于项目全过程、全生命周期，充分考虑工程造价的影响因素，对方案进行比较、优化设计；专业咨询工程师（造价）要及时进行造价评估和编审，在设计过程中协助专业咨询工程师（设计）进行技术经济分析和论证，从而到达有效管控项目工程造价的目的。限额设计流程图如图3-14所示。

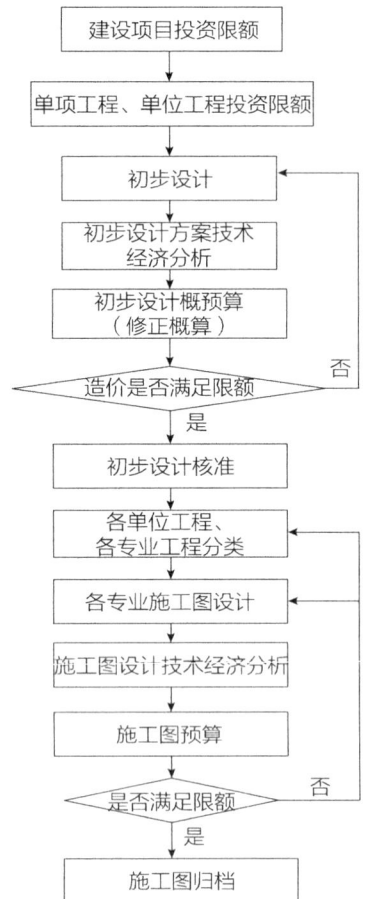

```
      建设项目投资限额
            ↓
  单项工程、单位工程投资限额
            ↓
        初步设计  ←──────┐
            ↓            │
   初步设计方案技术经济分析 │
            ↓            │
   初步设计概预算（修正概算）│
            ↓            │
   造价是否满足限额 ──否──┘
            │是
            ↓
        初步设计核准
            ↓
  各单位工程、各专业工程分类 ←┐
            ↓               │
      各专业施工图设计        │
            ↓               │
   施工图设计技术经济分析      │
            ↓               │
        施工图预算           │
            ↓               │
     是否满足限额 ──否────────┘
            │是
            ↓
        施工图归档
```

图3-14 限额设计流程图

4．注意事项

（1）为了科学合理分解投资目标，确定投资限额，各设计阶段投资总限额一般以满足投资人投资目标、兼顾使用人需求进行方案设计，确定投资估算；用设计方案和投资估算指导初步设计；用初步设计文件控制施工图设计。为了有效进行限额设计，在初步设计阶段，总咨询师带领各专业咨询师明确建设项目各专业组成，通过分析各专业和所选用不同材料设备对使用功能的影响程度，分析不同材料设备对造价影响的敏感度，根据分析结果，共同对投资总额进行合理分解，并将分解后的投资目标作为初步设计的目标。在初步设计完成后，进一步调整完善投资目标分解，并将调整后的投资分解目标作为施工图设计的限额设计目标。

（2）坚持投资限额的严肃性：投资限额目标一旦确定，必须坚持其投资额的严肃性，不能随意变动。如有必要调整必须通过分析论证，按规定程序调整。

（3）跟踪限额设计的执行情况：应要求各专业咨询工程师（设计）负责人根据各专业特点编制"各设计专业投资核算点表"，并确定各设计专业投资控制点的计划完成时间。造价工程师按照投资核算点对各专业设计投资进行跟踪核算，并分析产生偏差的原因，与设计师互动，有效实现限额设计。

（二）设计方案评价与优化

设计方案评价与优化是设计过程的重要环节，通过技术比较、经济分析和效益评价，正确处理技术先进与经济合理之间的关系，力求达到技术先进与经济合理的和谐统一。

1．依据

（1）国家和省市的经济和社会发展规划；

（2）国家或有关部门颁布的相关法律法规、政策文件、标准规范、参数和指标等；

（3）有关基础数据资料，包括同类项目的技术经济参数、指标等；

（4）项目设计说明书、设计文件；

（5）项目的项目建议书（初步可行性研究报告）和咨询合同的具体委托要求；

（6）项目的投资估算、设计概算等。

2．内容

（1）建立评价指标和参数体系，即设计方案评价与优化的衡量标准。评价指标和参数既要符合有关法律法规和标准规范的规定，也应能充分反映拟建项目投资人和其他利益相关者以及社会的需求，指标和参数体系包括的主要内容有：①使用价值指标，即拟建项目满足功能的指标；②反映创造使用价值所消耗的社会劳动消耗量指标；③其他相关指标和参数等。指标和参数体系的建立，可按重要程度设置主要指标/参数和辅助指标/参数，并选择主要指标进行分析比较。

（2）方案评价：①备选方案的筛选，剔除不可行的方案；②根据评价指标和参数体系，对备选方案进行全面的分析比较，要注意各个方案间的可比性，要遵循效益与费用计算口径和一致的原则。

（3）方案优化：根据设计方案评价的结果，并综合考虑项目工程质量、造价、工期、安全和环保五大目标，基于全要素造价管控进行优化，力求达到整体目标最优，在保证工程质量和安全、保护环境的基础上，追求全生命周期成本最低的方案。

（4）评价与优化方法：设计方案评价与优化的方法有很多，主要有目标规划法、层次分析法、模糊综合评价法、灰色综合评价法、价值工程法和人工神经网络法等。较为常用的是采用价值工程法进行方案比选和优化。

3．程序

项目设计方案评价与优化的基本程序如图3-15所示。

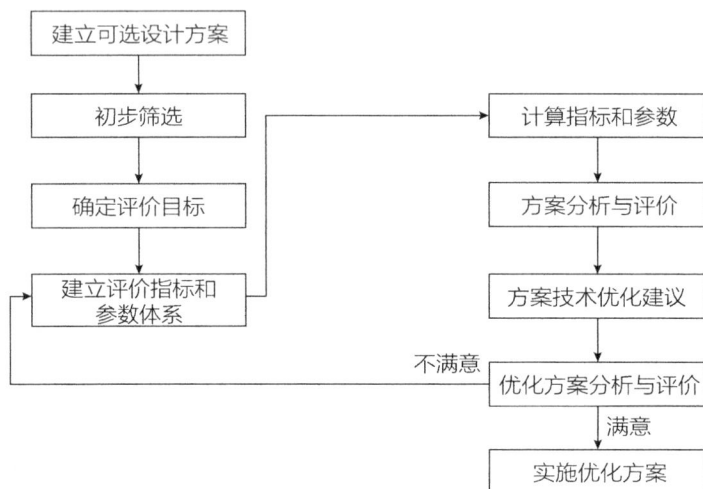

图3-15 项目设计方案评价与优化咨询程序

4．注意事项

（1）对于单项工程或单位工程设计的多方案经济评价与优化，应将技术与经济相结合，配合委托人确定合理的建设标准，采用统一的技术经济评价指标体系进行全面对比分析。

（2）在进行多方案经济评价、编写优化设计造价咨询报告时应与投资人、专业咨询师（设计）充分沟通，可参考借鉴类似项目的技术经济指标，提出的优化设计建议应切实可行并得到投资人与全过程工程咨询单位的认可。

三、施工图预算的编制与审核

（一）依据

（1）国家、行业和地方政府有关建设投资（工程造价）管理的法律和规定；

（2）经审查批准后的施工图设计文件和相关标准图集；

（3）经批准的拟建项目的设计概算文件；

（4）工程地质勘察资料；

（5）施工组织设计或施工方案；

（6）现行建筑工程与安装工程预算定额和费用定额、单位计价表、费用规定、企业定额等文件；

（7）全过程工程咨询单位的知识经验积累和指标指数体系。

（二）内容

1．编制主要内容

施工图预算根据建设项目实际情况可采用三级预算编制或二级预算编制形式；当建设项目有多个单项工程时，应采用三级预算编制形式，三级预算编制形式由建设项目施工图总预算、单项工程综合预算、单位工程施工图预算组成；当建设项目只有一个单项工程时，应采用二级预算编制形式，二级预算编制形式由建设项目施工图总预算和单位工程施工图预算组成。施工图预算的具体编制内容可参照《建设项目施工图预算编审规程》CECA/GC 5—2010执行。

2．审查主要内容

施工图预算审查的主要内容有：工程量的计算，定额的使用，材料设备及人工、机械费用的确定，相关费用的选取和确定等。

（三）程序

全过程工程咨询单位组织施工图预算审查步骤如下：

（1）做好施工图预算审查前的准备工作，主要有：

1）熟悉施工图纸；

2）了解预算包括的范围，根据预算编制说明，了解预算包括的工程内容；

3）弄清预算采用的单位估价表；

4）选择合适的审查方法，按相应内容审查；

5）综合整理审查资料，定案后编制调整预算。

（2）全过程工程咨询单位组织施工图预算具体审查的程序，如图3-16所示。

（四）注意事项

（1）工程量的计算是编审施工图预算的基础和重要内容，施工图预算的准确与否，关键在于工程量的计算是否准确。全过程工程咨询单位必须对施工图预算的编审程序进行严格把控，采取措施避免重算、漏算等，同时加强对编审人员的管理与考核。

（2）严格确定定额项目的选套。同一分项工程，如果由于对定额的理解偏差或对定额考虑的因素不清楚，很有可能造成工程造价的较大误差。在选套定额项目时，一定要认真

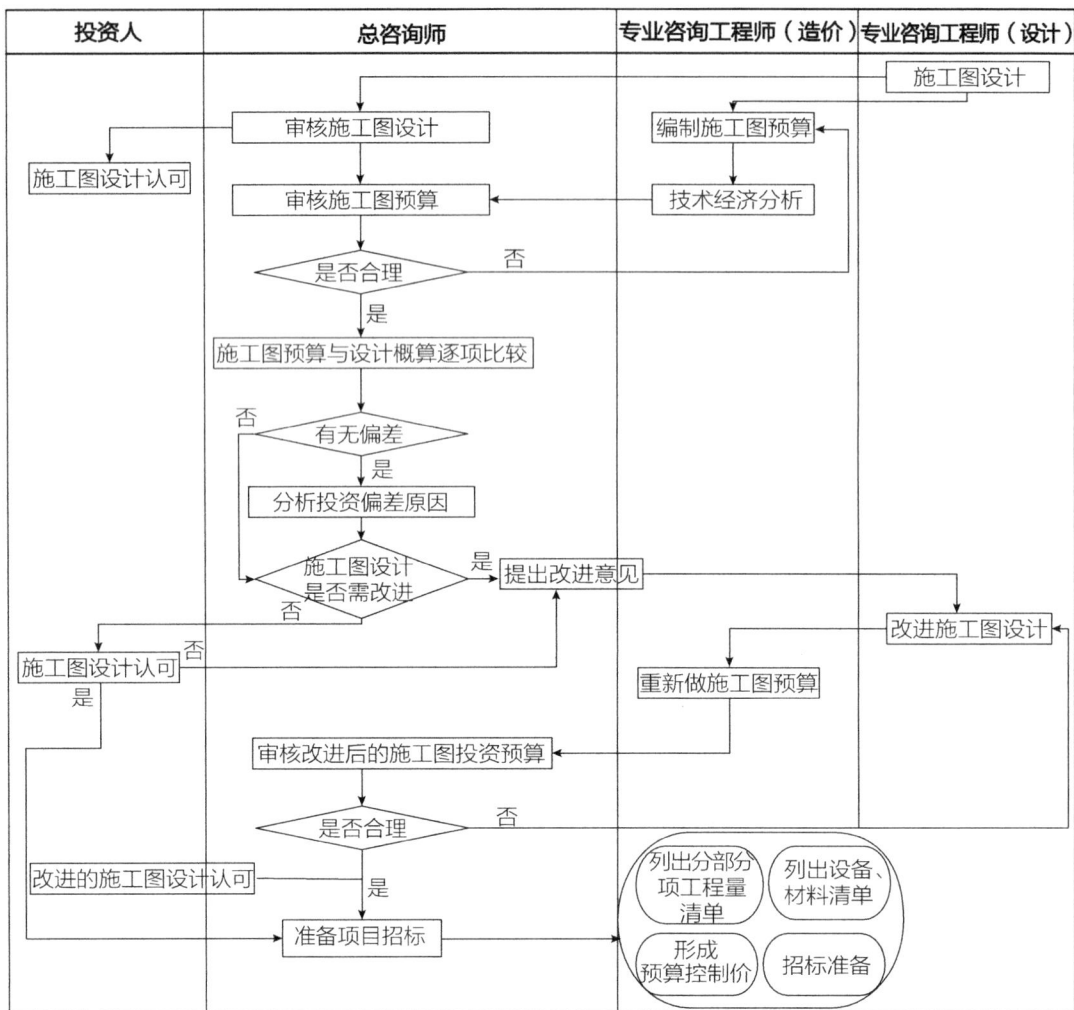

图3-16 施工图预算审查程序

阅读定额的总说明、章节说明及附注内容，正确理解定额的适用范围等。与此同时，专业咨询工程师（造价）还应深入现场，了解施工工序，确保选套定额项目的准确性，避免出现重大疏漏。

（3）认真做好人工、材料、设备价格的确定工作。材料价格的来源很多，有由各级造价管理部门发布的材料指导信息价格，已完成交易的案例价格，有形市场和无形市场的价格信息等。全过程工程咨询单位应建立健全可靠的价格信息来源，及时掌握建筑市场动态，合理确定价格。

经审查的施工图预算不能超过设计概算。

第四章

发承包阶段
咨询服务

建设项目发承包阶段即通常所说招投标阶段，是在前期阶段形成的咨询成果（如可行性研究报告、业主需求书、相关专项研究报告、不同深度的勘察设计文件（含技术要求）、造价文件等）基础上进行招标策划，并通过招投标活动，选择具有相应能力和资质的承包人，通过合约进一步确定建设产品的功能、规模、标准、投资、完成时间等，并将投资人和承包人的责权利予以明确。发承包阶段是实现投资人建设目标的准备阶段，该阶段确定的承包人是将前期阶段的咨询服务成果建成优质建筑产品的实施者。

本书以投资人为建设项目的投资主体；以承包人为建设项目的承包主体。因此，发承包阶段所出现的招标人、发包人均描述为投资人；投标人、承包商均描述为承包人。

根据现行的《中华人民共和国招标投标法》、《中华人民共和国招标投标法实施条例》招投标活动包括招标策划、招标、投标、开标、评标、中标、定标、投诉与处理等一系列流程。招投标活动应当遵循公开、公平、公正和诚实信用的原则。

第一节　招标策划

一、依据

（1）相关法律法规、政策文件、标准规范等；

（2）项目可行性研究报告、业主需求书、相关利益者需求分析、不同深度的勘察设计文件（含技术要求）、决策和设计阶段造价文件等；

（3）投资人经营计划，资金使用计划和供应情况，项目工期计划等；

（4）项目资金来源、项目性质、项目技术要求、投资人对工程造价、质量、工期的期望以及资金的充裕程度等；

（5）承包人专业结构和市场供应能力分析；

（6）项目建设场地供应情况和周边基础设施的配套情况。

二、内容

招标策划工作的重点内容有：投资人需求分析、标段划分、招标方式选择、合同策划、时间安排等。充分做好这些重点工作的策划、计划、组织、控制的研究分析，并采取有针对性的预防措施，减少招标工作实施过程中的失误和被动局面，保证招投标质量。

（一）投资人需求分析

全过程工程咨询单位可通过实地调查法、访谈法、问卷调查法、原型逼近法等收集投资人对拟建项目质量控制、造价控制、进度控制、安全环境管理、风险控制、系统协调性和程序连续性等方面的需求信息，编制投资人需求分析报告，主要内容如图4-1所示。

图4-1 投资人需求分析主要内容

（二）标段划分

影响标段划分的因素很多，全过程工程咨询单位应根据拟建项目的内容、规模和专业复杂程度等提出标段划分的合理化建议。划分标段应遵循的基本原则有：合法合规、责任明确、经济高效、客观务实、便于操作等。划分标段时，应考虑的因素包括：投资人内部管控能力、建设项目特点、工期造价等投资人要求、潜在承包人专长的发挥、工地管理、建设资金供应等。对于建设目标明确、专业复杂且需要多专业协同优化的建设项目，可优先考虑工程总承包的方式选择承包人。

（三）招标方式选择

全过程工程咨询单位应分析建设项目的复杂程度、项目所在地自然条件、潜在承包人情况等，并根据法律法规的规定、项目规模、发包范围以及投资人的需求，确定是采用公开招标还是邀请招标。

（四）合同策划

合同策划包括合同种类选择和合同条件选择。合同种类基本形式有单价合同、总价合同、成本加酬金合同等。不同种类的合同，其应用条件、权利和责任的分配、支付方式，以及风险分配方式均不相同，应根据建设项目的具体情况选择合同类型。

合同条件的选择。投资人应选择标准招标文件中的合同条款，没有标准招标文件的宜选用合同示范文本的合同条件，结合招投标目标进行调整完善。

合同策划是全过程工程咨询单位组织招标策划和开展发承包阶段咨询服务的一项重点工作，具体内容详见本章第四节。

（五）招标时间安排

制订招标工作计划既要和设计阶段计划、建设资金计划、征地拆迁计划、工期计划等相呼应，又要考虑合理的招标时间间隔，特别是要考虑有关法律法规对招标时间的规定，并且要结合招标项目规模和范围，合理安排招标时间。依据现行国家法律法规的规定，各阶段招标时限的规定总结如表4-1所示。各行业的部门规章或各地的地方性法规、规章有可能对部分事项时限有与此不一致的规定，可以根据各地政策和项目特点进行调整。

依法必须招标的工程建设项目招投标事项时限规定汇总   表4-1

序号	工作内容（事项）	时限
1	招标文件（资格预审文件）发售时间	最短不得少于5日
2	提交资格预审申请文件的时间	自资格预审文件停止发售之日起不得少于5日
3	递交投标文件的时间	自招标文件开始发出之日起至投标文件递交截止之日止最短不少于20天。大型公共建筑工程概念性方案设计投标文件编制时间一般不少于40日。建筑工程实施性方案设计投标文件编制时间一般不少于45日
4	对资格预审文件进行澄清或者修改的时间	澄清或者修改的内容可能影响资格预审申请文件编制的，应当在提交资格预审申请文件截止时间至少3日前发出
5	对资格预审文件异议与答复的时间	对资格预审文件有异议的，应当在提交资格预审申请文件截止时间2日前提出，投资人应当自收到异议之日起3日内作出答复，作出答复前，应当暂停招投标活动

序号	工作内容（事项）	时限
6	对招标文件进行澄清或者修改的时间	澄清或者修改的内容可能影响投标文件编制的，应当在提交投标文件截止时间至少15日前发出
7	对招标文件异议与答复的时间	对招标文件有异议的，应当在提交投标文件截止时间10日前提出，投资人应当自收到异议之日起3日内作出答复，作出答复前，应当暂停招投标活动
8	对开标异议与答复时间	承包人对开标有异议的，应当在开标现场提出，投资人应当当场作出答复
9	评标时间	投资人应当根据项目规模和技术复杂程度等因素合理确定评标时间。超过三分之一的评标委员会成员认为评标时间不够的，投资人应当适当延长
10	开始公示中标候选人时间	自收到评标报告之日起3日内
11	中标候选人公示时间	不得少于3日
12	对评标结果异议与答复时间	承包人对评标结果有异议的，应当在中标候选人公示期间提出，投资人应当自收到异议之日起3日内作出答复。作出答复前，应当暂停招投标活动
13	投诉人提起投诉的时间	自知道或者应当知道其权益受到侵害之日起10日内向有关行政监督部门投诉。异议为投诉前置条件的，异议答复期间不计算在投诉限制期内
14	对投诉审查决定是否受理的时间	收到投诉书5日内
15	对投诉作出处理决定的时间	受理投诉之日起30个工作日内；需要检验、检测、鉴定、专家评审的，所需时间不计算在内
16	投资人确定中标人时间	最迟应当在投标有效期满30日前确定
17	向监督部门提交招标投标情况书面报告备案的时间	自确定中标人之日起15日内
18	投资人与中标人签订合同时间	自中标通知书发出之日起30日内
19	退还投标保证金时间	招标终止并收取投标保证金的，应及时退还；承包人依法撤回投标文件的，自收到撤回通知之日起5日内退还；投资人与中标人签订合同后5个工作日内退还

三、程序

全过程工程咨询单位通过了解拟建项目情况、投资人需求分析、标段划分、招标方式选择、合同策划、招标时间安排等细节工作，将工作关键成果进行汇总整理，编写形成招标策划书。工作程序如图4-2所示。

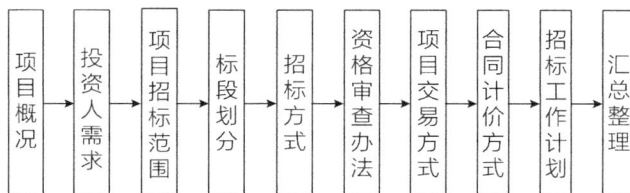

图4-2　招标策划书编写程序

四、注意事项

（1）全过程工程咨询单位在组织招标策划过程中，应对社会资源供需进行深入分析，如拟招标项目需要开挖土方和运输，若项目所在地附近存在土方需求的，则应考虑将开挖土方供应给临近的需求者，以求降低成本、提高社会效益。

（2）应充分考虑项目功能、未来产权划分对标段影响，招标策划工作中应根据投资人的需要，对优先使用的功能、产权明晰的项目优先安排招标和实施。

（3）项目招标策划应与项目审批配套执行，充分考虑审批时限对招标时间安排的影响和带来的风险，避免项目因审批尚未通过而导致招标无效，影响项目建设程序。

（4）招标策划应充分评估项目建设场地的准备情况，特别需要在招标前完成土地购置和征地拆迁工作，现场三通一平条件充足，避免招标结束后承包人无法按时进场施工导致索赔或纠纷问题。

第二节 招标文件编制

一、依据

（一）法律法规

（1）相关法律法规、政策文件、标准规范等；

（2）《中华人民共和国标准施工招标文件》（2007年版）；

（3）《建设工程招标控制价编审规程》CECA／GC 6—2011；

（4）《建设项目全过程造价咨询规程》CECA／GC 4—2017。

（二）建设项目工程资料

（1）项目可行性研究报告、业主需求书、相关利益者需求分析、不同深度的勘察设计文件（含技术要求）、决策和设计阶段造价文件等；

（2）投资人资金使用计划和供应情况，项目工期计划等；

（3）项目建设场地供应情况和周边基础设施的配套情况；

（4）潜在承包人技术、管理能力、信用情况等；

（5）材料设备市场供应能力；

（6）合同范本；

（7）招标策划书。

二、内容

（一）资格预审文件编制

针对进行资格预审的项目，在发售招标文件前进行的工作，包括发布资格预审公告、出售资格预审文件、资格预审文件补遗、接收申请文件、组建评审委员会以及结果公示和发出投标邀请书等工作步骤。施工招标资格预审文件可参考《中华人民共和国标准施工招标资格预审文件》（2007年版）进行编制；其他专业工程可参考相应的专业管理部门的有关规定执行。

（二）招标文件

招标文件是由投资人（或其委托的全过程工程咨询单位）编制，由投资人发布的，既是投标单位编制投标文件的依据，也是投资人与将来中标人签订工程承包合同的基础，承包人如果回应了招标文件中提出的各项要求，将对招标人、承包人以及招投标工作结束后的承发包双方都有约束力。

1．招标文件编制

一般情况下，各类工程施工招标文件的内容大致相同，但组卷方式可能有所区别。本书以《标准施工招标文件》为范本介绍工程施工招标文件的内容和编写要求。

《标准施工招标文件》是依据《招标投标法》以及部门规章《工程建设项目施工招标投标办法》（30号令）的相关要求，参照国际通用的FIDIC合同条款设计思路编写，该文件的内容由章、节、条、款、项、目6个层次，共四卷八章，具体内容详见《中华人民共和国标准施工招标文件》（2007年版）、《中华人民共和国标准设计施工总承包招标文件》（2012年版）等范本。

2．招标文件的审核

工程施工招标文件的审核主要是对其内容编制的完整性、准确性、科学性的审核，重点如下：

（1）审核招标文件的内容是否合法、合规，是否全面、准确地表述招标项目的实际情况以及投资人的实质性要求。

（2）审核招标文件中提出的招标条件是否具备。

（三）工程量清单编制与审核

工程量清单是招标文件的组成部分，是作为编制招标控制价、投标报价、支付工程款、调整合同价款、办理竣工结算以及工程索赔等的依据之一。

1．工程量清单编制

工程量清单编制内容主要包括分部分项工程项目清单的编制、措施项目清单的编制、其他项目清单的编制、规费和税金项目清单的编制。工程量清单编制的内容、依据、要求和表格形式等应该执行《建设工程工程量清单计价规范》GB 50500—2013的有关规定（表4-2）。

工程量清单的编制内容 表4-2

清单名称	含义	内容
分部分项工程量清单	拟建工程分项实体工程项目名称和相应数量的明细清单	项目编码、项目名称、项目特征、计量单位和工程量
措施项目清单	为完成工程项目施工，发生于该工程施工前和施工过程中技术、生活、文明和安全等方面的非实体项目清单	通用措施项目、专业措施项目等
其他项目清单	分部分项工程量清单、措施项目清单所包含的内容外，因投资人的特殊要求而发生的与拟建工程有关的其他费用项目和相应数量的清单	暂列金额、暂估价、计日工和总承包服务费
规费、税金项目清单	—	社会保障费：包括养老保险费、失业保险金、医疗保险费、工伤保险费、生育保险费；住房公积金；工程排污费
		增值税，城市建设维护税，教育费附加及地方教育附加

2. 工程量清单的审核

工程量清单编制完成后应进行审核，主要审核内容详见"工程量清单审核程序"中的内容。投资人应对工程量清单的准确性和完整性负责。

（四）招标控制价

招标控制价作为拟建工程的最高投标限价，是投资人在招标工程量清单的基础上，按照计价依据和计价办法，结合招标文件、市场实际和工程具体情况编制的最高投标限价，是对工程进度、质量、安全等各方面在成本上的全面反映。此外，招标控制价不仅是投标报价的最高限价，更是招投标机制中投资人主动进行投资控制的一种手段，限制不平衡报价、分析投标报价是否低于成本价的重要参考依据。

1. 招标控制价编制

招标控制价应由具有编制能力的投资人，或受其委托具有相应资质的工程造价咨询人编制。招标控制价应在招标时公布，不得上调或下浮，投资人应根据建设项目所在地工程造价管理机构要求将招标控制价及有关资料留存备查或报送备案。承担招标控制价的编制人应在遵守相关规范规定的情况下，向委托人提交一份客观可行的招标控制价成果文件。

招标控制价编制的内容、依据、要求和表格形式等应该执行《建设工程工程量清单计价规范》GB 50500—2013的有关规定及当地工程造价管理机构发布的相关计价依据、标准。

2．招标控制价审核

招标控制价的审核主体一般为建设项目所在地的工程造价管理机构或其委托的工程造价咨询机构。招标控制价需经审核的，应安排在招标控制价公布之前，一般不得迟于投标文件截止日10日前。委托工程造价咨询机构对招标控制价审核应为全面的技术性审核，审核时间不得超过5个工作日。

招标控制价应重点审核以下几个方面：

（1）招标控制价的项目编码、项目名称、项目特征、工程数量、计量单位等是否与发布的招标工程量清单项目一致。

（2）招标控制价的总价是否全面，汇总是否正确。

（3）计价程序是否符合《建设工程工程量清单计价规范》GB 50500—2013和其他相关工程造价计价的要求。

（4）分部分项工程综合单价的组成是否与相应清单特征描述内容匹配，定额子目选取及换算是否准确。

（5）主要材料及设备价格的取定是否结合了招标文件中相关技术参数要求，取值是否合理。

（6）措施项目所依据的施工方案是否正确、可行，费用的计取是否合理，安全文明施工费是否执行了国家或省级、行业建设主管部门的规定。

（7）管理费、利润、风险等费用计取是否正确、得当。

（8）规费、税金等费用计取是否正确。

（9）专业工程暂估价的工程估价累计是否超过相关法规规定的比例。

三、程序

（一）资格预审文件编制程序

资格预审文件是告知申请人资格预审条件、标准和方法，并对申请人的经营资格、履约能力进行评审，确定合格承包人的依据。

资格预审文件编制程序如图4-3所示。

（二）招标文件编审程序

依据国家法律、法规以及《建设项目全过程造价咨询规程》CECA/GC 4—2017实施手册的相关要求，建设项目招标文件的编制与审核工作的程序如图4-4所示。

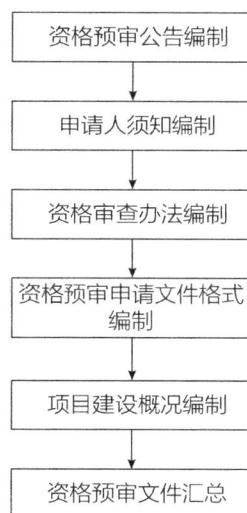

图4-3　资格预审文件编制程序

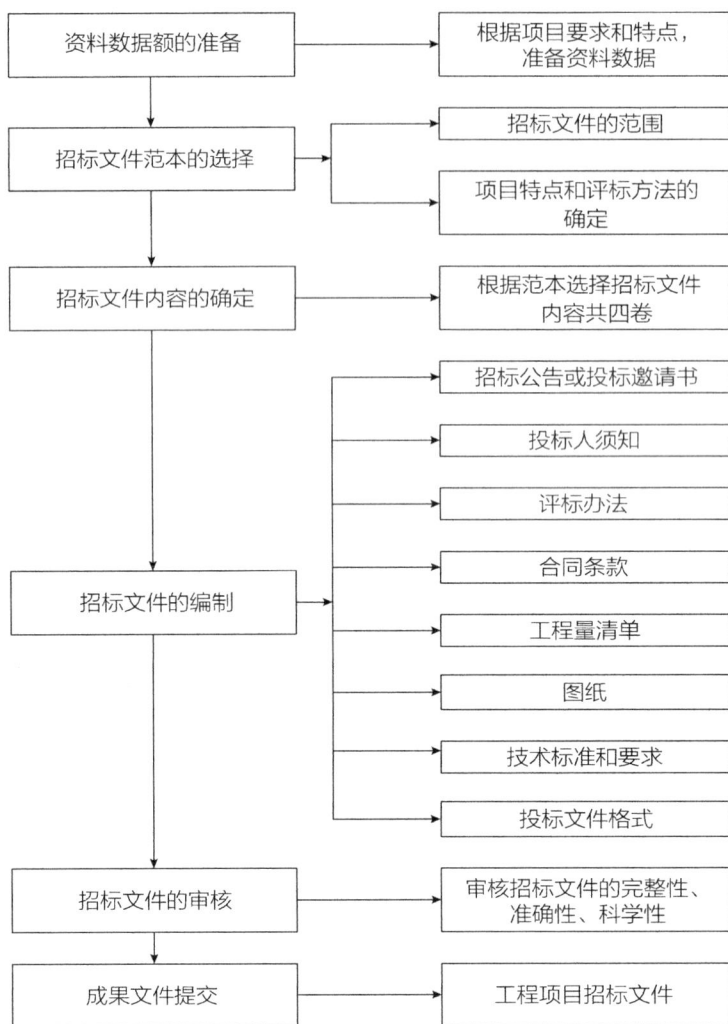

资料数据额的准备	根据项目要求和特点,准备资料数据
招标文件范本的选择	招标文件的范围
	项目特点和评标方法的确定
招标文件内容的确定	根据范本选择招标文件内容共四卷
招标文件的编制	招标公告或投标邀请书
	投标人须知
	评标办法
	合同条款
	工程量清单
	图纸
	技术标准和要求
	投标文件格式
招标文件的审核	审核招标文件的完整性、准确性、科学性
成果文件提交	工程项目招标文件

注:图中的投标人,对应本书的承包人。

图4-4 招标文件编制与审核程序图

(三)工程量清单编制与审核

1. 工程量清单编制

依据《建设工程工程量清单计价规范》GB 50500—2013和《建设项目全过程造价咨询规程》CECA／GC 4—2017实施手册,建设项目工程量清单编制流程如图4-5所示。

2. 工程量清单审核程序

工程量清单的审核可以分为对封面及相关章节的审核、工程量清单总说明的审核、分部分项工程量清单的审核、措施项目清单的审核、其他项目清单的审核、规费税金项目清单的审核及补充工程量清单项目的审核。

工程量清单审核流程如图4-6所示。

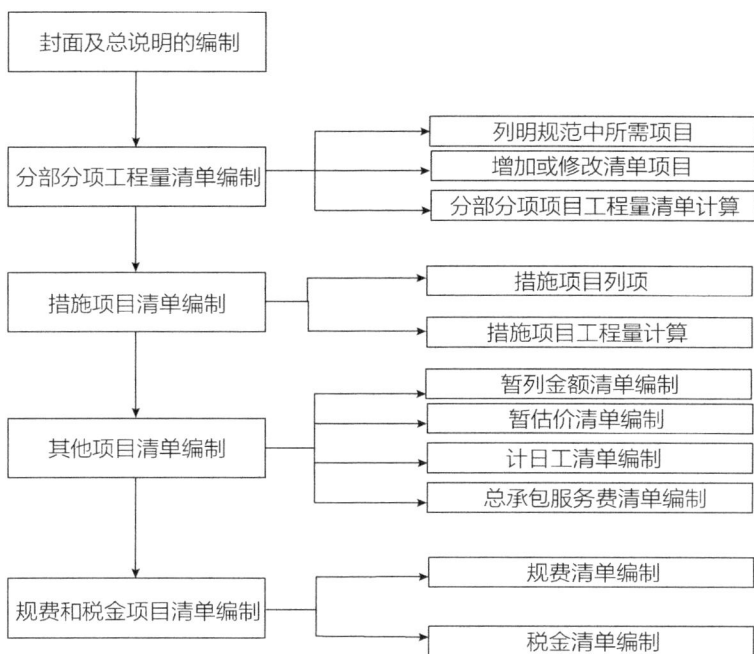

图4-5　工程量清单编制程序图

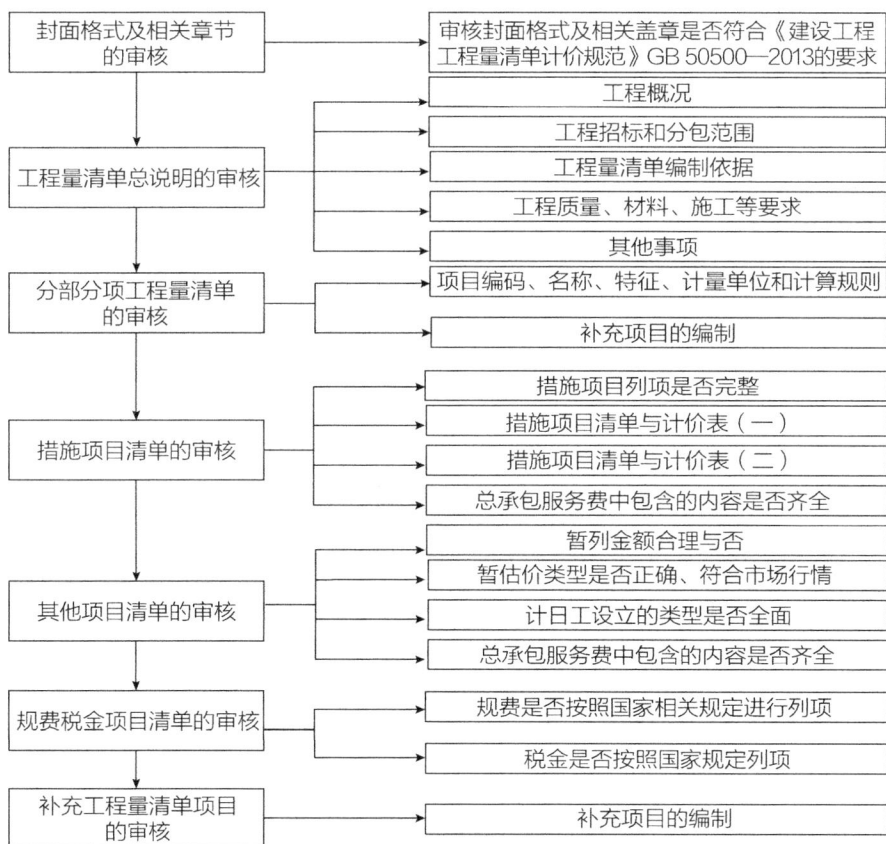

图4-6　工程量清单审核程序图

（四）招标控制价编制与审核

1．招标控制价编制程序

招标控制价编制工作的基本程序包括编制前准备、收集编制资料、编制招标控制价价格、整理招标控制价文件相关资料、形成招标控制价编制成果文件。具体如图4-7所示。

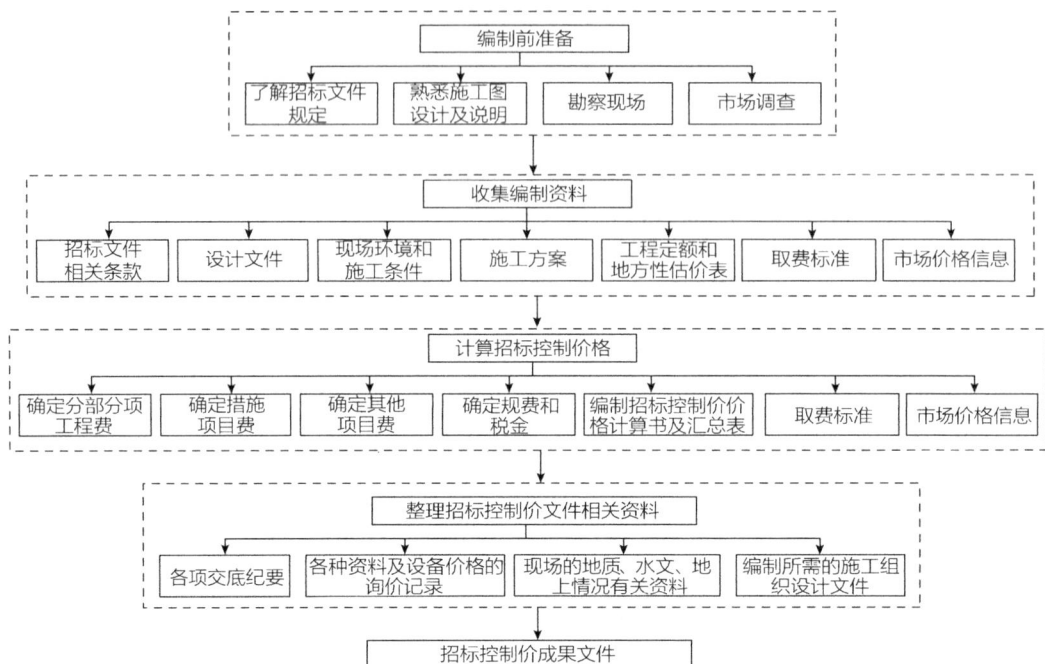

图4-7　招标控制价编制程序

2．招标控制价审核程序

招标控制价审核工作的基本流程包括审核前准备、审核招标控制价文件、形成招标控制价审核成果文件，具体如图4-8所示。

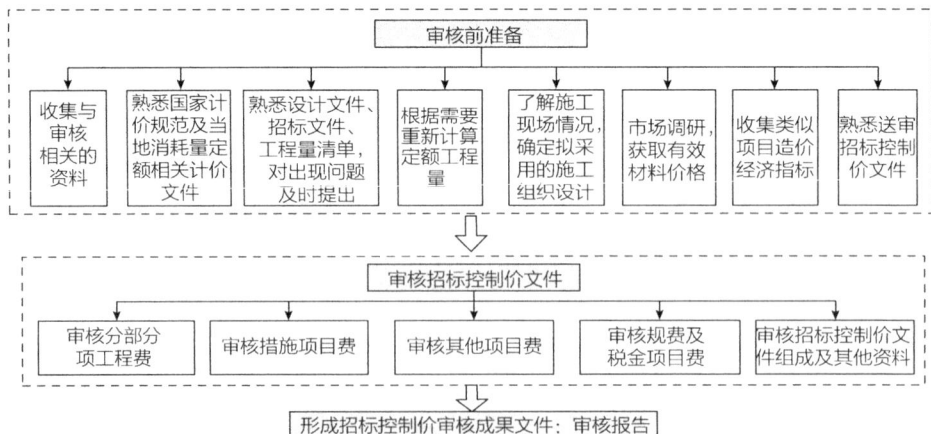

图4-8　招标控制价审核程序

四、注意事项

（一）资格预审文件编制注意事项

资格预审应保证以公平、公开、公正的原则进行，不允许偏袒任何承包申请人。同时资格预审应将"挂靠"、虚报资质等影响承包人正常履行合同的风险降到最低。

资格预审文件是招标投标的基础，其编制工作应当做到：

（1）资格预审文件不得含有倾向、限制或者排斥承包人的内容；

（2）资格预审文件应当根据招标项目的具体特点编制，不得脱离项目实际需要过高设置资质、人员、业绩等资格条件；

（3）资格审查内容应具体、清晰、易懂、无争议，不得使用原则的、模糊的或易引起歧义的语句；

（4）资格预审文件应详细列明全部审查因素和标准，未列出的审查因素和标准不得作为资格预审的依据。

（二）招标文件编制注意事项

招标文件编制中应重点注意以下问题：

（1）招标文件范本的选择

招标文件的编制主要在于范本的选择，如果可以完全依据示范文本，则采用范本中序号标示的章、节、条、款、项、目，填写以空格标示的内容，根据招标项目具体特点和实际需要具体化，确实没有需要填写的，在空格中用"/"标示；如果范本不完全适用的，可选定某一范本为模板，在其基础上对相应内容结合项目特点进行修改。

招标文件的范本分三类：

1）国家和行业部委颁布的。如国家性招标文件范本《2007年版标准施工招标文件》；中国公路建设项目现行的招标文件范本主要有财政部1991年5月17日《关于世界银行贷款项目招标采购采用标准文本的通知》中的《土建工程国际竞争性招标文本》（英文版，共78条）和《土建工程国内竞争性招标文本》（中文版，共44条）；交通部推荐使用的《公路工程标准施工招标文件》。

2）各省市地区发布的相关标准范本。

3）公司内部存档的，根据以往项目经验总结的招标文件资料库。

（2）科学选择和设定评标办法和评分标准，以择优竞价为原则。

（3）编制拟签订合同样本。招标文件中的通用合同条件一般采用的是标准合同文本。标准合同文本，是比较成熟和规范的。但在专用合同条款编制过程中，要结合工程实际情况进行，从该工程的资金情况、技术复杂程度等确定出合同类型以及其他方面的要求和规定。

（4）准确界定标段之间的接口，标段之间的承包人和投资人的责权利应清晰明确。

（三）工程量清单编制注意事项

在编制工程量清单时，应当做好以下工作：

（1）充分理解招标文件的招标范围，协助投资人完善设计文件。

（2）认真踏勘现场，措施项目应该与施工现场条件和项目特点相吻合。

（3）工程量清单应表达清晰，满足投标报价要求。

（4）在工程量清单中应明确相关问题的处理及与造价有关的条件的设置，如暂估价；工程一切险和第三方责任险的投保方、投保基数、费率及其他保险费用；特殊费用的说明；各类设备的提供、维护等的费用是否包括在工程量清单的单价与总额中；暂列金额的使用条件及不可预见费的计算基础和费率。

（四）招标控制价编制注意事项

（1）编制招标控制价应与招标文件（含工程量清单和图纸）相吻合，并结合施工现场情况确定，确保招标控制价的编制内容符合现场的实际情况，以免造成招标控制价与实际情况脱离。

（2）招标控制价的确定既要符合相关规定，也要有可靠的信息来源，又要与市场情况相吻合。

（3）措施项目费用的计取范围、标准必须符合规定，并与拟定的合适的施工组织设计和施工方案相对应。

（4）在编制招标控制价时，要有对招标文件进行进一步审议的思路，对存在的问题及时反馈处理，避免合同履行时的纠纷或争议等问题。

第三节　招标过程管理

一、依据

（一）法律法规

（1）《中华人民共和国招标投标法》（2017年修订）；

（2）《中华人民共和国招标投标法实施条例》（2017年修订）；

（3）《建设工程造价咨询成果文件质量标准》CECA/GC 7—2012。

（二）建设项目工程资料

（1）招标策划书；

（2）招标文件。

二、内容

全过程工程咨询单位对项目进行招标策划并编制完招标文件后，需要通过一系列招标活动完成对承包人的招标。

（一）发布招标公告

（1）在指定媒介发布招标公告（资格预审公告、公开招标）或向承包人发出投标邀请书（邀请招标）；

（2）在规定地点和时间发售招标文件（资格预审文件）；

（3）组织现场踏勘或答疑（如有时）；

（4）对已发出的招标文件进行必要的澄清或者修改（如发生时，项目所在地规定需备案时应从其规定）；

（5）配合有关行政监督部门对招标阶段投诉的调查，并根据处理决定依法整改（如发生时）；

（6）如发生不可抗力或符合法律法规规定情况需终止招标时，依法终止招标（如发生时）；

（7）准备开标、评标所需的资料。

（二）投标

在投标过程中，全过程工程咨询单位主要的工作内容是接收承包人提交的投标文件和投标保证金等，并审核投标文件和投标保证金是否符合招标文件和有关法律法规的规定。

（三）资格预审

承包人应在规定的截止时间前报送资格预审文件。投资人负责组织评审小组，包括财务、技术方面的专门人员对资格预审文件进行完整性、有效性及正确性的资格预审。

（四）开标

（1）开标应当在招标文件确定的提交投标文件截止时间的同一时间公开进行，开标地点应当为招标文件中预先确定的地点。

（2）开标时，由承包人或者其推选的代表检查投标文件的密封情况，也可以由投资人委托的公证机构检查并公证;经确认无误后，由工作人员当众拆封，宣读承包人名称、投标价格和投标文件的其他主要内容。

（五）清标

在全过程工程咨询服务中，针对项目的需要，专业咨询工程师（招标代理）在开标后、评标前，对投标报价进行分析，编制清标报告成果文件。清标报告应包括清标报告封面、清标报告的签署页、清标报告编制说明、清标报告正文及相关附件。及时检查评标报告内容是否完整和符合有关规定，然后提交总咨询师和投资人复核确认。

清标报告正文宜阐述清标的内容、清标的范围、清标的方法、清标的结果和主要问题等。一般应主要包括：

（1）算术性错误的复核与整理，不平衡报价的分析与整理，错项、漏项、多项的核查与整理。

（2）综合单价、取费标准合理性分析和整理。

（3）投标报价的合理性和全面性分析与整理，投标文件中含义不明确、对同一问题表述不一致、明显的文字错误的核查与整理等。

（4）投标文件和招标文件是否吻合；招标文件是否存在歧义问题，是否需要组织澄清等问题。

（六）评标

（1）投资人或其委托的全过程工程咨询单位应依法组建的评标委员会，与承包人有利害关系的人不得进入相关项目的评标委员会。

（2）评标委员会可以要求承包人对投标文件中含义不明确的内容作必要的澄清或者说明，但是澄清或者说明不得超出投标文件的范围或者改变投标文件的实质性内容（如有时）。

（3）评标委员会应当按照招标文件确定的评标标准和方法，对投标文件进行评审和比较，设有标底的，应当参考标底。评标委员会完成评标后，应当向投资人提出书面评标报告，并推荐合格的中标候选人。

（七）定标

（1）根据评标委员会提出的书面评标报告和推荐的中标候选人确定中标人。投资人也可以授权评标委员会直接确定中标人。

（2）中标人确定后，投资人应当向中标人发出中标通知书，并同时将中标结果通知所有未中标的承包人。

（3）中标通知书对投资人和中标人具有法律效力。中标通知书发出后，投资人改变中标结果的，或者中标人放弃中标项目的，应当依法承担法律责任。

（八）公示

全过程咨询机构到相关行政监督部门将定标结果进行备案（或按项目所在地规定）并公示中标候选人。

（九）签约

根据招投标法，投资人和中标人应当自中标通知书发出之日起三十日内，按照招标文件和中标人的投标文件订立书面合同。全过程工程咨询单位应协助投资人进行合同澄清、签订合同等工作，同时根据投资人的需求和项目需要，可协助投资人进行合同谈判、细化合同条款等内容。投资人和中标人不得再行订立背离合同实质性内容的其他协议。

三、程序

全过程工程咨询单位须严格执行有关法律法规和政策规定的程序和内容，规范、严谨组织项目发承包过程管理，具体程序如图4-9所示。

四、注意事项

（1）全过程工程咨询单位、投资人、承包人和相关利益方应依法做好廉洁管理工作，确保项目发承包工作公正公平开展。

（2）招标文件、资格预审文件的发售、澄清、修改的时限，或者确定的提交资格预审申请文件、投标文件的时限需符合招标投标法律法规规定。不得擅自更改招标文件规定的投标截止时间和递交地点。

（3）超过规定的比例收取投标保证金、履约保证金或者不按照规定退还投标保证金及银行同期存款利息。

（4）投资人应按规定时限发出中标通知书，中标通知书发出后无正当理由不得改变中标结果。

（5）投资人应按规定时限与中标人订立合同；不得在订立合同时向中标人提出附加条件。

（6）投资人和中标人应按照招标文件和中标人的投标文件订立合同，合同的主要条款与招标文件、中标人的投标文件的内容应一致，投资人、中标人不得订立背离合同实质性内容的协议。

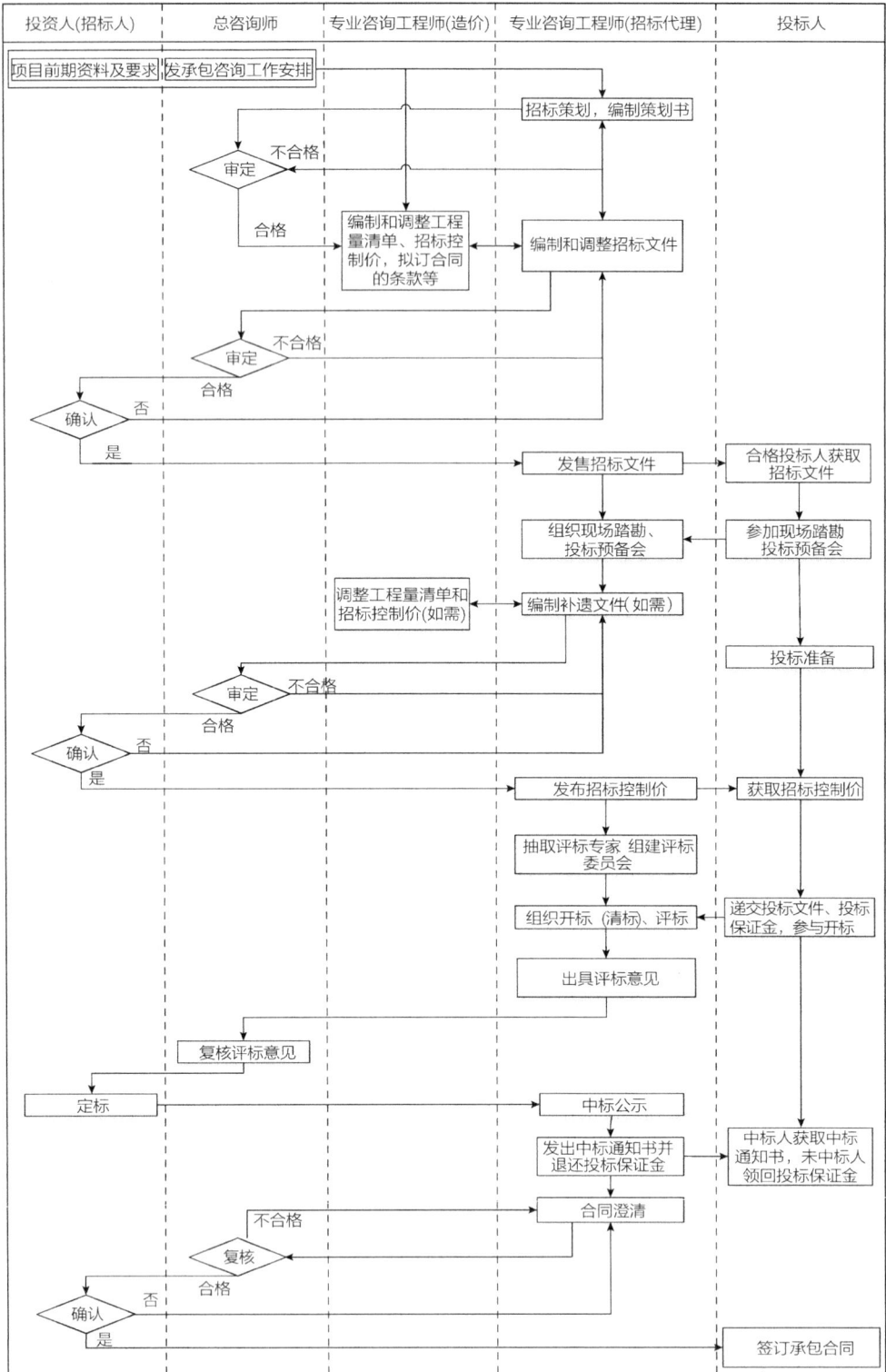

投资人(招标人)	总咨询师	专业咨询工程师(造价)	专业咨询工程师(招标代理)	投标人

图4-9　全过程工程咨询单位发承包阶段工作程序图

注：如采用资格预审方式招标，则须在发售招标文件前编制和公布资格预审公告和预审文件、组织资格预审

第四节　合同条款策划

一、依据

（一）法律法规

（1）《中华人民共和国合同法》（主席令第15号）；

（2）《中华人民共和国标准施工招标文件》（2007版）；

（3）《建设工程施工合同（示范文本）》GF—2017—0201；

（4）其他相关法律法规、政策文件、标准规范等。

（二）建设项目工程资料

（1）项目决策、设计阶段的成果文件，如可行性研究报告、勘察设计文件、项目概预算、主要的工程量和设备清单；

（2）投资人和全过程工程咨询单位提供的有关技术经济资料；

（3）类似工程的各种技术经济指标和参数以及其他有关的资料；

（4）项目的特征，包含项目的风险、项目的具体情况等；

（5）招标策划书；

（6）其他相关资料。

二、内容

施工合同是保证工程施工建设顺利进行，保证投资、质量、进度、安全等各项目标顺利实施的统领性文件，施工合同应该体现公平、公正和双方真实意愿反映的特点，施工合同只有制定科学，才能避免出现争议和纠纷，确保建设目标的实现。

（一）合同条款拟订

全过程工程咨询单位须根据项目实际情况，依据《建设工程施工合同（示范文本）》GF—2017—0201，科学合理拟订项目合同条款。

1．合同协议书

合同协议书主要包括：工程概况、合同工期、质量标准、签约合同价和合同价格形式、项目经理、合同文件构成、承诺以及补充协议等重要内容，集中约定了合同当事人基本的合同权利义务。

2．通用合同条款

通用合同条款是合同当事人根据《中华人民共和国建筑法》《中华人民共和国合同法》

等法律法规的规定，就工程建设的实施及相关事项，对合同当事人的权利义务作出的原则性约定。

3．专用合同条款

专用合同条款是根据不同建设工程的特点及具体情况，对通用合同条款原则性约定的细化、完善、补充、修改或另行约定的条款。

4．补充合同条款

通用合同条款和专用合同条款未有约定的，必要时可在补充合同条款加以约定。

（二）要点分析

1．承包范围以及合同签约双方的责权利和义务

明确合同的承包范围以及合同签约双方的责权利和义务，才能从总体上控制好工程质量、工程进度和工程造价，合同的承包范围以及合同签约双方的责权利和义务的描述不应采用高度概括的方法，应对承包范围以及合同签约双方的责权利和义务进行详尽的描述。

2．风险的范围及分担办法

在合同的制定中，合理确定风险的承担范围是非常重要的，首先，风险的范围必须在合同中描述清楚，合理分担风险，避免把一切风险都推给承包人承担的做法。

3．严重不平衡报价的控制

"不平衡报价"是承包人普遍使用的一种投标策略，其目的是为了"早拿钱"（把前期施工的项目报价高）和"多拿钱"（把预计工程量可能会大幅增加的项目报价高），一定幅度的"不平衡"是正常的，但如果严重的不平衡报价，将严重影响造价的控制。为了控制严重不平衡报价的影响，在合同中应明确对严重不平衡报价的处理办法：

（1）投资人有权进行清标并调整的办法；

（2）在合同中设定对工程量增加或减少超过工程量清单中提供的数量的一定幅度（如10%）时，超出或减少部分工程量的单价要进行调整的办法。通过这些条款的设置，就能从招标环节杜绝不平衡报价的影响，实现造价的主动控制。

4．进度款的控制支付

进度款的支付条款应清楚支付的条件、依据、比例、时间、程序等。工程款的支付方式包括：预付款的支付与扣回方式、进度款的支付条件、质保金的数量与支付方式及工程款的结算等。

5．工程价款的调整、变更签证的程序及管理

合理设置人工、材料、设备价差的调整方法，明确变更签证价款的结算和支付条件。

6．违约及索赔的处理办法

清晰界定正常变更和索赔，明确违约责任及索赔的处理办法。合理利用工程保险、工程担保等风险控制措施，使风险得到适当转移、有效分散和合理规避，确保有效履约合同，实现投资控制目标。

三、程序

全过程工程咨询单位的合同条款策划的程序如图4-10所示。

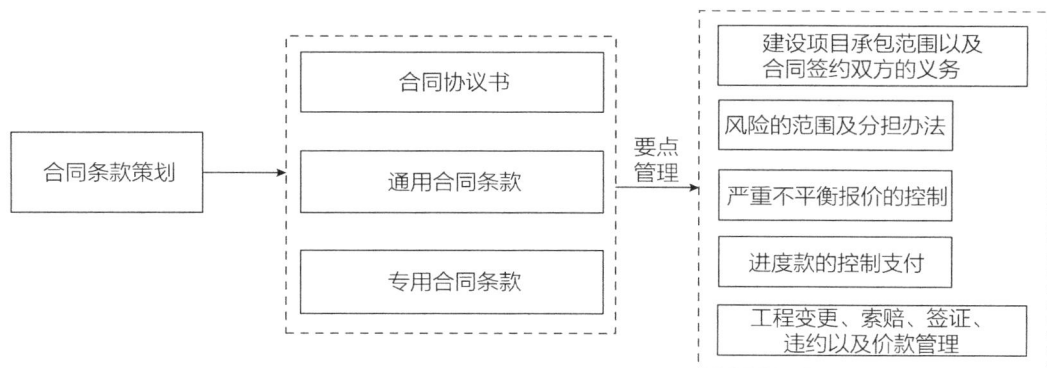

图4-10　合同策划程序图

四、注意事项

合同条款策划应注意以下问题：

（1）合同条款策划要符合合同的基本原则，不仅要保证合法性、公正性，而且要合理分担风险，促使各方面的互利合作，确保高效率地完成项目目标。

（2）合同条款策划应保证项目实施过程的系统性、协调性和可实施性。

（3）合同承包范围应清晰，合同主体和利益相关方责权利和义务明确。

第五节　工程总承包模式的发承包咨询服务

一、工程总承包模式发承包概述

《国务院办公厅关于促进建筑业持续健康发展的意见》（国办发〔2017〕19号）明确提出："完善工程建设组织模式，加快推行工程总承包。"工程总承包（英文简称EPC），是指从事工程总承包的单位按照与投资人（或投资人）签订的合同，对工程项目的设计、采购、施工等实行全过程或者若干阶段承包，并对工程的质量、安全、工期和造价等全面负责的工程建设组织实施方式。

工程总承包模式是国际上常用的工程项目的承发包模式之一，它可以从根本上解决传统承发包模式下设计和施工不协调而造成的弊端，由承包人承担工程项目的勘察、设计、采购、施工、试运行等全过程的工作，从而保证项目建设过程的流畅性和协作性，然而，它对投资人的要求也更加严格，要求投资人必须提出明确的建设需求和建设目标，项目具备相应的发包条件。本节简要阐述在工程总承包模式下，全过程工程咨询单位如何开展发承包阶段咨询服务工作。

二、工程总承包模式发承包介入时点分析

由于中国特定的市场环境，在项目实施初期，无法完全确定投资人和产权人之间的关系，建设产品需要在实施阶段不断完善、逐渐明晰，导致EPC模式施行条件不充分，再加上缺乏经验积累和完整的法律法规体系，EPC模式实施缺乏有效的指引。当前，国家大力推行EPC模式，本书通过分析研究该模式的原理，结合国内EPC的实施情况，认为有必要对招标发起的时点、招标条件，投资人和承包人所需要承担的风险等进行正确引导，以便更好地发挥EPC模式的积极作用。

本章前四节是基于传统工程发承包模式（DBB），阐述项目发承包阶段工程咨询服务。EPC模式与DBB模式的发承包流程、要点基本相同，但发承包条件、内容和风险分担有区别。

在EPC模式下，投资人必须提出明确的建设需求和建设目标。因此，发承包最早的介入时间应该在项目决策完成后，最好的介入时间在初步设计文件获审批后，最晚不晚于施工图设计完成。即建设项目的全过程工程咨询服务的发承包阶段可以前移至决策阶段之后和施工图设计完成之前。

合理确定EPC模式招标的介入时点，明确发承包条件是项目采用工程总承包模式的重要准备工作，是确保EPC项目成功实施的关键因素。

（一）介入时点分析

根据《住房城乡建设部关于进一步推进工程总承包发展的若干意见》（建市〔2016〕93号）（简称"93号文"）的规定，投资人可以根据项目的特点，在可行性研究、方案设计或者初步设计完成后，按照确定的建设规模、建设标准、投资限额、工程质量和进度要求等进行工程总承包项目发包。嵌入工程项目建设全过程中的具体形式如图4-11所示。全过程工程咨询单位为EPC项目提供发承包咨询服务，介入时间节点可参照图4-11，并根据拟建项目的时间情况选定具体时点，以保证发承包双方准备充分、招投标流程的顺利实施。

各省市政府行政主管部门出台的关于工程总承包模式招标的介入时点不完全相同，有的省市是两个介入时点，有的省市则是三个介入时点，也有个别模式只有一个介入时点，

图4-11　工程总承包招标介入时点嵌入图

但与"93号文"规定的时间节点基本一致。不同的介入时点对应的招标条件不同，全过程咨询机构对招标管理的工作内容也不同。

（二）介入时点选择的影响要素分析

根据上述分析，工程总承包项目在招标过程中选择的介入时点可能不同，而且不同的介入时点所对应的项目准备工作也不一样。一方面表现在工程项目的基本建设程序上，另一方面表现在项目自身的要求上。根据各地和各行业的项目实施经验，项目所属行业规范成熟度、项目自身特点、投资人控制能力和承包人管理能力是影响工程总承包模式介入时点的重要因素。全过程工程咨询单位应根据项目的自身情况，科学有效选定项目发承包的时间节点，一方面保证咨询工作顺利开展、确保EPC项目顺利实施，另一方面为投资人提高项目效益。

1. 行业规范成熟度对工程总承包模式介入时点的影响

各地实施工程总承包的相关管理办法中，大致可分为两大介入时点，即项目可行性研究（估算）完成或初步设计（概算）完成。该类原则的设定来源于生产类（工业）项目采用工程总承包模式的情形。

工业建筑和民用建筑工程中的居住建筑中，由于设备类型相对固定、建筑结构形式类似、功能需求明确、技术方法相对成熟，投资人仅需提供准确的功能需求，便可设置出稳定的造价指标，由此，方案设计、初步设计图纸与施工图纸的变化不大，在工程总承包人与投资人的可控范围之内，介入时点的选择可相对前移到时点1。

土木工程（包括道路、轨道交通、城市道路、桥涵、隧道、水工、矿山、架线与管沟、其他土木工程）其建设目标、功能需求非常明确，技术方法相对成熟，而潜在承包人的经验如果能主动用到项目的实施阶段，将更有利于项目的节约、高效实施，品质的提升，因此，介入时点的选择可相对前移到时点2。

除居住建筑外的民用建筑，建设功能复杂多样；使用需求千差万别；投资人和产权人角色可能不一致，存在在项目建成后才确定产权人的情况；导致产品标准化程度不高，个性化特征明显，规范程度相对有限，即使信任水平再高，也存在风险难以把控，标准难以统一的情况，因此，介入时点的选择应在初步设计之后完成，即时点3。

2. 项目自身特点对工程总承包模式介入时点的影响

根据项目所属行业的不同，项目的属性也有所不同，导致工程总承包模式招标的介入时点也会不同。

（1）项目目标的明确性：投资人对于项目目标的明确程度不同，导致招标会在不同的时点进行。如果投资人在前期决策阶段对于项目的目标、规模、标准都很明确，就可以选择在可行性研究之后进行招标，但是如果条件不明确，则需要考虑在初步设计完成后，项目的建设规模和标准确定之后进行招标。

（2）项目的约束性：通常工程总承包项目会受到工期、成本、质量和空间等条件的约束。这些约束条件是否明确以及它们是否合理，是导致工程总承包模式介入时点不同的重要原因。一旦在可行性研究阶段项目的约束条件明确且合理，根据类似项目的历史资料，投资人可以选择在可研之后进行招标。但是如果项目的约束条件模糊或者约束条件苛刻，投资人则需要通过完成初步设计来明确和落实项目约束条件的可行性，来保证项目在此约束条件下能够顺利完成，吸引总承包进行投标。

（3）项目的风险性和管理复杂性：如果项目参照类似已完工程，能够明确未来可能发生的风险，会降低未来投资人和承包人进行项目管理的复杂性，因此可以选择在可研之后的招标介入时点。如果项目未来不确定性很强且风险不可控，则对发承包双方的管理能力要求很高，因此，投资人完成项目的初步设计后进行招标以满足双方对于未来风险预估和项目可控的要求。

3．投资人控制能力对工程总承包模式介入时点的影响

作为工程项目的重要一方，投资人对于本项目的要求以及项目的特点的了解是工程总承包项目前期决策和准备的重要工作。如果投资人在项目的决策阶段和可行性研究阶段，对项目的功能要求和建筑实体有明确的规划，就可以选择提早进行总承包人的招标，将明确的投资人要求写进招标文件中，以保证承包人能够在考虑项目需求结合自身能力的基础上进行投标。

4．承包人管理能力对工程总承包模式介入时点的影响

工程总承包人是工程总承包项目的重要执行者，在行业内总承包人的能力和信誉是投资人选择招标介入时点的一个重要因素，总承包人不仅要使项目能够满足投资人的要求，更要保证工程可以成功实施。以公路工程为例，该行业内的工程总承包人都有着丰富的公路工程经验，对于公路工程的实施和管理有着很强的控制能力，因此投资人在选择何时进行招标时，可以根据承包人的信誉和业绩来选择更有能力和更有经验的承包人来帮助自己完成线路优化，并结合承包人积累的历史数据完成设计、管理和施工，以保证项目的成功完成。

三、工程总承包模式发承包条件

工程总承包项目建设的前期准备工作是投资人为投资计划从设想到顺利实现逐步创造条件的工作，是工程项目投资决策逐步深入、完善和具体化的工作，是全过程工程咨询单位协助投资人通过招标方式选择总承包的前置条件。前期准备工作包括城市规划、项目建议书、可行性研究和设计任务书、场地进入条件等，这是中国工程项目基本建设的必要程序。

结合中国国情，工程总承包项目的招标可以发生在不同的介入时点（包括介入时点1、2、3），但对所有工程项目，必须完成如下前期准备工作，包括城市规划、项目建议书和可行性研究报告，具备场地进入条件，其他前期准备工作结合不同招标介入时点下确定。

所有条件必须满足相关规定：可行性研究报告的编制需要满足《投资项目可行性研究

指南（试行版）》对其编制深度要求；设计文件需要满足《建筑工程设计文件编制深度规定》（2016版）的要求；场地必须保证产权明晰没有纠纷，同时明确土地拆迁、安置、补偿的相关协议书，而投资人应是实际的土地拆迁、安置、补偿责任主体。

（一）工程总承包项目招标的前期准备是必须完成的基本建设程序

截至2017年底，住房城乡建设部以及有关省市主管部门陆续制定了一系列关于推进工程总承包的政策文件。经梳理和归纳，按照国家及本市有关规定的政策文件对工程总承包项目招标条件的规定是明确的，包括：项目建议书已完成审批、核准或者备案手续，建设资金来源已经落实，可行性研究报告及投资估算已取得国家有关部门批复、核准或备案文件等；可在实际实施过程中，存在后置审批情况，建议进一步规范实施行为，有效发挥EPC模式的积极作用。

（二）工程总承包项目招标的前期准备是项目自身必须具备的条件

各地方的招标条件中除了对工程总承包项目不同招标介入时点下的必要流程进行了规定，同时部分省市也对工程总承包项目自身的条件进行了规定，包括细化建设规模、细化建设标准、划分工作责任等。本书对于工程总承包项目不同介入时点下项目前期准备工作的研究，不仅包括项目的基本建设程序，也包括项目的自身条件，为工程总承包模式下投资人做好招标的前置条件提供了标准和规范，保证在不同介入时点下工程总承包项目招标过程的顺利进行。

全过程工程咨询单位应积极发挥专业作用，在工程总承包项目前协助投资人做好前期工作，深入研究工程项目建设方案，在可行性研究、方案设计或者初步设计完成后，在项目承发包范围、建设规模、建设标准、功能需求、投资限额、工程质量和进度要求确定后，进行工程总承包项目发承包。若项目建设范围、建设规模、建设标准、功能需求不明确，前期条件不充分的，不宜采用工程总承包方式和开展工程总承包发包工作。

四、工程总承包模式发承包咨询

全过程工程咨询单位接受投资人的委托，根据投资人的要求和项目前期资料，科学合理开展工程总承包项目发承包咨询工作，招标过程可参考本章第二节的内容，但由于工程总承包项目自身特殊性，全过程工程咨询单位的总咨询师、专业咨询工程师（招标代理、造价等）在开展发承包咨询服务时应重点做好以下几方面的工作。

（一）发包方式选择

工程总承包项目可以依法采用招标（公开招标、邀请招标）或者直接发包的方式选择工程总承包人。工程总承包项目范围内的设计、采购或者施工中有任一项属于依法必须招标的，应当采用招标的方式选择工程总承包单位。

（二）招标文件编制

工程总承包项目由于其发标前具备的准备条件，与传统的项目发承包模式所具备的条件不同，全过程工程咨询单位在编制招标文件时，应重点关注下列内容：

（1）发包前完成的水文、地勘、地形等勘察和地质资料的整理供承包人参考，收集工程可行性研究报告、方案设计文件或者初步设计文件等基础资料，确保其完整性和准确性；

（2）招标的内容及范围，主要包括设计、采购和施工的内容及范围、规模、标准、功能、质量、安全、工期、验收等量化指标；

（3）投资人与中标人的责任和权利，主要包括工作范围、风险划分、项目目标、价格形式及调整、计量支付、变更程序及变更价款的确定、索赔程序、违约责任、工程保险、不可抗力处理条款、投资人指定分包内容等；

（4）要求采用建筑信息模型或者装配式技术等新技术的，在招标文件中应当有明确要求和费用的分担。

（三）评标办法

工程总承包项目评标一般采用综合评估法，评审的主要因素包括承包人企业信用、工程总承包报价、项目管理组织方案、设计方案、设备采购方案、施工组织设计或者施工计划、工程质量安全专项方案、工程业绩、项目经理资格条件等。全过程工程咨询单位应结合拟建项目情况，针对上述主要评审因素认真进行研究，科学制订项目的评标办法和细则。

（四）合同计价方式

工程总承包项目宜采用固定总价合同。全过程工程咨询单位应依据住房城乡建设主管部门制定的计价规则，为投资人拟订合法科学的计价方式和条款，并协助投资人和总承包人在合同中约定具体的工程总承包计价方式和计价方法。

依法必须招标的工程项目，合同固定价格应当在充分竞争的基础上合理确定。除合同约定的变更调整部分外，合同固定价格一般不予调整。

（五）风险分担

全过程工程咨询单位应协助投资人加强风险管理，在招标文件、合同中约定合理的风险分担方法。投资人承担的主要风险一般包括：

（1）投资人提出的建设范围、建设规模、建设标准、功能需求、工期或者质量要求的调整；

（2）主要工程材料价格和招标时基价相比，波动幅度超过合同约定幅度的部分；

（3）因国家法律法规政策变化引起的合同价格的变化；

（4）难以预见的地质自然灾害、不可预知的地下溶洞、采空区或者障碍物、有毒气体等重大地质变化，其损失和处置费由建设单位承担；因工程总承包单位施工组织、措施不当等造成的上述问题，其损失和处置费由工程总承包单位承担；

（5）其他不可抗力所造成的工程费用的增加。

除上述投资人承担的风险外，其他风险可以在合同中约定由工程总承包人承担。

第五章

实施阶段工程
咨询服务

第一节　实施阶段概述

建设项目实施阶段是根据前期设计、发承包阶段所确定下来的设计图纸、技术要求、招投标文件、施工合同的约定以及其他规定对项目进行建设的阶段，同时也是项目管理周期中工程量最大，投入的人力、物力和财力最多，工程管理难度最大的阶段。

为实现工程项目的既定目标——优质建设项目，全过程工程咨询单位在建设项目实施阶段通过组织协调、合同管理等手段，对项目进行全方位管理。在该阶段，全过程工程咨询单位依据施工合同有效控制并优化质量、进度、成本，是建设项目能否成功的关键。

一、项目实施阶段管理组织模式

结合工程实践，建设项目实施阶段的主要参与单位包括投资人、全过程工程咨询单位、承包人等。项目实施阶段各参与单位的组织关系图如图5-1（传统模式）、图5-2（EPC承包模式）所示。本章节是基于传统模式针对实施阶段进行的撰写。

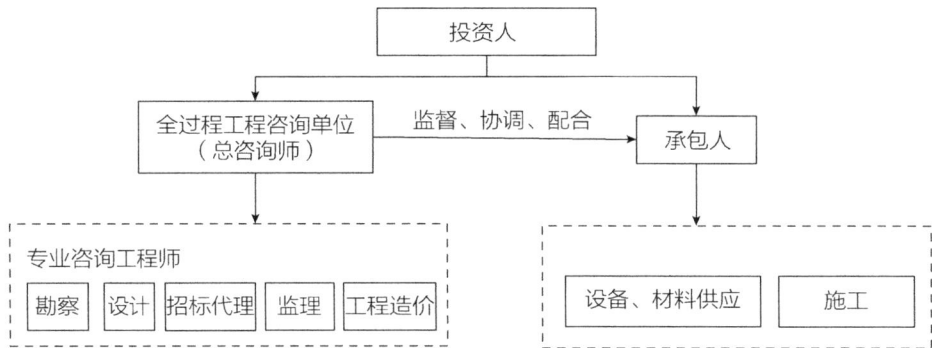

图5-1　传统模式下全过程工程咨询单位、承包人的组织关系图

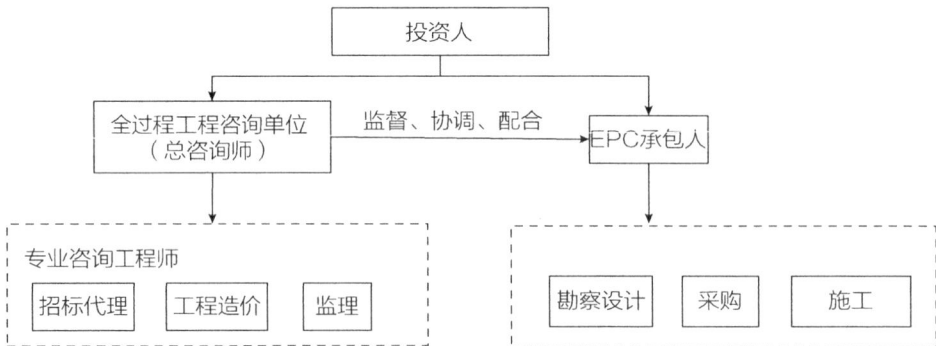

注：在EPC模式下全过程工程咨询单位的总咨询师需要对设计优化进行管理协调

图5-2　EPC承包模式下全过程工程咨询单位、EPC承包人组织关系图

二、实施阶段工作内容

（一）实施阶段各参与单位的工作职责

项目实施阶段涉及的利益相关主体众多，参与单位可概括为：投资人、全过程工程咨询单位、承包人，各参与单位在该阶段的主要职责有：

（1）投资人：确定全过程工程咨询单位及承包人，并签订合同，对项目实施进行监督。

（2）全过程工程咨询单位：对项目实施进行全过程管理、协调，以确保项目目标的实现。

（3）承包人：按合同要求完成承包任务。

（二）项目实施阶段的工作内容

全过程工程咨询单位按施工合同规定对工程成本、质量、进度进行控制，并协调投资人、承包人各方关系，约束双方履行自己的义务，同时维护双方的合法权益，使工程项目顺利实施。本阶段主要工作包括：

1. 实施阶段勘察设计咨询

建设项目在设计阶段形成设计文件之后，为了更好地将设计转化为实体，需要对设计文件进行现场咨询、专项设计及深化设计咨询、设计交底与图纸会审相关咨询服务内容。

2. 质量管控

实施阶段工程质量的管理工作是根据投资人的委托，按照建设工程施工合同，监督承包人按图纸、规范、规程、标准施工，使施工安装有序地进行，最终形成合格的、具有完整使用价值的工程。

3. 进度管控

项目实施阶段进度管理主要是对进度计划进行跟踪与检查、进度计划的控制以及进度计划的调整，以确保在合同约定的工期内完成建设项目。

4. 造价管控

全过程工程咨询单位在造价管控方面的工作重点为：资金使用计划，工程计量以及工程价款支付审核，询价与核价，工程中变更、索赔、签证的发生以及工程造价信息动态管理等。

5. 安全文明施工与环境保护

全过程工程咨询单位在实施阶段的安全控制中，应以预防为主，要做到强调、检查、督促和必要的经济手段相结合。全过程工程咨询单位针对环境保护必须按照"三同时"规定，把环境保护措施落到实处，防止建设项目建成投产使用后产生新的环境问题。

三、全过程工程咨询单位的组织协调

（一）对外沟通

全过程工程咨询单位在实施阶段对外协调沟通的对象有投资人和承包人，通过定期会议、联络人机制等能较好地实现沟通目标。对外沟通须注意沟通记录的整理及保管，便于事后跟踪和追溯。

（二）对内沟通

全过程工程咨询单位是由总咨询师与各专业咨询工程师组成的工作体系，每个人都有自己的目标和任务，为避免"各自为政"带来的紊乱无序、效率低下，须选择恰当的方式进行及时、有效的沟通，如：例会、现场交流及借助各种信息媒介的高效沟通。

第二节　实施阶段勘察设计咨询

一、设计文件的资料咨询服务

全过程工程咨询单位对设计文件的资料进行管理可以保证设计及施工有序进行，保证工程实际进度在计划进度之内。通过图纸审查及备案的施工图、方案设计文件、初步设计文件均应先交全过程工程咨询单位登记归档，全过程工程咨询单位应设置专人进行管理、统一发放，并负责统计和分发设计文件，各收图单位应指定人员到全过程工程咨询单位签领。

（一）依据

（1）《建设工程文件归档规范》GB/T 50328—2014；
（2）全过程工程咨询单位的知识和经验体系。

（二）内容

1．设计文件接收

全过程工程咨询单位收到专业咨询工程师（设计）送来的图纸资料后，做好以下工作：

（1）按照合同内容，核实图纸套数，对照图纸目录核查图纸数量是否吻合，无误后方可接收图纸；

（2）进行图纸收录登记，建立台账；

（3）涉及图纸深化或修改时，应要求专业咨询工程师（设计）进行书面交底；

（4）接收图纸须核实其有效性（出图章、设计人员签字等）。

2．设计文件分发

（1）按合同、施工标段及承包人要求及时分发设计图纸；

（2）实行设计图纸发放记录登记制度；

（3）建立《图纸资料分配单》和《图纸资料发放登记表》。

3．图纸资料存档管理

（1）图纸资料及时归档，重视零星图纸的管理与归档，应日案日清；

（2）作废版本图纸资料在验证后加盖"作废"章，且不得进柜贮存，应采取隔离措施确保不与有效图纸相混淆；

（3）需借用存档图纸资料时，应按规定办理借阅、归还手续；

（4）重要资料借阅时应提供复印件，不得随意将原件借出。

（三）注意事项

（1）设计文件资料管理要依据国家有关规定，建立规范的资料管理档案和管理制度，保证设计资料不丢失、不混乱、不混淆；

（2）图纸资料的签收和分发一定要保证双方签字认可，避免事后纠纷；

（3）图纸深化时一定要附带目录，避免图纸混乱而耽误施工；

（4）重要的文件、图纸应备好复印件，不能将原件随意借出；

（5）注意图纸的使用及图纸数量是否满足施工需要。

二、勘察及设计的现场咨询服务

勘察设计现场配合服务是勘察及设计工作的重要组成部分，随着建筑技术的不断发展，新技术、新结构、新工艺层出不穷，加之设计各专业之间的配合问题，勘察及设计的现场配合是勘察设计的关键性服务，发挥着对勘察设计成果补充完善的作用。

（一）依据

（1）《中华人民共和国建筑法》（主席令第91号令）（2011年修订）。

（2）《建设工程勘察设计管理条例》（国务院令第293号令）（2015年修订）；

（3）《建设工程质量管理条例》（国务院2000年第279号令）（2017年修订）；

（4）《岩土工程勘察规范》GB 50021—2001（2009年版）；

（5）《建设工程勘察质量管理办法》（建设部2002年第115号令）（2007年修订）；

（6）《实施工程建设强制性标准监督规定》（建设部2008年第81号令）（2015年修订）；

（7）勘察、设计合同；

（8）勘察、设计成果文件；

（9）全过程工程咨询单位的知识和经验体系。

（二）内容

（1）施工过程中地勘及设计的现场服务，如派驻设计现场代表，收集投资人及参加各方的意见、及时解决设计问题，质量事故技术方案的审定，对施工现场进行技术督导以及新技术、新工艺、新结构、关键工序的现场指导。

（2）不利物质条件情况的处理。专业咨询工程师（勘察、设计）须对实际施工中发现与勘察设计文件不符的不利物质条件进行现场分析、处理。不利物质条件情况的处理流程如图5-3所示。

（3）地基与基础工程验收。

（4）主体结构工程验收。

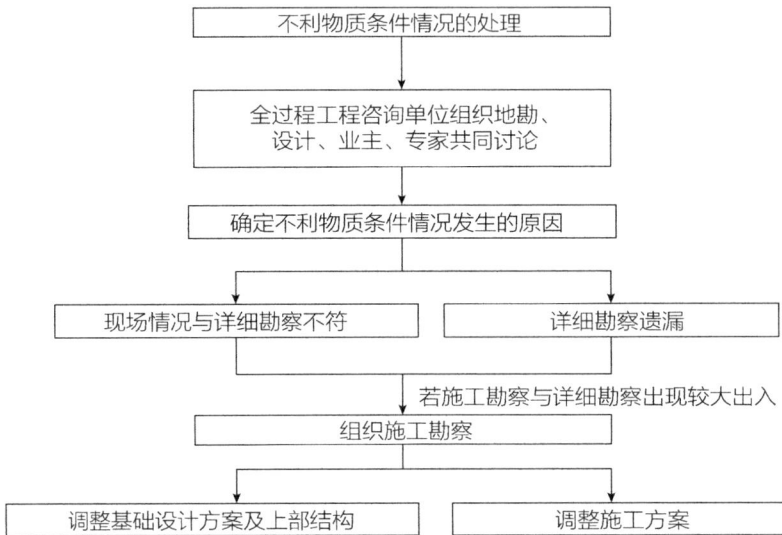

图5-3　不利物质条件情况的处理流程

（三）注意事项

（1）隐蔽工程要会同专业咨询工程师（勘察、设计）进行处理；

（2）加强沟通，及时解决施工中存在的问题。在施工过程中，专业咨询工程师（勘察、设计）应对现场提出的技术问题和修改意见及时响应，保证现场工作顺利实施；

（3）搞好现场的工作技术支持服务。

三、专项设计咨询服务

专项设计是针对建设规模相对较大、技术含量较高、各专业关系错综复杂、原设计图纸已表达但还不能完全满足施工需要的工程项目而进行的后续设计。

（一）依据

（1）《中华人民共和国建筑法》（主席令第91号）（2011年修订）；

（2）《建设工程质量管理条例》（国务院2000年279号令）（2017年修订）；

（3）《实施建筑工程建设强制性标准监督规定》（建设部2000年第81号令）（2015年修订）；

（4）《建筑工程勘察质量管理办法》（建设部2002年第115号令）（2007年修订）；

（5）《工程勘察设计资质管理规定》（建设部2006年第160号令）（2015年修订）；

（6）《建设工程勘察设计管理条例》（建设部2006年第293号令）（2015年修订）；

（7）《建筑工程设计文件编制深度规定》（建质〔2008〕216号）；

（8）设计合同、设计任务书等；

（9）经批准的设计图纸；

（10）全过程工程咨询单位的知识和经验体系。

（二）内容

（1）在专项设计之前，首先要熟悉和理解项目合同、原设计图纸、特殊要求等，有些重要部位还要对照原设计图纸和招标文件中的工程和技术规范及现场实际工作环境，根据自身的工程实践经验和设计经验进行专项设计；

（2）专业咨询工程师（设计）应根据已审批的设备、材料的规格和种类进行专项设计；

（3）所有的专项设计完成之后，要组织专门的评审会议，涉及的专项设计工程师须做好汇报准备，确保沟通顺畅；

（4）总咨询师负责专项设计总体进度管理，专业咨询工程师（设计）应在总咨询师的进度管理要求下，负责各专业专项设计进度；

（5）总咨询师负责专项设计的技术统筹，并负责将各专业的所有专项设计内容综合反映在一个共用模型或图纸系统内，该模型或图纸系统与所有工程相关单位共享使用。

（三）程序

（1）确定专项设计及深化设计界面划分及相应的设计要求；

（2）依据界面划分、合同约定，确定相应的专项设计及深化专业咨询工程师（设计），要求其应具备相应的专项设计资质，具有完善的质量保证体系；

（3）根据项目的实施情况开展专项设计及深化设计；

（4）在总咨询师综合协调下，专项设计及深化设计图纸应经总咨询师及各相关专业、深化专业咨询工程师（设计）跨专业会签。各专项设计及深化设计会签完成后，由总咨询师汇总、审核后的设计图纸提交投资人，由投资人组织相关单位进行审定；

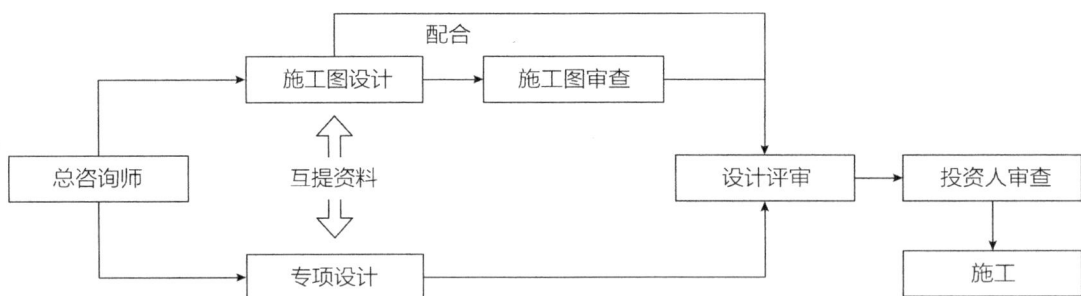

图5-4　专项设计及深化设计管理流程

（5）专项设计及深化设计图纸审批单位主要包括全过程工程咨询单位、投资人、具备相应资质的施工图审查机构；

（6）如报审未能通过，须根据投资人、施工图审查机构的审核意见修改，牵涉到其他专业的还须重新进行流转确认程序。

专项设计及深化设计管理流程如图5-4所示。

（四）注意事项

1. 专项设计及深化设计业务一定要委托给具备相应资格的设计专业工程师；
2. 专项设计及深化设计一定要满足原设计的总体要求；

四、设计交底与图纸会审咨询服务

设计技术交底与图纸会审是保证工程顺利施工的主要步骤，通过设计交底和图纸会审可以使施工人员充分领会设计意图，熟悉设计内容，正确按图施工。

（一）依据

（1）《中华人民共和国建筑法》（主席令第91号）（2011年修订）；

（2）《建设工程质量管理条例》（国务院2000年279号令）（2017年修订）；

（3）《建设工程勘察设计管理条例》（建设部2006年第293号令）（2015年修订）；

（4）《建筑工程设计文件编制深度规定》（建质〔2008〕216号）；

（5）设计合同、设计任务书等；

（6）经批准的设计图纸；

（7）全过程工程咨询单位的知识和经验体系。

（二）内容

（1）在技术交底与图纸会审之前，各有关单位（投资人、全过程工程咨询单位、承包人）必须事先指定主管该项目的工程技术人员、专业工程师熟悉图纸，进行初步审查，初步审查意见于图纸会审前至少两天送交全过程工程咨询单位汇总，之后移交专业咨询工程师（设计）。

（2）设计技术交底与图纸会审工作，是设计图纸施工前的一次详细审核，各有关单位必须在图纸会审签到表上签字。

（3）设计技术交底与图纸会审时，主要专业咨询工程师（设计）应了解设计情况的人员出席情况，对所提交的施工图纸进行有计划、系统的技术交底。

（4）全过程工程咨询单位应指定一家单位负责形成会审纪要底稿，在正式的会议纪要发出前，专业咨询工程师（造价）应对会审中提出的设计变更所涉及的费用变化提供详尽的咨询报告，对设计变更可能引起的费用增减提出意见，以便投资人最后决策是否需要变更。

（5）会议纪要应由各单位签字确认，各单位签字确认的会议纪要分发各有关单位，各方无异议，即被视为设计档案组成部分并予以存档。

（三）程序

施工图设计技术交底与图纸会审流程，如图5-5所示。

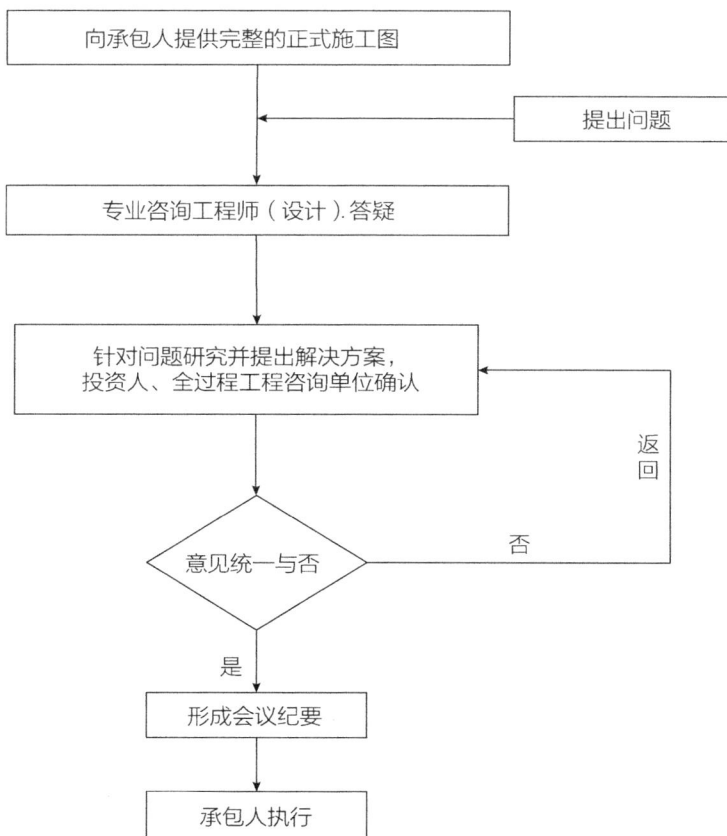

图5-5　施工图设计技术交底与图纸会审流程图

（四）注意事项

（1）涉及会议纪要发生的变更，需要专业咨询工程师（造价）提出咨询意见，由投资人确认是否发生该变更后，会议纪要方可发出。

（2）各参加单位需要在已整理好的图纸会审纪要上签字确认并各自存档。

第三节　实施阶段质量控制

全过程工程咨询单位是建设项目实施阶段质量管理的重要管理主体之一，质量管理实施的核心是质量管理目标的确定。根据建设工程投资人及利益相关者需求以及依据所签订的施工合同并结合工程本身及所处环境特点进行综合论证。在实施阶段主要是对建设项目进行质量控制。

一、质量管理体系和保证体系

（一）质量管理体系

质量管理体系是工程质量的重要保证，投资人、全过程工程咨询单位、承包人都应建立起相应的质量管理体系，一个项目的多层次质量管理体系在运行中，除对内主要发挥主动管理的作用外，对外还应该能够起到相互监督和督促的作用。

全过程工程咨询单位实施质量管理，是通过签订各种合同将有关工作的质量责任分解到涉及参与方，从而实现质量管理目标。质量管理目标是指为达到项目建成使用功能、使用寿命、使用要求而制定的施工质量标准。针对整个项目、各单项工程、单位工程、分部工程、分项工程制定出明确的质量目标，质量目标分为项目总体质量目标及各分部分项工程质量目标。

（二）质量保证体系

质量保证体系是指全过程工程咨询单位以提高和保证产品服务质量为目标，运用系统方法，依靠必要的组织结构，把各参建单位各环节的质量管理活动严密组织起来，形成一个有明确任务、职责、权限，相互协调、相互促进的质量管理的有机整体。

1. 质量管理组织机构

质量管理组织机构设置是要明确质量管理部门及人员岗位职责、权限，建立包括各参建单位在内的项目质量管理制度。

建设项目实施阶段中质量管理组织机构反映各参建单位在质量管理体系中的相互关系，全过程工程咨询单位质量管理组织机构框架如图5-6所示。

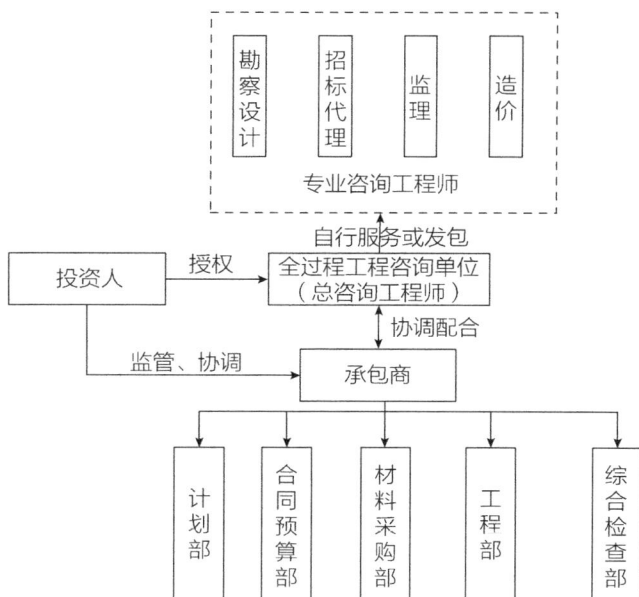

图5-6　全过程工程咨询单位、承包人、投资人质量管理组织机构框图

2. 各参建单位职责

建立工程项目质量管理职责，是要明确各部门及其人员在工程质量管理中所应承担的任务、职责、权限，做到各尽其职，各负其责，工作有标准。建设项目实施阶段的质量管理牵头单位是全过程工程咨询单位，全过程工程咨询单位通过对实施阶段中承包人的监督、协调、检查、管理，保证建设项目按照国家法律法规及相关技术规范程序实施，达到项目质量管理目标。

（1）全过程工程咨询单位

应履行《中华人民共和国建筑法》（主席令第91号）、《建设工程质量管理条例》（国务院令第279号）规定的勘察、设计、工程监理专业的质量责任，履行合同中规定的工程质量责任。应明确全过程工程咨询单位在工程质量控制中起的主导作用，其工作重点应该放在工程全面质量控制的策划与检查，以及为工程质量达到甚至超越原策划效果而进行的质量、技术管理，对工程质量实施监督，并对施工质量承担监理责任。

（2）投资人

承担《中华人民共和国建筑法》（主席令第91号）、《建设工程质量管理条例》（国务院令第279号）规定的投资人责任及对工程质量的决策责任。

（3）承包人

承包人是施工质量的直接实施者和责任者，应全面履行《建设工程质量管理条例》（国务院令第279号）和施工合同规定的质量责任，强调承包人应在自检质量合格的基础上进行全过程工程咨询单位查验。对所提供的材料、设备、构配件的质量进行负责，所提供的材料、设备、构配件必须符合产品标准和合同的约定。

二、实施阶段质量控制

（一）依据

建设工程质量控制，就是通过采取有效措施，在满足工程造价和进度要求的前提下，实现预定的工程质量目标。全过程工程咨询单位的专业咨询工程师（监理）在建设工程实施阶段质量控制的主要任务是通过对施工投入、施工和安装过程、施工产出品（分项工程、分部工程、单位工程、单项工程等）进行全过程控制，以及对承包人及其人员的资格、材料和设备、施工机械和机具、施工方案和方法、施工环境实施全面控制，以期按标准实现预定的施工质量目标。

（1）《中华人民共和国建筑法》（主席令第91号）（2011年修订）；

（2）《建设工程质量管理条例》（国务院第279号令）（2017年修订）；

（3）《建筑工程施工质量验收统一标准》GB 50300—2013；

（4）《质量管理体系 基础和术语》GB/T 19000—2016；

（5）《建筑工程质量监督条例（试行）》；

（6）《建设工程质量检测管理办法》（建设部令141号）；

（7）施工合同；

（8）投资人的功能要求报告及设计任务书；

（9）地质勘察文件、设计施工图纸及设计要求；

（10）施工组织设计及专项施工方案措施；

（11）质量管理计划；

（12）其他影响质量的因素等。

（二）内容

为了完成实施阶段质量控制任务，全过程工程咨询单位的专业咨询工程师（监理）需要做好以下工作：

（1）协助投资人做好施工现场准备工作，为承包人提交合格的施工现场；

（2）审查确认承包人资格；

（3）检查工程材料、构配件、设备质量；

（4）检查施工机械和机具质量；

（5）审查施工组织设计和施工方案；

（6）检查承包人的现场质量管理体系和管理环境；

（7）控制施工工艺过程质量；

（8）验收分部分项工程和隐蔽工程；

（9）处置工程质量/问题、质量缺陷；

（10）协助处理工程质量事故；

（11）审核工程竣工图，组织工程预验收；

（12）参加工程竣工验收。

任何建设工程项目都是由分项工程、分部工程和单位工程所组成的，而工程项目的建设，则通过一道道工序来完成。工程项目实施阶段质量控制是从工序质量到分项工程质量、分部工程质量、单位工程质量的控制过程，以原材料的质量控制开始，达到完成各项工程质量目标为止的质量控制过程。为确保工程质量，对实施的全过程进行质量管理监督、控制与检查，按照实施过程前后顺序将过程控制划分为事前、事中、事后质量控制，主要内容如图5-7所示。

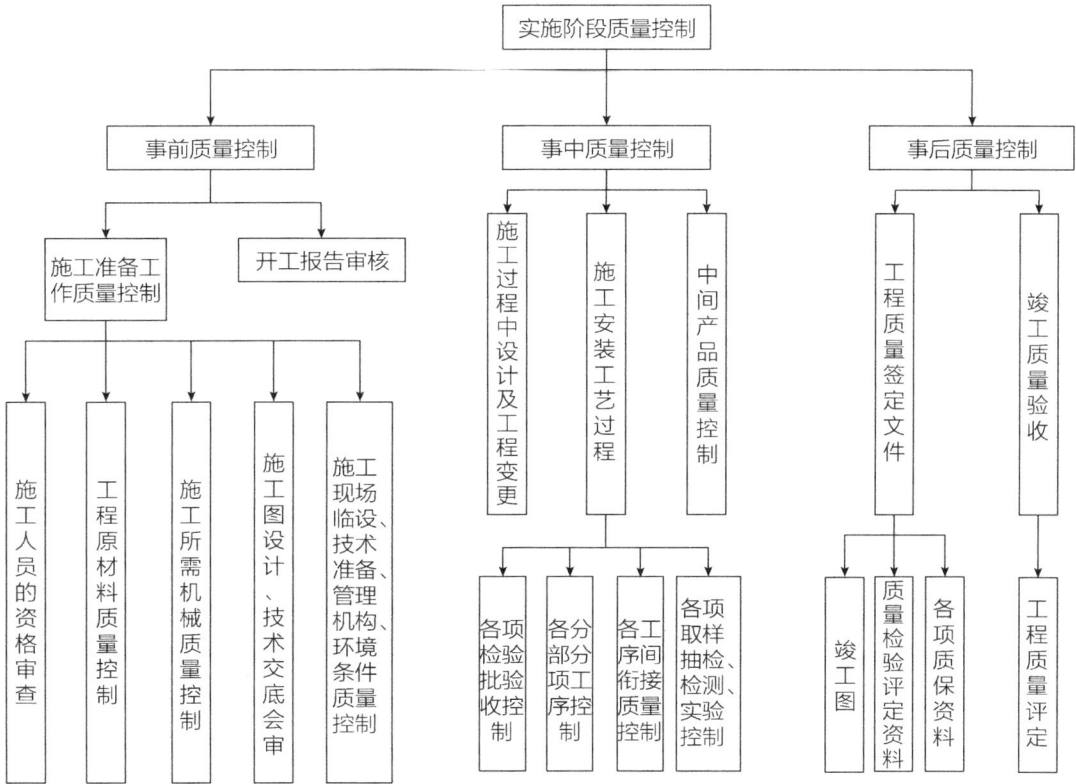

图5-7　按照施工过程时段的施工质量控制内容

（三）程序

（1）工程开工前，应严格按照开工程序、严格进场材料的报审、严格各项方案措施的落实。

（2）工程施工过程中，在每道工序完成后，严格检查验收程序的执行。承包人应进行自检，自检合格后，填报报验申请表交全过程工程咨询单位的专业咨询工程师（监理）检验。检验批、隐蔽验收、分项、分部工程完成后的检查验收，承包人首先对报检、报验的工程进行自检，填报相应质量验收检查记录资料，确认工程质量符合要求，然后向专业咨询工程师（监理）提交报检申请表并附上自检的相关资料，经现场检查及对相关资料审核后，符合要求予以签认验收；反之，则指令承包人进行整改或返工处理。只有上一道工序被确认质量合格后，方能进行下道工序施工。

（3）在施工质量验收过程中，涉及结构安全的试块、试件以及有关材料，应按规定进行见证取样检测；对涉及结构安全和使用功能的重要分部工程，应进行抽样检测。承担试验检测的单位应具有相应资质和资格。对施工过程中出现的质量问题，经过返工整改或加固处理仍不能满足结构安全使用要求的分部、分项工程和构件严禁验收。

实施阶段质量控制程序如图5-8所示。

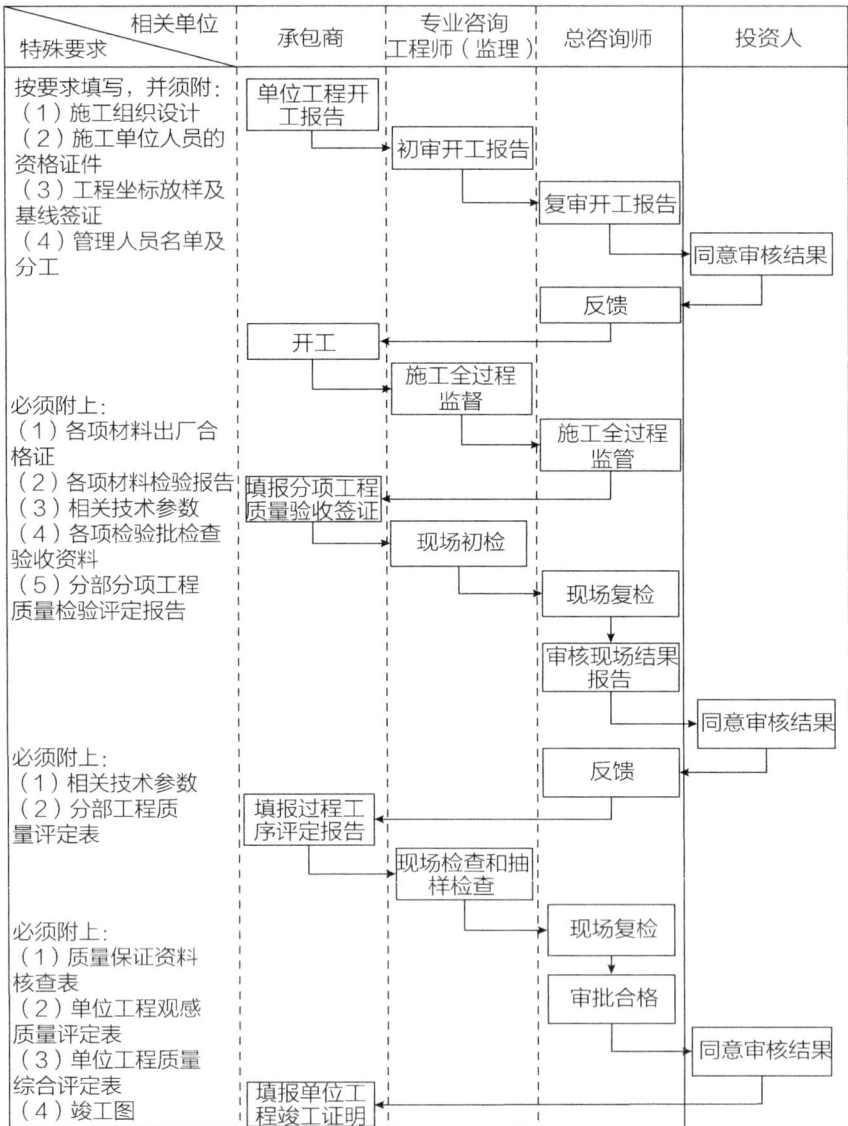

图5-8　全过程工程咨询单位实施阶段质量控制程序

（四）注意事项

（1）在工程施工过程中，全过程工程咨询单位应将质量目标细化并明确到具体责任人，作好应对准备措施。

（2）注重质量控制程序，明确权责，并向实施者灌输质量意识。

（3）各项施工任务完成后应及时完善质量保证文件。

三、实施阶段质量验收

（一）依据

各参建单位必须按《中华人民共和国建筑法》（主席令第91号）（2011年修订）、《建设工程质量管理条例》（国务院第279号令）以及有关规定，确保建设项目建筑工程质量达到《建筑工程质量验收统一标准》GB 50300—2013的要求，验收合格并交付使用，依据如下：

（1）建设工程相关的法律、法规、管理标准和技术标准；

（2）施工合同；

（3）施工质量验收标准和验收规范。

（二）内容

按照"施工质量样板化、技术交底可视化、操作过程规范化"的要求，从建筑材料、构配件和设备进场质量控制、施工工序控制及质量验收控制的全过程，对影响结构安全和主要使用功能的分部、分项工程和关键工序做法及管理要求等做出相应规定。根据《建筑工程质量验收统一标准》GB 50300—2013规定验收是指建设工程质量在承包人自行检查合格的基础上，由工程质量验收责任方组织，工程建设相关单位参加，对检验批、分项、分部、单位工程及其隐蔽工程的质量进行抽样检查，对技术文件进行审核，并根据设计文件和相关标准以书面的形式对工程质量是否达到合格做出确认。

根据《建筑工程施工质量验收统一标准》GB 50300—2013的规定，建设项目检验批和分项工程是质量验收的基本单元，分部工程是在所含全部分项工程验收的基础上进行验收的，在施工过程中随完工随验收，并留下完整的质量验收记录和资料；单位工程作为具有独立使用功能的完整的建筑产品，进行竣工质量验收。

施工过程的质量验收包括以下验收环节，通过验收后留下完整的质量验收记录和资料，为工程项目竣工质量验收提供依据：

1. 检验批质量验收

检验批是工程验收的最小单位，是分项工程乃至整个建筑工程质量验收的基础。检验批应由全过程工程咨询单位的专业咨询工程师（监理）组织承包人项目专业质量检查员、专业工长等进行验收。

检验批质量验收合格应符合下列规定：

（1）主控项目的质量经抽样检验均应合格；

（2）一般项目的质量经抽样检验合格；

（3）具有完整的施工操作依据、质量验收记录。

主控项目是指建筑工程中对安全、节能、环境保护和主要使用功能起决定性作用的检验项目。主控项目的验收必须从严要求，不允许有不符合要求的检验结果，主控项目的检查具有否决权。除主控项目以外的检验项目称为一般项目。

2．分项工程质量验收

分项工程的质量验收是在检验批验收的基础上进行的。分项工程应由全过程工程咨询单位的专业咨询工程师（监理）组织承包人项目专业技术负责人等进行验收。

分项工程质量验收合格应符合下列规定：

（1）含检验批的质量均应验收合格；

（2）所含检验批的质量验收记录应完整。

3．分部工程质量验收

分部工程的验收在其所含各分项工程验收的基础上进行。

分部工程应由全过程工程咨询单位组织承包人项目负责人和项目技术负责人等进行验收；全过程工程咨询单位的专业咨询工程师（勘察、设计）和承包人技术、质量部门负责人应参加地基和基础分部工程验收；全过程工程咨询单位的专业咨询工程师（设计）和承包人技术、质量部门负责人应参加主体结构、节能分部工程验收。

分部工程质量验收合格应符合下列规定

（1）所含分项工程的质量均应验收合格；

（2）质量控制资料应完整；

（3）有关安全、节能、环境保护和主要使用功能的抽样检验结果应符合相应规定；

（4）观感质量应符合要求。

4．单位工程质量验收合格应符合下列规定

（1）所含分部工程的质量均应验收合格。

（2）质量控制资料应完整。

（3）所含分部工程中有关安全、节能、环境保护和主要使用功能的检验资料应完整。

（4）主要使用功能的抽查结果应符合相关专业验收规范的规定。

（5）观感质量应符合要求。

单位工程完工后，承包人应组织有关人员进行自检。全过程工程咨询单位应组织各专业咨询工程师对工程质量进行竣工预验收。存在施工质量问题时，应由承包人及时整改。整改完毕后，由承包人向投资人提交工程竣工报告，申请工程竣工验收。

（三）程序

施工质量验收是对已完成工程实体的内在质量和外观质量按规定程序检查后，确认其是否符合设计及各项验收标准的要求，这是可交付使用的重要环节。按照施工验收的检查、处置、验收、再检查、验收的循环方式进行，保证项目质量的目标。其验收程序见图5-9。

（1）施工过程中，隐蔽工程在隐蔽前承包人首先进行自检，合格后通知全过程工程咨询单位进行验收，并形成验收文件；分部分项工程完成后，承包人首先进行自检，合格后通知全过程工程咨询单位进行验收，重要的分部分项工程应请全过程工程咨询单位的专业咨询工程师（设计）参加验收；单位工程完成后，承包人、全过程工程咨询单位的专业咨询工程师（监理）应自行组织初验、评定，符合验收标准的规定后，向投资人提交验收申请。

（2）全过程工程咨询单位收到验收申请后，应组织各专业咨询工程师和承包人的人员进行单位工程验收，明确验收结果，并形成验收报告。

（3）按国家现行管理制度，房屋建筑工程及市政基础设施工程验收合格后，尚需在规定的时间内，将验收文件报政府管理部门备案。分部分项施工验收程序如图5-9所示。

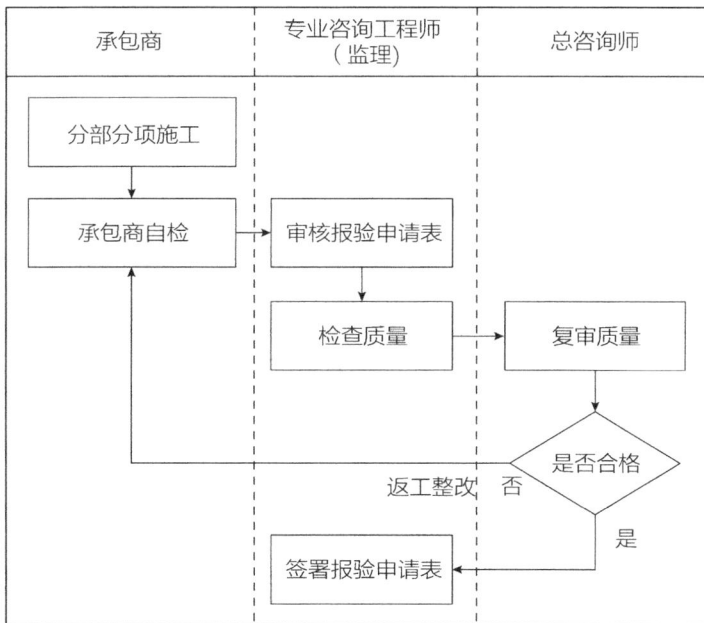

图5-9 施工验收程序

（四）注意事项

（1）规范验收程序，明确参与主体；
（2）验收环节中合理选择抽验、检验方法；

（3）规范验收文件；

（4）施工过程质量验收不合格，应按相关规定和要求整改，整改后仍不符合要求的，不予验收。

第四节　实施阶段进度控制

建设项目进度控制是指工程项目在建设过程中，为了在施工合同约定的工期内完成工程项目建设任务而开展的全部管理活动的总称，它包括进度计划的跟踪与检查、进度计划控制以及进度计划调整等一系列工作。

一、进度计划跟踪与检查

（一）依据

（1）施工合同；

（2）总进度控制性计划和各项作业进度计划；

（3）施工现场进度统计表情况；

（4）相关资源供应、消耗资料、资金支付报表；

（5）全过程工程咨询单位的知识和经验体系。

（二）内容

全过程工程咨询单位的专业咨询工程师（监理）应审查承包人报审的施工总进度计划和阶段性施工进度计划，提出审查意见，并应由总咨询师审核后报投资人。

1. 施工进度计划审查

（1）施工进度计划应符合施工合同中工期的约定；

（2）施工进度计划中主要工程项目无遗漏，应满足分批投入试运、分批动用的需要，阶段性施工；

（3）进度计划应满足总进度控制目标的要求；

（4）施工顺序的安排应符合施工工艺要求；

（5）施工人员、工程材料、施工机械等资源供应计划应满足施工进度计划的需要；

（6）施工进度计划应符合投资人提供的资金、施工图纸、施工场地、物资等施工条件。

2. 施工进度计划跟踪

专业咨询工程师（监理）应检查施工进度计划的实施情况，发现实际进度严重滞后于计划进度且影响合同工期时，应签发监理通知单，要求承包人采取调整措施加快施工进度。

总咨询师应向投资人报告工期延误风险。专业咨询工程师（监理）应预测实际进度对工程总工期的影响，在监理月报中向投资人报告工程实际进展情况。

在项目实施过程中，全过程工程咨询单位应组织、督促进度控制人员定期跟踪检查施工实际进度情况。

（三）程序

全过程工程咨询单位在进行项目进度计划的检查的程序如图5-10所示。

（四）注意事项

全过程工程咨询单位在进行项目进度计划检查过程中，需注意：

（1）全过程工程咨询单位在进行进度检查过程中，需定期与承包人召开会议讨论工程工作进度，并应提交工程进度跟踪报告。

（2）全过程工程咨询单位在进度检查时，若出现进度问题，应及时找出原因，分析对策并提出解决方案。

（3）全过程工程咨询单位应定期提交进度检查报告，包括工程进度现状、进度分析、计划修改、进度更新、出现的问题及相关问题下阶段的预测处理等。

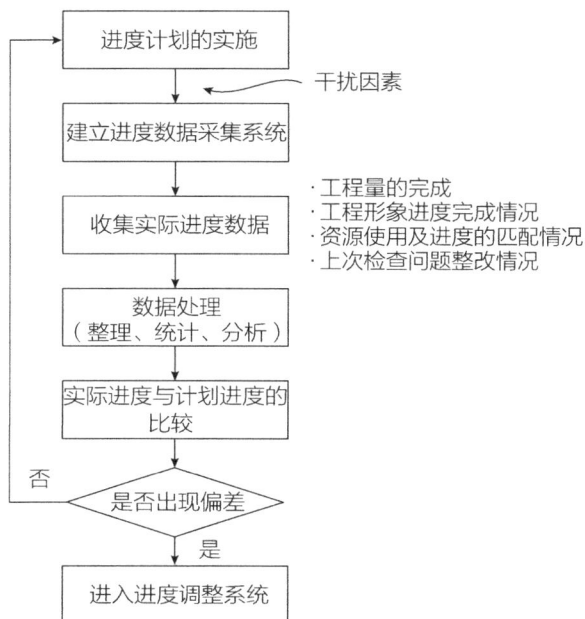

图5-10　建设项目进度计划检查系统过程图

二、实施阶段进度控制

（一）依据

（1）施工合同；

（2）施工总进度计划；

（3）施工现场进度统计表情况；

（4）相关资源供应、消耗资料、资金支付报表；

（5）全过程工程咨询单位的知识和经验体系。

（二）内容

建设工程总进度目标是指整个项目的进度目标，它是在项目决策阶段项目定义时确定的，工程进度控制的依据是项目决策阶段所确定的工期以及建设工程施工合同所约定的工期目标。在确保工程质量和安全并符合控制工程造价的原则下控制进度，应采用动态的控制方法，对工程进度进行主动控制。

全过程工程咨询单位的进度控制过程应符合下列规定：

（1）将关键线路上的各项活动过程和主要影响因素作为项目进度控制的重点；

（2）对项目进度有影响的相关方的活动进行跟踪协调。

为了完成实施阶段进度控制工作，项目全过程工程咨询单位的专业咨询工程师（监理）需要做好以下工作：

1）完善建设工程控制性进度计划；

2）审查承包人提交的施工进度计划；

3）协助投资人编制和实施由投资人负责供应的材料与设备供应计划；

4）组织进度协调计划，协调各方关系；

5）跟踪检查实际施工进度；

6）研究制定预防工期索赔的措施，做好工期延期审批工作等。

（三）程序

项目实施阶段进度控制程序如图5-11所示。

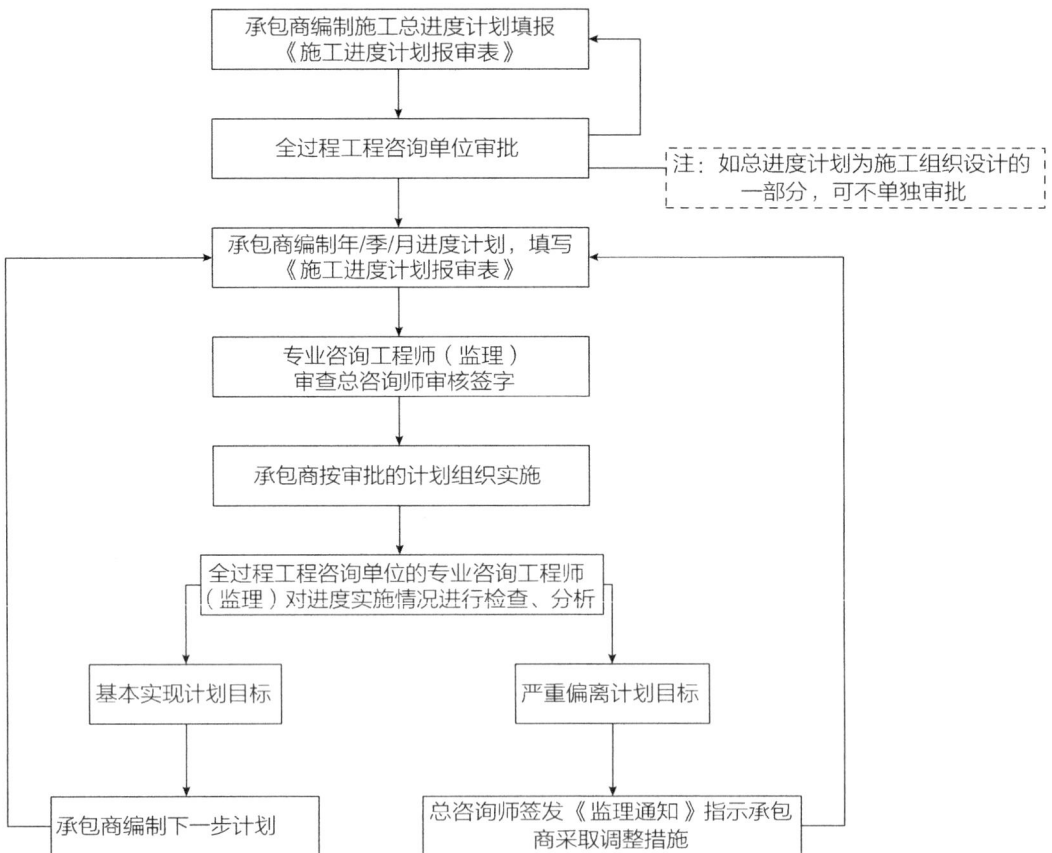

图5-11　进度控制程序

（四）注意事项

（1）专业咨询工程师（监理）审查阶段性施工进度计划时，应注重阶段性施工进度计划与总进度计划目标的一致性；

（2）注意将关键线路上的各项活动过程和主要影响因素作为项目进度控制的重点；

（3）注意对项目进度有影响的相关方的活动进行跟踪协调。

三、项目进度计划的调整

（一）依据

全过程工程咨询单位在进行进度计划的调整时，通常依据以下内容：

（1）施工进度计划检查报告；

（2）施工组织设计方案；

（3）项目进度总控制计划；

（4）项目变更的请求；

（5）全过程工程咨询单位的知识和经验体系。

（二）内容

全过程工程咨询单位对施工进度计划的调整主要依据施工进度计划检查的结果，在进度计划执行发生偏离的时候，通过调整并充分利用施工的时间和空间进行合理交叉衔接，并编制调整后的施工进度计划，以保证施工总目标的实现。

全过程工程咨询单位对项目进度计划调整的方法主要如下：

1. 缩短某些工作的持续时间

2. 改变某些工作之间的逻辑关系

当工程项目实施中产生的进度偏差影响到总工期，且有关工作的逻辑关系允许改变时，可以改变关键线路和超过计划工期的非关键线路上有关工作之间的逻辑关系，达到缩短工期的目的。

3. 资源供应的调整

对于因资源供应发生异常而引起进度计划执行问题，应采用资源优化方法（"资源有限，工期最短"的优化、"工期固定，资源均衡"的优化）对计划进行调整，或采取应急措施，使其对工期影响最小。

4. 增减施工内容

增减施工内容应做到不打乱原计划的逻辑关系，只对局部逻辑关系进行调整，在增减施工内容以后，应重新计算时间参数，分析对原网络计划的影响。当对工期有影响时，应采取调整措施，保证计划工期不变。

5．增减工程量

增减工程量主要是指改变施工方案、施工方法，从而导致工程量的增加或减少。

6．起止时间的改变

全过程工程咨询单位在对施工进度计划的调整过程中，还需要对进度偏差的影响进行分析，通过实际进度与计划进度的比较，分析偏差对后续工作及总工期的影响。进度偏差的大小及其所处的位置不同，对后续工作和总工期的影响程度不同，分析时需要利用网络计划中工作总时差和自由时差进行判断。经过分析，全过程工程咨询单位可以确认应调整产生进度偏差的工作和调整偏差值的大小，以便确定采取调整的新措施，获得新的符合实际进度情况和计划目标的新进度计划。

（三）程序

全过程工程咨询单位进行项目进度计划调整的程序如图5-12所示。

（四）注意事项

（1）修正后的施工进度是否满足合同约定的工期要求，是否满足项目总体进度要求。

（2）进度计划中的关键线路并非固定不变，它会随着工程进展和情况的变化而转移，所以全过程工程咨询单位应以审核后的施工进度计划（不断调整后）为依据对施工进度计划进行调整。

（3）调整后的施工进度计划必须符合现场的实际情况，因此要对重点调整的计划各类有关细节进行详细的说明，并及时向投资人提供调整后的详细报告。

（4）注意工期延误、工程暂停及复工处理。

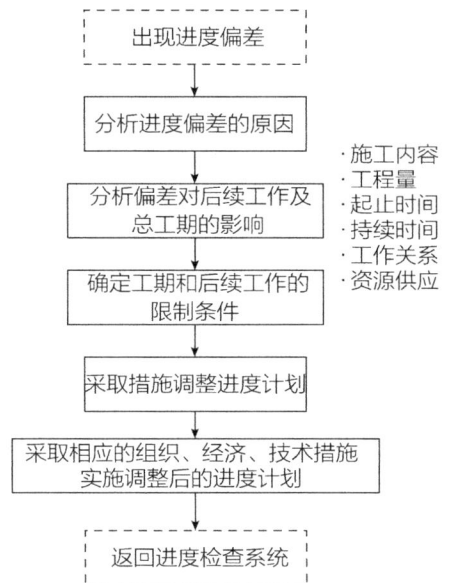

图5-12　建设项目进度计划调整系统过程图

第五节　实施阶段造价管控

建设工程造价管控就是通过采取有效的措施，依据项目施工合同以及其他相关文件，在满足工程质量和进度要求的前提下，力求使工程实际造价不超过预定造价目标。

为完成实施阶段成本控制，全过程工程咨询单位的专业咨询工程师（监理）需要做好以下工作：

（1）协助投资人制定实施阶段资金使用计划，严格进行工程计量和付款控制，做到不多付、不少付、不重复付；

（2）严格控制工程变更，力求减少工程变更费用；

（3）研究确定预防费用索赔的措施，以避免、减少施工索赔；

（4）及时处理施工索赔，并协助投资人进行反索赔；

（5）协助投资人按期提交合格的施工现场，保质、保量、适时、适地提供由投资人负责提供的工程材料和设备；

（6）审核承包人提交的工程结算文件等。

根据《建设项目全过程造价咨询规程》CECA/GC 4—2017，全过程工程咨询单位在项目实施阶段的成本控制主要是包括资金使用计划、工程计量与工程款审核、询价与核价、工程变更、工程索赔和工程签证审核、合同期中结算、终止结算审核、工程造价动态管理。

一、资金使用计划

（一）依据

全过程工程咨询单位的专业咨询工程师（造价）应根据施工合同约定及项目实施计划编制项目资金使用计划。其中编制建安工程费用资金使用计划应依据施工合同和批准的施工组织设计，并与计划工期和工程款的支付周期及支付节点、竣工结算款支付节点相符。

全过程工程咨询单位的专业咨询工程师（造价）应根据项目标段的变化、施工组织设计的调整、投资人资金状况适时调整项目资金使用计划。在进行资金使用计划编制时，主要依据是：

（1）《建设工程监理规范》GB /T 50319—2013；

（2）《建设项目全过程造价咨询规程》CECA/GC 4—2017；

（3）施工合同；

（4）建设项目可行性研究报告；

（5）设计概算；

（6）施工图预算；

（7）施工组织设计（施工进度计划等）；

（8）全过程工程咨询单位的知识和经验体系。

（二）内容

（1）对比与设计阶段编制的项目资金使用计划是否存在较大偏差，如果存在较大偏差，则应分析原因并向投资人提出相关建议。

（2）资金使用计划应根据项目实施计划编制，并结合已签署的施工合同适时调整更新。对尚未签署的施工合同可参照项目概算或目标成本编制。

（3）当期项目资金使用计划中，对于可相对准确预期的近期（如3个月之内）资金流可采用较短的计算周期（如按月或季度）为单位；对于中远期（如3个月之后）的资金流可以适当增加的计算周期（如季度或半年度）为单位。

（4）对于经批准的概算或目标成本占比较大的施工合同，当合同金额与目标成本发生较大偏差时，应实时调整资金使用计划。

二、工程造价动态管理

根据《建设项目全过程造价咨询规程》CECA/GC 4—2017得知：

（1）全过程工程咨询单位的专业咨询工程师（造价）可接受委托进行项目实施阶段的工程造价动态管理，并应提交动态管理咨询报告。

（2）全过程工程咨询单位的专业咨询工程师（造价）编制的工程造价动态管理报告应至少以单位工程为单位对比相应概算，并根据项目需要与投资人商议确定编制周期，编制周期通常以季度、半年度、年度为单位。

（3）全过程工程咨询单位的专业咨询工程师（造价）应与项目各参与方进行联系与沟通，并应动态掌握影响项目工程造价变化的信息情况。对于可能发生的重大工程变更应及时做出对工程造价影响的预测，并应将可能导致工程造价发生重大变化的情况及时告知投资人。

实施阶段造价管理是一个动态管理过程，很多不确定的因素会对造价产生影响，如：国家政策的变化、业主要求的变化等，在变化发生时，应采取合理的应对方式。工程造价的整个管理过程需要各方人员的共同维护，相关的技术人员也应具备一定的造价管理知识，并配合全过程工程咨询单位的专业咨询工程师（造价）的工作，保质保量、低成本地完成工程建设。

三、工程计量与工程款

（一）依据

全过程工程咨询单位在对工程计量与工程价款支付的管理中，主要体现对工程计量与工程进度款的审核，主要依据：

（1）《中华人民共和国招标投标法》以及其他国家、行业和地方政府的现行有关规定；

（2）《建设工程工程量清单计价规范》GB 50500—2013；

（3）《建设项目全过程造价咨询规程》CECA/GC 4—2017；

（4）施工合同；

（5）工程施工图纸；

（6）施工过程中的签证、变更费用洽商单和索赔报告等；

（7）全过程工程咨询单位的专业咨询师（监理）核准的工程形象进度确认单；

（8）已核准的工程变更令及修订的工程量清单等；

（9）全过程工程咨询单位的专业咨询师（监理）核准的签认付款证书；

（10）全过程工程咨询单位的知识和经验体系。

（二）内容

工程计量是向承包人支付工程款的前提和凭证，是约束承包人履行施工合同义务，强化承包人合同意识的手段。在项目管理过程中要充分发挥全过程工程咨询单位的专业咨询工程师（造价）在工程计量及工程款（进度款）支付管理中的作用，应严格审查工程进度付款，工作内容如下：

（1）根据工程施工合同中有关工程计量周期及合同价款支付时点的约定，审核工程计量报告与合同价款支付申请，编制《工程计量与支付表》、《工程预付款支付申请核准表》及《工程进度款支付申请核准表》。

（2）应对承包人提交的工程计量结果进行审核，根据合同约定确定本期应付合同价款金额；对于投资人提供的甲供材料（设备）金额，应按照合同约定列入本期应扣减的金额中，并向投资人提交合同价款支付审核意见。

（3）全过程工程咨询单位的专业咨询工程师（造价）应对所咨询的项目建立工程款支付台账，编制《合同价与费用支付情况表（建安工程）/（工程建设其他费用）》。工程款支付台账应按施工合同分类建立。

（4）全过程工程咨询单位的专业咨询工程师（监理）对工程款支付进行把关审核，应重点审核进度款支付申请中所涉及增减工程变更金额和增减索赔金额，这是控制工程计量与进度款支付的关键环节；审核是否有超报、虚报及质量不合格的项目，将审定完成的工程投资进度记入台账。

（三）程序

在进行工程计量与进度款支付审核时，应重点从工程计量和进度款支付申请进行控制。

（1）全过程工程咨询单位的专业咨询工程师（造价）对承包人在工程款支付报审表中提交的工程量和支付金额进行审核，确定实际完成的工程量，提出到期应支付给承包人的金额及相应的审查意见。

（2）全过程工程咨询单位的总咨询师对专业咨询工程师（造价）的审查意见进行审核，签认后报投资人审批。

（3）全过程工程咨询单位根据投资人的审批意见，向承包人签发工程款支付证书。

在施工过程中，工程计量与进度款支付是控制工程投资的重要环节。全过程工程咨询单位应按工程进度款审签程序进行审核，如图5-13所示。

（四）注意事项

（1）暂估价格与实际价格的差额根据合同约定可在进度款中同期支付。

（2）对工程款支付进行把关审核，应重点审核进度款支付申请中所涉及增减变更价款和增减索赔金额。

四、询价与核价

（一）依据

（1）《建设项目全过程造价咨询规程》CECA/GC 4—2017；

（2）相关法律法规等资料；

（3）施工合同；

（4）全过程工程咨询单位的知识和经验体系。

（二）内容

（1）全过程工程咨询单位的专业咨询工程师（造价）可接受委托承担人工、主要材料或新型材料、设备、机械及专业工程等市场价格的咨询工作，并应出具相应的价格咨询报告或审核意见。

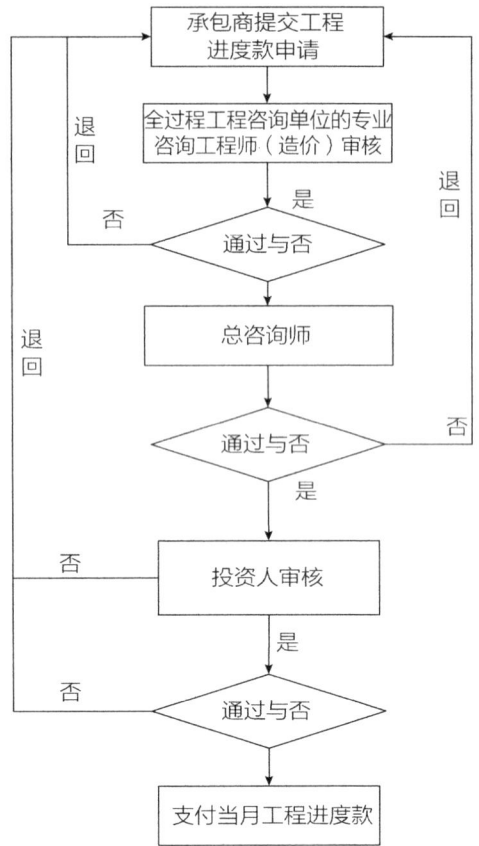

图5-13 工程进度款审签流程图

（2）全过程工程咨询单位的专业咨询工程师（造价）在确定或调整建筑安装工程的人、材、机时，应根据合同约定、相关工程造价管理机构发布的信息价格以及市场价格信息进行计算。

（3）对于因工程变更引起已标价工程清单项目或工程数量变化，相应的核价工作应按照如下规定进行：

1）已标价工程量清单中有适用于变更工程项目的，应采用该项目的单价。当工程变更导致清单项目的工程数量发生变化，且工程量偏差超过合同约定的幅度时，应按合同约定调整。

2）已标价工程量清单中没有适用但有类似变更工程项目的，可在合理范围内参照类似项目价格。

3）已标价工程量清单中没有适用也没有类似于变更工程项目的，应依据合同相关约定确定变更工程项目的价格。合同没有约定的则应依据变更工程资料、工程计量规则和计价办法、工程造价管理机构发布的信息价格和承包人报价浮动率确定变更工程项目的价格，并经投资人确认。

（4）对采用工程量清单方式招标的专业工程暂估价、材料设备暂定价，全过程工程咨询单位的专业咨询工程师（造价）应对后续招标采购和直接采购材料或设备价格提供咨询意见。对于招标采购的，专业咨询工程师（造价）应编制或审核专业工程暂估价项目的清单和最高投标限价；对于直接采购材料或设备的，专业咨询工程师（造价）应通过对三家及以上同等档次并符合要求的承包人询价、比价，提供审核意见。

（5）全过程工程咨询单位的专业咨询工程师（造价）应依据国家及行业有关规定、相关执业标准及合同约定独立进行询价与核价工作。当遇有分歧意见时，应在投资人和意见分歧单位或相关利益方共同参加的前提下进行讨论，并有权保留自己的专业意见，拒绝其他人员无正当理由修改核价结果的要求，及完成工作过程的记录。

五、工程变更、工程索赔和工程签证

全过程工程咨询单位的专业咨询工程师（造价）应在工程变更和工程签证确认前，对其可能引起的费用变化提出建议，并根据施工合同的约定对有效的工程变更和工程签证进行审核，计算工程变更和工程签证引起的造价变化，并计入当期工程造价。

（一）工程变更管理

1．依据

工程变更是实施阶段费用增加的主要途径，全过程工程咨询单位必须重视工程变更管理，主要依据：

（1）《建设工程工程量清单计价规范》GB 50500—2013；

（2）《建设项目全过程造价咨询规程》CECA/GC 4—2017；

（3）施工合同；

（4）施工图纸；

（5）变更通知书及变更指示；

（6）计量签证；

（7）人工、材料、机械台班的信息价以及市场价格；

（8）全过程工程咨询单位的知识和经验体系。

2．内容

在建设项目施工过程中，由于各种原因，经常出现工程变更和合同争执等许多问题。由于工程变更所引起的工程量变化、承包人索赔等，都有可能使建设项目投资超出投资控制目标，全过程工程咨询单位必须重视工程变更及其价款的管理。

全过程工程咨询单位在进行工程变更管理过程中，建立严格的审批制度和审批程序，防止任意提高设计标准，改变工程规模，增加工程投资，切实把投资控制在控制目标范围内。

全过程工程咨询单位进行工程变更管理的主要工作：

（1）审查变更理由的充分性

全过程工程咨询单位对承包人提出的变更，应严格审查变更的理由是否充分，防止承包人利用变更增加工程造价，减少自己应承担的风险和责任。

（2）审查变更程序的正确性

全过程工程咨询单位审查承包人提出变更程序的正确性，应按照双方签订的合同对变更程序的要求进行审查。

（3）审查变更估价的准确性

在工程变更管理过程中，全过程工程咨询单位对工程变更的估价的处理应遵循以下原则：

1）工程变更计量应按合同约定方法计算工程变更增减工程量，合同没约定的按国家和地方现行的工程量计算规则计算；

2）工程变更计价应按合同约定条款计算工程变更价款，合同没约定的，按照《建设工程工程量清单计价规范》GB 50500—2013进行。

3）合同中另有约定的，按约定执行。

（4）提出审核意见、签认变更报价书

1）全过程工程咨询单位审查同意承包人的要求，若投资人授权全过程工程咨询单位，则可以直接签认；若投资人未授权，则需报投资人签认。

2）全过程工程咨询单位审查未同意承包人的要求，则需要注明变更报价书上的错误、未同意的原因、提出的变更价款调整方案，并抄送专业咨询工程师（监理）审阅。

3．程序

（1）全过程工程咨询单位的专业咨询工程师（造价）对工程变更和工程签证的审核应遵循以下原则：

1）审核工程变更和工程签证的必要性和合理性；

2）审核工程变更和工程签证方案的合法性、合规性、有效性、可行性和经济性。

（2）工程变更价款确定的原则如下：

1）合同中已有适用于变更工程的价格，按合同已有的价格计算、变更合同价款。

2）合同中有类似于变更工程的价格，可参照类似价格变更合同价款。

3）合同中没有适用或类似于变更工程的价格，全过程工程咨询单位的专业咨询工程师（监理）应与投资人、承包人就工程变更价款进行充分协商达成一致；如双方达不成一致，由全过程工程咨询单位按照成本加利润的原则确定工程变更的合理单价或价款，如有异议，按施工合同约定的争议程序处理。

工程变更对工程项目建设产生极大影响，全过程工程咨询单位应从工程变更的提出到工程变更的完成，再到支付施工承包人工程价款，对整个过程的工程变更进行管理。工程变更管理的程序如图5-14所示。

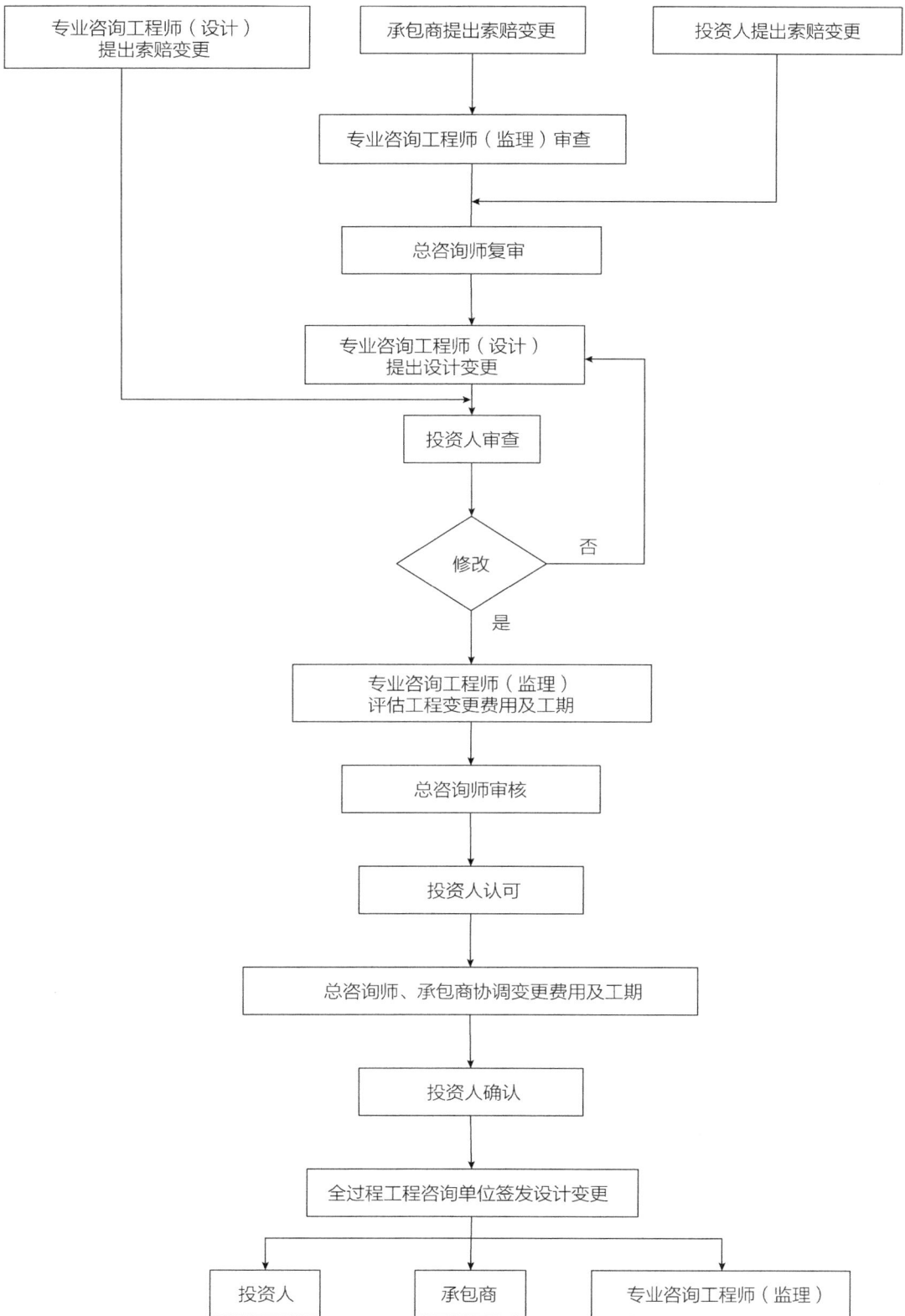

图5-14　工程变更管理程序

4．注意事项

（1）对引起造价较大变动的工程变更应及时与投资人沟通；

（2）应严格执行拒绝变更的决定。

（二）工程索赔管理

1．依据

全过程工程咨询单位进行索赔费用处理时主要依据：

（1）国家和省级或行业建设主管部门有关工程造价、工期的法律、法规、政策文件等；

（2）《建设项目全过程造价咨询规程》CECA/GC 4—2017；

（3）施工合同；

（4）招标文件、经认可的施工组织设计、工程图纸、技术规范等；

（5）工程各项来往的信件、指令、信函、通知、答复等；

（6）工程各项有关的设计交底、变更图纸、变更施工指令等；

（7）工程各项经监理工程师签认的签证及变更通知等；

（8）工程各种会议纪要；

（9）施工进度计划和实际施工进度表；

（10）施工现场工程文件；

（11）工程有关施工部位的照片及录像等；

（12）工程现场气候记录，如有关天气的温度、风力、雨雪等；

（13）建筑材料和设备采购、订货运输使用记录等；

（14）工地交接班记录及市场行情记录等；

（15）全过程工程咨询单位的知识和经验体系。

2．内容

（1）全过程工程咨询单位的专业咨询工程师（造价）审核工程索赔费用后，应在签证单上签署意见或出具报告。

（2）做好日常施工记录，为可能发生的索赔提供证据。

（3）索赔费用的处理，包括索赔费用的计算及索赔审批程序。

（4）根据收集的工程索赔的相关资料，迅速对索赔事项开展调查，分析索赔原因，审核索赔金额，并征得投资人意见后负责与承包人据实妥善协商解决。

3．程序

（1）全过程工程咨询单位的专业咨询工程师（监理）批准承包人费用索赔应同时满足下列条件：

1）承包人在施工合同约定的期限内提出费用索赔。

2）索赔事件是因非承包人原因造成，且符合施工合同约定。

3）索赔事件造成承包人直接经济损失。

（2）当承包人的费用索赔要求与工程延期要求相关联时，全过程工程咨询单位的专业咨询工程师（监理）可提出费用索赔和工程延期的综合处理意见，并应与投资人和承包人协商。

（3）因承包人原因造成投资人损失，投资人提出索赔时，全过程工程咨询单位的专业咨询工程师（监理）应与投资人和承包人协商处理。

当全过程工程咨询单位未能按合同约定履行自己的各项义务或工作失误，以及应由全过程工程咨询单位承担责任的其他情况，造成承包人的工期延误和（或）经济损失，按照国家有关规定和施工合同的要求，承包人可按程序向全过程工程咨询单位进行索赔，其索赔流程如图5-15所示。

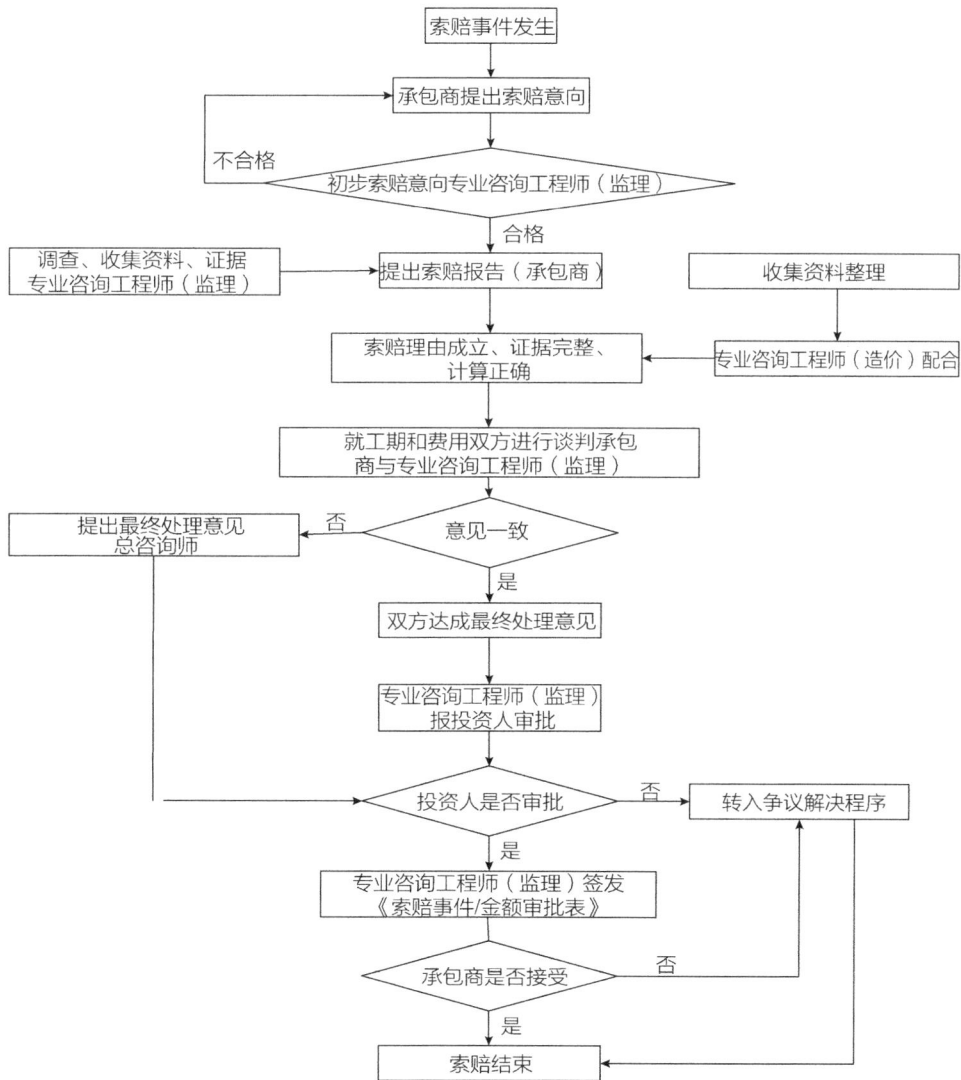

图5-15 索赔处理程序

4．注意事项

（1）索赔事件是否具有合同依据、索赔理由是否充分及索赔论证是否符合逻辑。

（2）索赔事件的发生是否存在承包人的责任，是否有承包人应承担的风险。

（3）在索赔事件初发时，承包人是否采取了控制措施。如确有证据证明承包人在当时未采取任何措施，全过程工程咨询单位可拒绝其补偿损失的要求。

（4）承包人是否在合同规定的时限内向全过程工程咨询单位的专业咨询师（监理）报送索赔意向通知书。

（三）工程签证管理

1．依据

全过程工程咨询单位在进行现场签证管理时，主要依据：

（1）国家、行业和地方政府的有关规定；

（2）《建设项目全过程造价咨询规程》CECA/GC 4—2017；

（3）施工合同；

（4）现场地质相关资料；

（5）现场变化相关依据；

（6）计量签证；

（7）工作联系单、会议纪要等资料；

（8）全过程工程咨询单位的知识和经验体系。

2．内容

现场工程签证是指在施工现场由全过程工程咨询单位和承包人共同签署的，必要时需投资人签认，用以证实在施工过程中已发生的某些特殊情况的一种书面证明材料。现场签证的管理必须坚持"先签证、后施工"的原则。

现场工程签证主要涉及工程技术、工程隐蔽、工程经济、工程进度等方面的内容，均会直接或间接地发生现场签证价款从而影响工程造价。工程签证的主要内容如表5-1所示。

工程签证主要内容 表5-1

签证类型	具体内容
工程技术	1）施工条件的变化或非承包人原因所引起工程量的变化； 2）工程材料替换或代用等； 3）更改施工措施和技术方案导致工作面过于狭小、作业超过一定高度，采取为保证工程顺利进行的必要措施； 4）合同约定范围外的，承包人对投资人供应的设备、材料进行运输、拆装、检验、修复、增加配件等； 5）投资人借用承包人的工人进行与工程无关的工作； 6）施工前障碍物的拆除与迁移、迁移及跨越障碍物施工

签证类型	具体内容
隐蔽工程	1）专业咨询工程师（监理）某种原因未能按时到位，随后要求的剥离检查； 2）在某工序被下一道工序覆盖前的检验，如基础土石方工程、钢筋绑扎工程
工程经济	1）非承包人原因导致的停工、窝工、返工等任何经济损失； 2）合同价格所包含工作内容以外的项目； 3）没有正规的施工图纸的建设项目，例如大检修工程、零星维修项目，由承包人提出一套技术方案，经审批完毕后实施；实施完毕后办理工程签证，依据工程签证办理竣工结算； 4）合同中约定的可调差的材料价格
工程进度	1）设计变更造成的工期拖延； 2）非承包人原因造成分部分项工程拆除或返工； 3）非承包人原因停工造成的工期拖延
其他方面	1）不可预见因素，包括不可预见的地质变化、文物、古迹等； 2）不可抗力因素

3．程序

现场工程签证具体内容具有不确定、无规律的特征，也是承包人获取额外利润的重要手段。因此，做好现场签证管理，是全过程工程咨询单位投资控制的一项极其重要的工作，也是影响项目投资控制的关键因素之一。全过程工程咨询单位的专业咨询工程师（监理、造价）应严格审查现场工程签证，并把好最后的审核关。对于涉及金额较大、签证理由不充足的，全过程工程咨询单位还要征得投资人的同意，实行投资人、全过程工程咨询单位和承包人会签制度。

结合工程实践，全过程工程咨询单位进行规范化的工程签证流程如图5-16所示。现场工程签证需要以有理、有据、有节为原则，即签证的理由成立、签证的依据完整有效、签证的依据计算正确，且每一步都要得到各行为主体的认可和同意，才能继续下一个流程的运行。

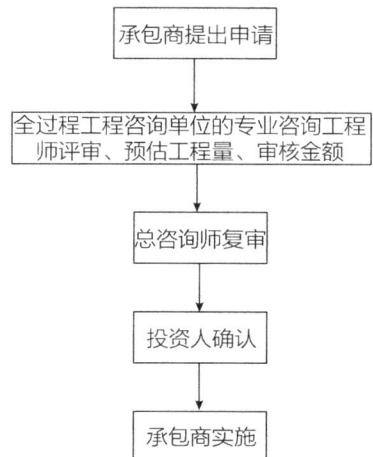

图5-16　建设项目工程现场签证流程

4．注意事项

（1）现场签证手续办理要及时。在施工过程中，签证发生时应及时办理签证手续，对因施工时间紧迫，不能及时办理签证手续的，事后应及时督促全过程工程咨询单位的专业咨询工程师以及承包人补办签证手续，避免工程结算时发生纠纷。

（2）规范现场工程签证。建立现场工程签证会签制度，明确规定现场工程签证必须由全过程工程咨询单位的专业咨询工程师（监理、造价）和承包人共同签认才能生效，必要时需投资人签认，缺少任何一方的签证均无效，不能作为竣工结算和索赔的依据。

六、合同期中结算

（一）依据

（1）《建设工程工程量清单计价规范》GB 50500—2013；

（2）《建设项目全过程造价咨询规程》CECA/GC 4—2017；

（3）项目实施过程中的各种相关结算资料；

（4）全过程工程咨询单位的知识和经验体系。

（二）内容

（1）全过程工程咨询单位的专业咨询工程师（造价）对于工程实施阶段期中结算审核，应包括工程预付款和工程进度款支付的结算审核，以及单项工程、单位工程或规模较大的分部工程或标段工程完成后的结算审核。

（2）全过程工程咨询单位的专业咨询工程师（造价）对于工程实施阶段期中结算审核，应遵循合同约定并按国家和行业现行相关标准规范执行。

（3）经投资人、承包人签署认可的期中结算成果，应作为终止结算或竣工结算编制与审核的组成部分，无须再对该部分工程内容进行计量计价，但对于已完工程部分有变更或返修的除外。

（三）合同争议

根据《建设工程工程量清单计价规范》GB 50500—2013、工程造价鉴定规程对合同价款争议的解决的规定。

第六节　实施阶段安全文明施工与环境保护

一、安全文明施工管理

（一）依据

（1）《中华人民共和国建筑法》（主席令第91号）（2011年修订）；

（2）《中华人民共和国安全生产法》（主席令第70号）（2014年修订）；

（3）《安全生产许可证条例》（国务院令第397号）（2014年修订）；

（4）《建设工程安全生产管理条例》（国务院令第393号）；

（5）《建设工程质量管理条例》（国务院令第279号）（2017年修订）；

（6）《中华人民共和国职业病防治法》（全国人大常委会第24次会议）（2016年修订）；

（7）《建筑工程质量验收统一标准》GB 50300—2013；

（8）《职业健康安全管理体系　要求》GB/T 28001—2011；

（9）《建筑工程施工许可证管理办法》（建设部令第18号）；

（10）《建筑企业资质管理办法》（建设部令第22号）；

（11）《实施工程建设强制性标准监督规定》（建设部令［81］号）；

（12）《危险性较大的分部分项工程安全管理办法》（建质［2009］87号）；

（13）《建设施工企业安全生产许可证管理规定》（建设部令［128］号）；

（14）《建设施工安全检查标准》JGJ 59—2011；

（15）各省市建筑管理条例；

（16）全过程工程咨询单位的知识和经验体系。

（二）内容

1．项目的安全施工管理

根据《中华人民共和国安全生产法》规定，生产经营单位新建、改建、扩建工程项目（以下统称"建设项目"）的安全设施，必须与主体工程同时设计、同时施工、同时投入生产和使用。安全设施投资应当纳入建设项目概算。

全过程工程咨询单位对安全管理审查重点：

（1）承包人资质与施工人员资格是否合法。

全过程工程咨询单位应审查承包人、技术负责人、专职安全生产管理人员的执业资格、职称、安全生产考核合格证等是否符合相关文件的规定；审查特种作业人员是否持有特种作业操作资格证书等。

（2）审核承包人报送的施工组织设计与施工方案。

（3）执行有关安全施工管理的各项程序，全过程工程咨询单位应掌握并认真执行法律法规与规范性文件规定的安全施工管理的各项程序。

（4）掌握并执行有关安全施工的强制性标准。

（5）全过程工程咨询单位应按经审批同意的专项施工方案实施监理，特别对超过一定规模的危险性较大分部分项工程，必须切实检查承包人是否按照经专家论证通过的专项施工方案实施。

（6）全过程工程咨询单位发现存在安全事故隐患时，应要求承包人整改；情况严重的，应要求承包人暂停施工，并及时报告投资人。承包人如不整改或者不停止施工的，应当及时向有关主管部门报告。

（7）抽查全过程工程咨询单位实施施工安全管理监理工作形成的记录，全过程工程咨询单位在实施施工安全管理的监理工作中应及时形成完整、准确的记录。

2．实施过程的健康安全管理工作

（1）检查承包人落实各分部分项工程开工前的安全技术方案；

（2）监督核查施工现场危险源的检查、巡查工作情况，以及对重大危险源施工的旁站监理工作的落实；

（3）监督核查施工安全隐患的及时处理；

（4）监督核查施工安全设施、施工机械验收的工作；

（5）组织参加现场安全检查或安全会议；

（6）配合安全事故调查、分析安全事故原因，督促施工安全事故的及时处理；

（7）督促核查参建单位安全资料的收集、整理、归档等管理工作。

（三）程序

（1）确定本项目职业健康安全目标；

（2）检查职业健康安全技术措施计划的编制完整性、合法性；

（3）检查职业健康安全技术措施计划的实施情况；

（4）随着施工进度情况，督促承包人有针对性地改进相关职业健康安全技术措施计划，保证职业健康安全目标的实现。

职业健康与安全管理的程序如图5-17所示。

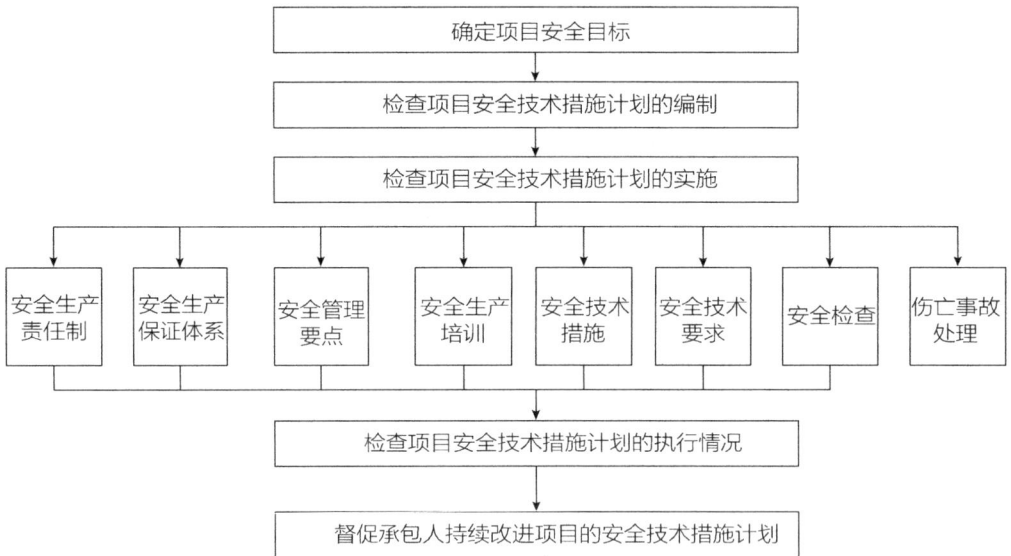

图5-17 职业健康安全管理的程序

（四）注意事项

（1）全过程工程咨询单位应协助建立职业健康安全生产责任制，并把责任目标分解落实到人；

（2）检查施工现场的职业健康安全生产教育制度，检查三级教育的实施，确保上岗作业人员具备执业健康安全生产知识；

（3）全过程工程咨询单位应督促承包人做好施工安全和职业健康技术措施计划的实施工作，保证安全技术措施计划的实现。对职业健康安全事故处理，应坚持事故原因不清楚不放过，事故责任者和人员没有受到教育不放过，事故责任者没有处理不放过，没有制定纠正和预防措施不放过等原则；

（4）督促承包人建立健全职业健康安全文明施工的各项制度，包括：职业健康安全文明施工责任制度、安全文明施工技术措施管理制度、职业健康安全文明施工教育制度、设备机械操作运行安全管理制度、职业健康安全文明施工交底制度、职业健康安全文明施工检查制度、职业健康安全文明施工奖罚制度、工伤事故处理制度等；

（5）召开会议，检查布置现场安全事项，定期、不定期检查工地危险源。

二、环境保护

（一）依据

（1）《中华人民共和国环境保护法》（主席令第9号）；

（2）《中华人民共和国环境影响评价法（主席令第77号）》（2016年修订）；

（3）《中华人民共和国固体废物污染环境防治法（主席令第31号）》（2016年修订）；

（4）《规划环境影响评价条例》（国务院令第559号）；

（5）《建设项目环境保护管理条例（国务院令第253号）》（2017年修订）；

（6）《环境管理体系　要求及使用指南》GB/T 24001—2016；

（7）《城市建筑生活垃圾管理规定》（建设部令第157号）；

（8）《建设工程施工现场环境与卫生标准》JGJ 146—2013；

（9）安全生产环境保护奖惩考核制度；

（10）全过程工程咨询单位的知识和经验体系。

（二）内容

根据《中华人民共和国环境保护法》规定环境保护坚持保护优先、预防为主、综合治理、公众参与、损害担责的原则。

建设项目需要配套建设的环境保护设施，必须与主体工程同时设计、同时施工、同时投产使用。国家根据建设项目对环境的影响程度，按照下列规定对建设项目的环境保护实行分类管理：

（1）建设项目对环境可能造成重大影响的，应当编制环境影响报告书，对建设项目产生的污染和对环境的影响进行全面、详细的评价；

（2）建设项目对环境可能造成轻度影响的，应当编制环境影响报告表，对建设项目产生的污染和对环境的影响进行分析或者专项评价；

（3）建设项目对环境影响很小，不需要进行环境影响评价的，应当填报环境影响登记表。

施工现场环境保护管理主要由全过程工程咨询单位配合投资人负责编制总体策划和部署，建立项目环境管理组织机构，制定相应制度和措施，组织培训，使各级人员明确环境保护的意义和责任。

（三）程序

（1）确定项目环境管理目标。根据工程的具体情况，制定项目环境保护计划。

（2）检查承包人的项目环境管理体系运行情况，确保施工项目的环境管理目标按照分级管理思想能够落实。

（3）检查施工现场承包人的环境管理执行情况，建立环境管理责任制。明确责任，建立相应的责任制。

（4）督促承包人做好施工现场的环境保护工作，在审核和评价的基础上，找出薄弱环节，不断改进环境管理工作，保证施工现场的环境条件符合正常施工要求，实现施工现场的环境持续改进。

施工现场环境管理的程序如图5-18所示。

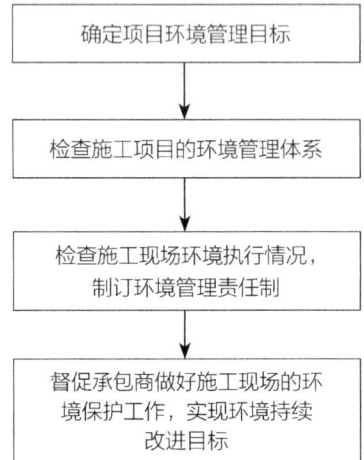

图5-18 施工现场环境管理程序

（四）注意事项

（1）应按照分区化原则，搞好项目的环境管理，进行定期检查，加强协调，及时解决发现的问题，实施纠正和预防措施，保持良好的作业环境、卫生条件和工作秩序，做到预防污染的目的。

（2）全过程工程咨询单位加强环境保护需要从下列几方面入手：

1）督促承包人制定应急准备和相应措施，并保证信息通畅，预防可能出现的非预期的损害。在出现环境事故时，应及时消除污染，并应制定响应措施，防治环境二次污染。

2）加强检查和监控工作

全过程工程咨询单位对施工现场的环境管理工作需要通过不断的检查和监控才能完成，这就需要全过程工程咨询单位加强施工现场的环境检查和监控工作，以保证承包人按照规定的环境实施要求施工。

3）进行综合治理

全过程工程咨询单位一方面要求承包人采取措施控制施工现场的环境污染，另一方面也应与外部的有关单位和环保部门保持联系、加强沟通。要统筹考虑项目目标的实现与现场环境保护问题，使两者达到统一。

4）采取有效的技术措施

①防治大气污染的措施；

②防治噪声污染的措施；

③防治污水污染的措施；

④防治固体废弃物污染的措施。

第六章

竣工阶段工程
咨询服务

第一节　竣工阶段概述

全过程工程咨询单位在本阶段主要以工程资料整理、竣工验收、竣工结算为主。一方面需要整理和收集从决策、设计、发承包、实施等阶段中形成的过程文件、图纸、批复等资料，同时，协助投资人完成竣工验收、结算、移交等工作；另一方面，把经过检验合格的建设项目及工程资料完整移交给运营人进入运营阶段。

竣工阶段完成后，项目建设过程基本结束，各方集合对项目组织竣工验收并收集竣工资料。全过程工程咨询单位以此为基础进行项目结算或项目决算审核。竣工验收合格后，项目进入保修期，在全过程咨询机构的监管协调下进行项目移交工作。

依据《建设工程项目管理规范》GB/T 50326—2017，项目竣工管理包括竣工收尾、竣工验收、竣工结算、竣工决算、回访保修及管理考核评价等。在此基础上本书将建设项目竣工管理的内容概括为竣工验收、竣工结算、竣工资料管理、竣工移交、竣工决算、保修期管理，具体工作内容详见图6-1。

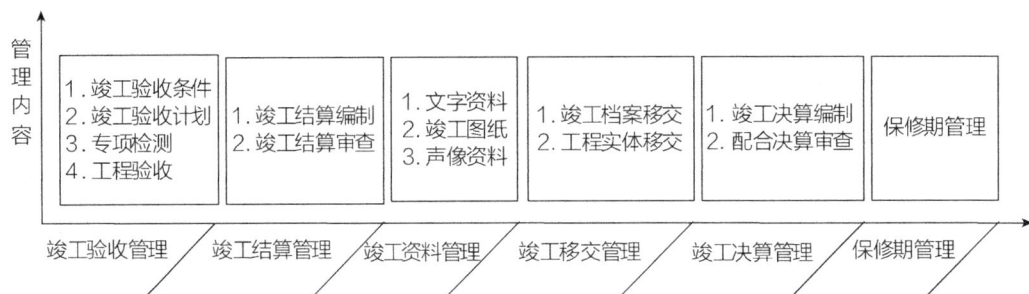

图6-1　建设项目竣工管理的工作内容

完成竣工阶段后，主要咨询成果如下。

一、合格的建设项目产品

通过实施阶段完成的合格的建筑物、构筑物及构配件和其他设施，满足规模目标、功能目标、需求目标、使用目标的要求。

二、竣工验收报告

竣工验收报告是指工程项目竣工之后，由相关部门成立的专门验收机构组织专家进行质量评估验收以后形成的书面报告。同时，竣工验收报告也是体现建筑产品是否达到或满足规模目标、功能目标、需求目标、使用目标的重要依据。

三、档案资料

档案资料是指项目建设、管理过程中形成的，具有保存价值的各种形式的历史记录和存档依据。如果在实施阶段中缺乏工程档案及资料，各项工程建设就会面临施工与管理混乱的双重困境，并且对于后期的维护、改建以及扩建造成很大影响，因此，档案资料是建设项目运营阶段中运维管理、项目后评价和设施管理等工作的重要依据和基础。

四、竣工结算编制（审核）报告

竣工结算是承包人按照合同约定的内容完成全部工作，经投资人和有关机构验收合格后，发承包双方依据约定的合同价款的确定和调整以及索赔等事项，最终计算和确定竣工项目工程价款的文件。经发承包双方确认的竣工结算文件是发包方最终支付工程款的依据，也是核定新增固定资产和工程项目办理交付使用验收的依据；竣工结算一般由承包人或其委托有资质的造价咨询机构编制，由投资人委托有资质的全过程工程咨询单位审查，竣工结算审定结果文件应由结算编制人（承包人）、结算审查委托人（投资人）、结算审查受托人共同签署。

五、竣工决算编制（审核）报告

工程竣工决算是指在工程竣工验收交付使用阶段，由建设单位编制的建设项目从筹建到竣工验收、交付使用全过程中实际支付的全部建设费用。竣工决算是整个建设工程的最终价格，是作为建设单位财务部门汇总固定资产的主要依据。

第二节　项目竣工验收

项目竣工验收是施工全过程的最后一道程序，也是整个项目管理的最后一项工作，它是建设投资成果转入生产或使用的标志，也是全面考核效益、设计、监理、施工质量的重要环节。项目竣工验收是项目使用或者投产的根本前提。

一、依据

（一）法律法规

（1）现行国家法律、法规等；
（2）《建设工程质量管理条例》（国务院令［2000］279号）2017年修订；

（3）《建筑工程施工质量验收统一标准》GB 50300—2013；

（4）现行设计、施工规范、规程和质量标准；

（5）现行的验收规范等。

（二）建设项目工程资料

（1）国家有关行政主管部门对该项目的批复文件，包括可行性研究报告及批复文件、环境影响评价报告及批复文件、设计任务书、初步设计批复文件以及与项目建设有关的各种文件；

（2）工程设计文件，包括方案设计、初步设计和施工图设计文件；

（3）设备技术资料，主要包括设备清单及其技术说明；

（4）招投标及合同文件、施工日志及施工过程中设计修改变更通知书等；

（5）竣工图及说明；

（6）设计变更、修改通知单；

（7）引进项目的合同和国外提供的技术文件；

（8）验收资料；

（9）其他相关资料。

二、内容

项目竣工验收是综合评价工程建设的成果，项目竣工验收主要的工作内容就是查看项目有没有完成图纸和合同约定的各项工作，以及所完成的工作符不符合相关的法律法规和验收标准，竣工验收是对项目的工程资料和实体全面检查的一个过程。

（一）验收条件

建设项目竣工验收应当具备下列条件：

（1）完成建设工程设计和合同约定的各项内容；

（2）有完整的技术档案和施工管理资料（含竣工图）；

（3）有工程使用的主要建筑材料、建筑构配件和设备的进场试验报告；

（4）有勘察、设计、施工、工程监理等单位分别签署的质量合格文件；

（5）有施工单位签署的工程保修书。

（二）验收要求和合格条件

1．建筑工程施工质量应按下列要求进行验收

（1）工程质量验收均应在施工单位自检合格的基础上进行；

（2）参加工程施工质量验收的各方人员应具备相应的资格；

（3）检验批的质量应按主控项目和一般项目验收；

（4）对涉及结构安全、节能、环境保护和主要使用功能的试块、试件及材料，应在进

场时或施工中按规定进行见证检验；

（5）隐蔽工程在隐蔽前应由施工单位通知监理单位进行验收，并应形成验收文件，验收合格后方可继续施工；

（6）对涉及结构安全、节能、环境保护和使用功能的重要分部工程应在验收前按规定进行抽样检验；

（7）工程的观感质量应由验收人员现场检查，并应共同确认。

2．建筑工程施工质量验收合格应符合下列规定

（1）符合工程勘察、设计文件的要求；

（2）符合本标准和相关专业验收规范的规定。

（三）专项检测

在建设项目竣工前，需进行各项检测，如：桩基（复合地基）检测、幕墙三性检测、环境空气质量检测、水质监验（二次供水）、卫生防疫检测、人防通风检测、防雷检测、消防设施检测、电器检测、锅炉、电梯、压力容器、压力管道委托检测及使用证办理等，检测结论报告在进行专项验收时提交。

（四）专项测量

建设工程竣工后，还应经城市规划行政主管部门认可的测绘单位进行竣工测量，主要是为满足规划管理需要，在建设项目完成后，按照规划审批对项目实地进行测量的过程，并形成工程竣工测量记录表。竣工测量主要内容包括：室内地坪测量，间距测量，高度测量，建筑面积测量以及竣工地形图测绘，市政公共配套设施的位置、尺寸、规模，建筑工程的绿地率等。此外，在竣工验收后还应及时完成房产面积测量，并向当地房产部门备案，以便房产证的办理。

（五）验收内容

建筑工程质量验收按《建筑工程施工质量验收统一标准》GB 50300—2013的规定，建筑工程施工质量验收应划分为单位工程、分部工程、分项工程和检验批。

1．单位工程

单位工程完工后，由承包人（施工单位）组织有关人员进行自检。全过程工程咨询的总咨询师以及专业咨询工程师（监理）对工程质量进行竣工预验收。存在施工质量问题时，应由施工单位整改。整改完毕后，由施工单位向建设单位提交工程竣工报告，申请工程竣工验收。

单位工程按下列原则划分：（1）具备独立施工条件并能形成独立使用功能的建筑物或构筑物为一个单位工程；（2）对于规模较大的单位工程，可将其能形成独立使用功能的部分划分为一个子单位工程。

2．分部工程

分部工程可由全过程工程咨询单位的总咨询师以及专业咨询工程师（监理）组织承包人（施工单位）的项目负责人和项目技术负责人等进行验收。专业咨询工程师（勘察、设计）的项目负责人和承包人（施工单位）技术、质量部门负责人参加地基与基础分部工程的验收。专业咨询工程师（设计）的项目负责人和承包人（施工单位）技术、质量部门负责人参加主体结构、节能分部工程的验收。

分部工程应按下列原则划分：（1）可按专业性质、工程部位确定；（2）当分部工程较大或较复杂时，可按材料种类、施工特点、施工程序、专业系统及类别将分部工程划分为若干子分部工程。

3．分项工程

分项工程可由全过程工程咨询单位的专业咨询工程师（监理）组织承包人（施工单位）的项目专业技术负责人等进行验收。分项工程可按主要工种、材料、施工工艺、设备类别进行划分。

4．检验批

检验批应由全过程工程咨询单位的专业咨询工程师（监理）组织承包人（施工单位）的项目专业质量检查员、专业工长等进行验收。检验批可根据施工、质量控制和专业验收的需要，按工程量、楼层、施工段、变形缝进行划分。

建设单位收到工程竣工报告后，应由建设单位项目负责人组织监理、施工、设计、勘察等单位项目负责人进行单位工程验收。

5．专项工程验收

鉴于建设项目工程的复杂性、特殊性、阶段性，结合合同标段的划分等因素。竣工阶段需进行的专项验收包括：电梯等特种设备、环保、消防、防雷、卫生防疫以及人防验收、生产工艺等。当专业验收规范对工程中的验收项目未做出相应规定时，可由全过程工程咨询单位的总咨询师协助投资人来组织专业咨询工程师（监理、设计）以及承包人（施工单位）等相关方制定专项验收要求。涉及安全、节能、环境保护等项目的专项验收要求可由全过程工程咨询单位的总咨询师协助投资人组织专家论证。

6．工程竣工验收

当承包人（施工单位）完成合同约定的所有工程量，且单位工程均通过自检验收合格后，可提出竣工验收报告，申请工程竣工验收。同时，承包人（施工单位）应及时编制竣工验收计划给投资人确认，全过程工程咨询单位协助审核，待投资人同意后实施。

收到竣工验收申请后，全过程工程咨询单位的总咨询师以及专业咨询工程师（勘察、设计、监理、造价）应在规定时间内完成合同工程量完成情况的审核，符合要求后由全过程工程咨询单位的专业咨询工程师（监理）落实预验收计划，提交并通知投资人参加预验收。全过程工程咨询单位组织各预验收单位检查确认预验收合格后，编写全过程工程咨询单位的专业咨询工程师（监理）评估报告。

预验收合格且投资人或产权人审核认为符合竣工验收条件后，应及时落实竣工验收的各项准备工作，成立验收小组，编写工程建设总结，组织竣工验收并通知政府相关的监督管理部门参加验收，验收通过后及时会签竣工验收报告，填写建设工程竣工验收备案申请表，完成备案工作。

项目竣工的交付成果反映了项目目标的要求，项目立项的定义决定了项目的交付成果，项目竣工的交付成果特指项目完成了所有的工作内容，交付成果即为建设单位想要的全部功能的标的。

（六）建设项目竣工验收合格条件

1．单位工程

单位工程质量验收合格应符合下列规定：（1）所含分部工程的质量均应验收合格；（2）质量控制资料应完整；（3）所含分部工程中有关安全、节能、环境保护和主要使用功能的检验资料应完整；（4）主要使用功能的抽查结果应符合相关专业验收规范的规定；（5）观感质量应符合要求。

2．分部工程

分部工程质量验收合格应符合下列规定：（1）所含分项工程的质量均应验收合格；（2）质量控制资料应完整；（3）有关安全、节能、环境保护和主要使用功能的抽样检验结果应符合相应规定；（4）观感质量应符合要求。

3．分项工程

分项工程质量验收合格应符合下列规定：（1）所含检验批的质量均应验收合格；（2）所含检验批的质量验收记录应完整。

4．检验批

检验批质量验收合格应符合下列规定：

（1）主控项目的质量经抽样检验均应合格；（2）一般项目的质量经抽样检验合格。当采用计数抽样时，合格点率应符合有关专业验收规范的规定，且不得存在严重缺陷。对于计数抽样的一般项目，正常检验一次、二次抽样可按《建筑工程施工质量验收统一标准》GB 50300—2013附录D判定；（3）具有完整的施工操作依据、质量验收记录。

三、程序

项目竣工验收是在参建单位完成自检合格的基础之上，由投资人组织各方责任主体以及相关政府职能部门参加的一个综合验收，验收组以法律法规、设计文件、施工验收规范、质量检验标准等为依据，按照一定的程序和手续对项目进行检验综合评价的一个活动。

建设项目竣工验收的实施一般由全过程工程咨询单位组织投资人、产权人、施工、专业咨询工程师等单位共同组成的竣工验收小组，按照竣工验收程序，对工程进行核查后，做出验收结论，形成竣工验收记录。下面详细介绍竣工验收计划的编制以及竣工验收的流程图。

（一）竣工交付验收总程序

竣工交付验收包括：（1）各承包人（施工单位）向全过程工程咨询单位的专业咨询工程师（监理）提出验收申请；（2）专业咨询工程师（监理）审查验收条件，由总咨询师组织各专业咨询工程师进行预验收；（3）项目内部验收通过；（4）各专项验收机构如消防、人防等参加专项验收；（5）全过程工程咨询单位协助投资人或产权人组织单位工程的验收；（6）全过程工程咨询单位协助投资人或产权人组织竣工验收；（7）工程交付投资人或产权人使用。竣工验收总程序如图6-2所示。

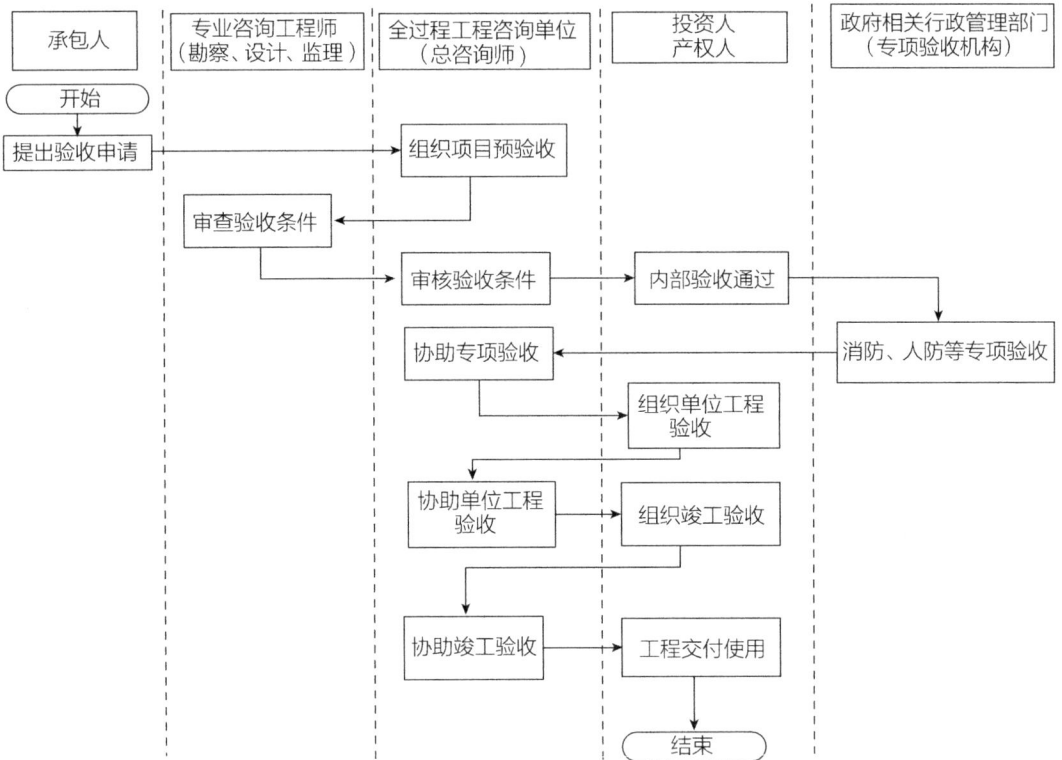

图6-2　竣工验收总程序

（二）竣工验收计划编制程序

（1）全过程工程咨询单位协助投资人或产权人组织专业咨询工程师（监理）、承包人（施工单位）制订项目竣工验收计划。项目竣工验收计划应列出清单，详细清理项目竣工验收工程的内容、责任单位、验收时间，做到安排的竣工验收计划有据可依。

（2）全过程工程咨询单位审核项目竣工验收计划。全过程工程咨询单位应全面掌握项目竣工验收条件，认真审核项目竣工验收内容，做到安排的竣工验收计划有具体可行的措施。

（3）投资人批准竣工验收计划。投资人调查核实项目竣工验收实际情况，按照报批程序执行，做到安排的竣工验收计划有可靠的保证。

（三）竣工验收程序

1. 专项工程验收程序

包括消防工程、人防工程以及环保等专项验收，验收程序如图6-3所示。

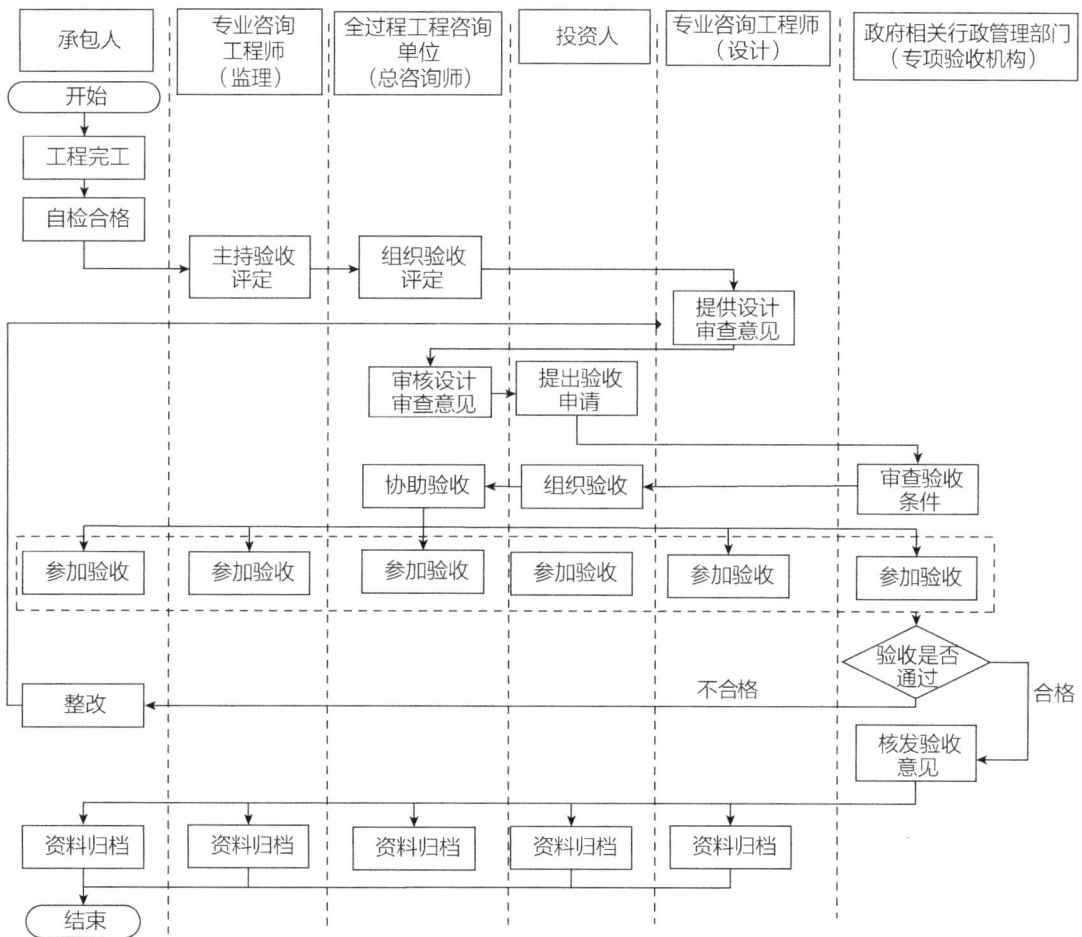

图6-3 专项工程验收程序

2. 单位工程竣工验收程序。

单位工程竣工验收程序如图6-4所示。

3. 工程竣工验收程序。

当整个建筑项目已按设计要求全部建设完成，并已符合竣工验收标准，全过程工程咨

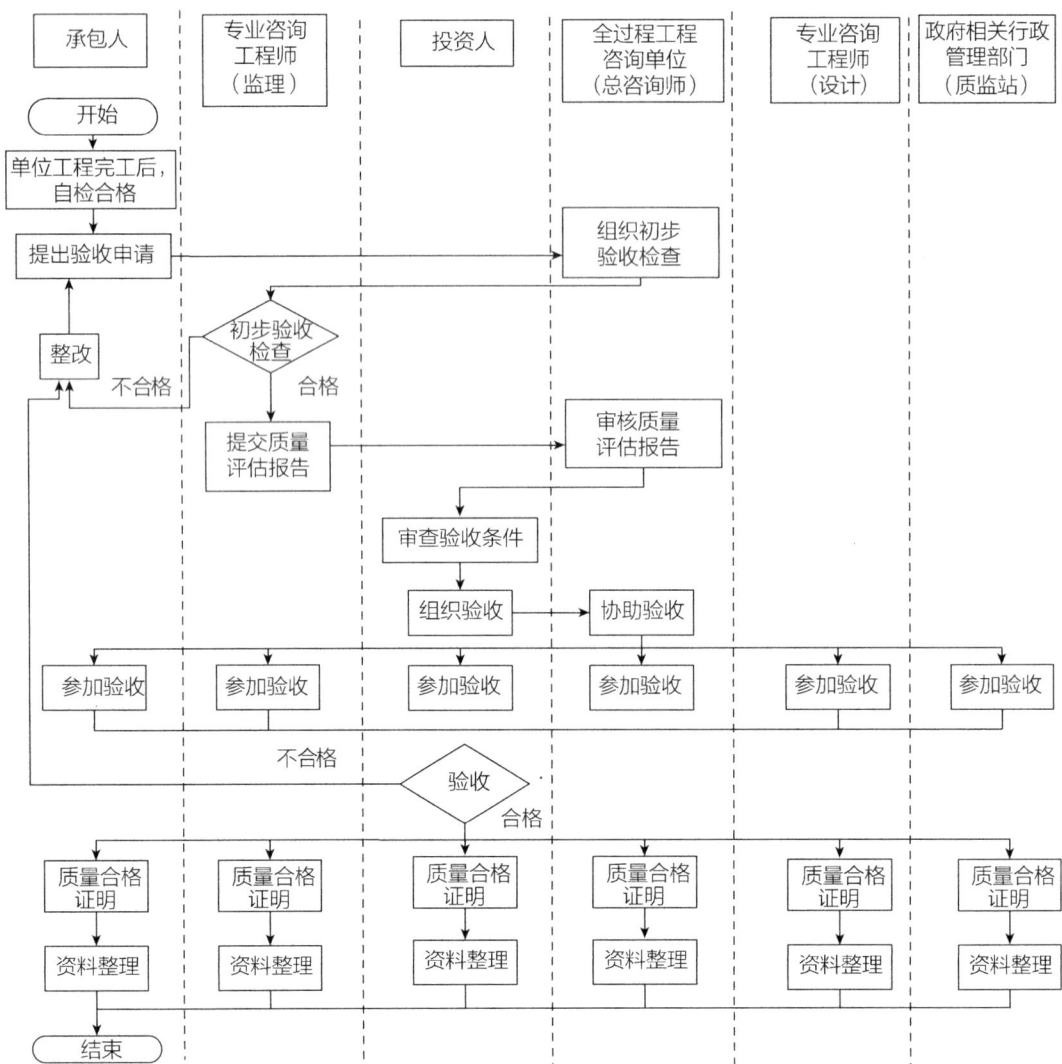

图6-4 单位工程验收程序

询单位组织监理部门的预验收已通过，应及时组织竣工验收，竣工验收具体流程，如图6-5所示。

（四）竣工验收记录

竣工验收备案过程形成的验收记录主要包括四项成果文件：

（1）验收组名单及竣工验收签到表；

（2）观感评定；

（3）竣工验收报告；

（4）竣工验收备案表。

承包人 | 专业咨询工程师（监理） | 投资人 | 全过程工程咨询单位（总咨询师） | 专业咨询工程师（勘察、设计） | 政府相关行政管理部门

开始
完成合同工程量
编制验收计划
提出验收申请 → 审核完成情况 → 复核完成情况
审查验收条件
协调预验收
主持预验收
参加预验收 | 参加预验收 | 参加预验收 | 参加预验收 | 参加预验收
施工总结 | 监理评估报告 | | | 质量检查报告
审核验收条件
确认验收条件 → 协助申请验收 —申请验收→ 审查验收条件
组织竣工验收
协助竣工验收
参加验收 | 参加验收 | 参加验收 | 参加验收 | 参加验收 | 参加验收
形成验收意见 → 整理验收意见
编写验收报告 ← 协助编写验收报告
资料整理 | 资料整理 | 资料整理 | 资料整理 | 资料整理
写建设工程竣工验收备案申请表 → 协助申请备案 → 备案
结束

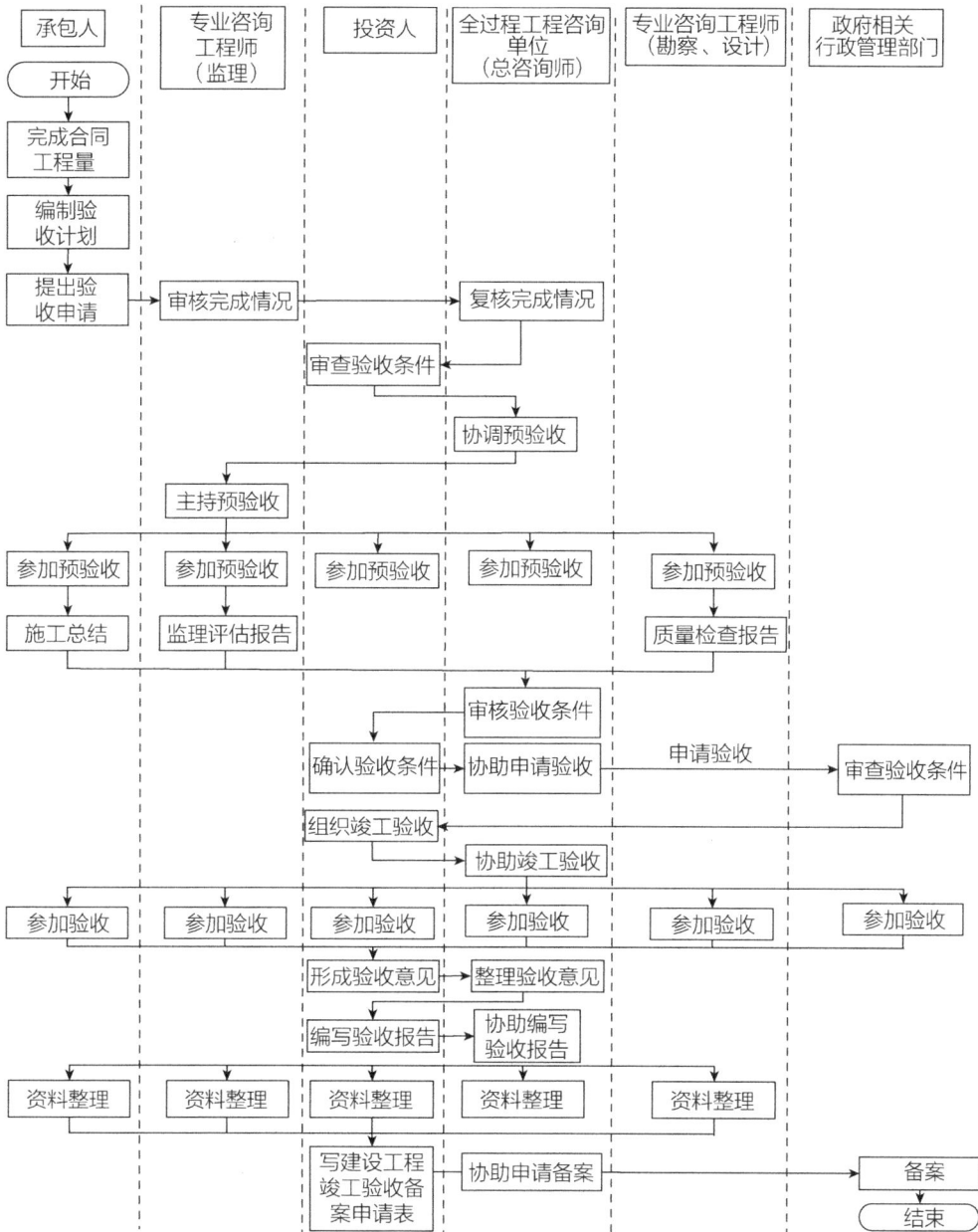

图6-5　工程竣工验收程序

四、注意事项

（1）生产链上下游相关配套工程是否与主体工程同步建成。

（2）运营投产或投产使用准备情况，包括岗位培训、物资准备、外部协作条件等是否已经落实，是否满足投产运营和安全生产的需求。

（3）机电和工艺设备选型配套及设备安装单体和系统调试情况，其中主要设备是否经

过空载单机试验、联动试运行等，以及试生产和第三国引进设备合同执行情况。

第三节 项目竣工结算

一、项目竣工结算编制

（一）依据

根据《建设项目工程结算编审规程》（中价协〔2010〕023号）规定，同时根据《建设工程造价咨询规范》GB/T 51095—2015进行补充，竣工结算编制依据包括：

（1）影响合同价款的法律、法规和规范性文件；

（2）现场踏勘复验记录；

（3）施工合同、专业分包合同及补充合同、有关材料、设备采购合同；

（4）与工程结算编制相关的国务院建设行政主管部门以及各省、自治区、直辖市和有关部门发布的建设工程造价计价标准、计价方法、计价定额、价格信息、相关规定等计价依据；

（5）招标文件、投标文件，包括招标答疑文件、投标承诺、中标报价书及其组成内容；

（6）工程施工图或竣工图、经批准的施工组织设计、设计变更、工程洽商、索赔与现场签证，以及相关的会议纪要；

（7）工程材料及设备中标价、认价单；

（8）发承包双方确认追加或核减的合同价款；

（9）经批准的开工、竣工报告或停工、复工报告；

（10）影响合同价款的其他相关资料。

（二）内容

1. 结算编制准备

（1）收集与工程结算相关的编制依据；

（2）熟悉招标文件、投标文件、施工合同、施工图纸等相关资料；

（3）掌握建设项目发承包方式、现场施工条件、应采用的工程计价标准、定额、费用标准、材料价格变化等情况；

（4）对工程结算编制依据进行分类、归纳、整理；

（5）召集工程结算人员对工程结算涉及的内容进行核对、补充和完善。

2. 结算编制

（1）根据工程施工图或竣工图以及施工组织设计进行现场踏勘，并做好书面或影像记录；

（2）按招标文件、施工合同约定方式和相应的工程量计算规则计算分部分项建设项目、措施项目或其他项目的工程量；

（3）按招标文件、施工合同规定的计价原则和计价办法对分部分项建设项目、措施项目或其他项目进行计价；

（4）对于工程量清单或定额缺项以及采用新材料、新设备、新工艺的，应根据施工过程中的合理消耗和市场价格，编制综合单价或单位估价分析表；

（5）工程索赔应按合同约定的索赔处理原则、程序和计算方法提出索赔费用；

（6）汇总计算工程费用，包括编制分部分项工程费、措施项目费、其他项目费、规费和税金，初步确定工程结算价格；

（7）编写编制说明；

（8）计算和分析主要技术经济指标；

（9）工程结算编制人编制工程结算的初步成果文件。

3．结算定稿

（1）工程结算审核人对初步成果文件进行审核；

（2）工程结算审定人对审核后的初步成果文件进行审定；

（3）工程结算编制人、审核人、审定人分别在工程结算成果文件上署名，并应签署造价工程师执业印章；

（4）工程结算文件经编制、审核、审定后，工程造价咨询企业的法定代表人或其授权人在成果文件上签字或盖章；

（5）工程造价咨询企业在正式的工程结算文件上签署工程造价咨询企业执业印章。

（三）程序

建设项目竣工结算应按准备、编制和定稿三个阶段进行，并实行编制人、校对人和审核人分别署名盖章确认的内部审核制度。

建设项目竣工结算编制程序如图6-6所示。

（四）注意事项

（1）承包人应尽职收集结算相关资料，如竣工图、招投标文件等；

（2）承包人要充分完善索赔证据，如开工、停工、复工的时间节点等。

二、项目竣工结算审核

（一）依据

（1）影响合同价款的法律、法规和规范性文件；

（2）现场踏勘复验记录；

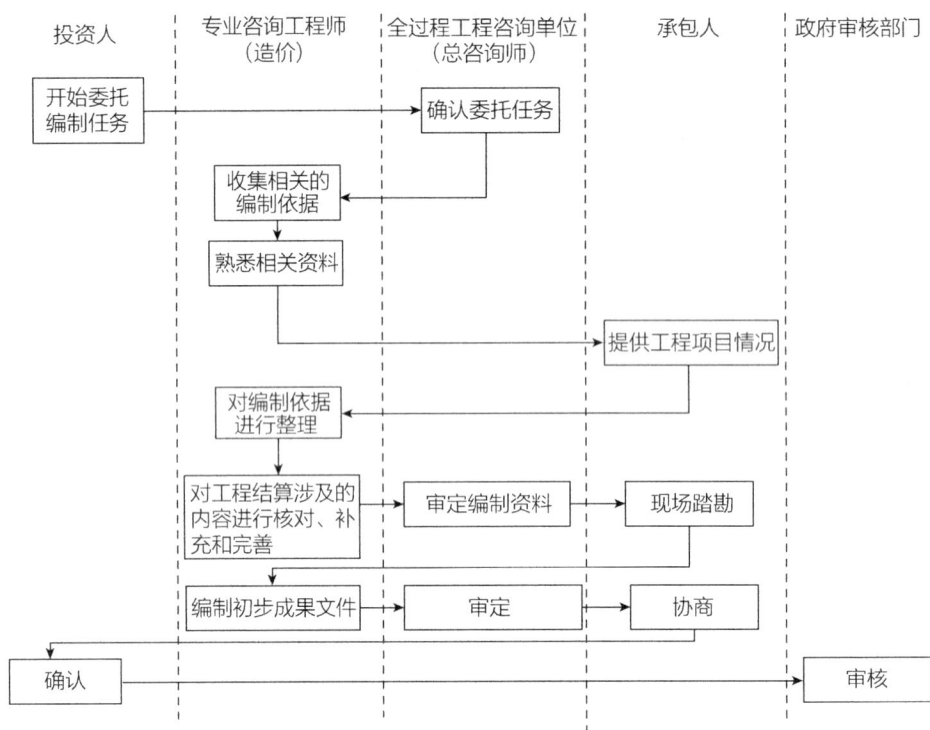

图6-6　结算编制流程图

（3）工程结算审查委托合同；

（4）完整、有效的工程结算书；

（5）施工合同、专业分包合同及补充合同、有关材料、设备采购合同；

（6）与工程结算编制相关的国务院建设行政主管部门以及各省、自治区、直辖市和有关部门发布的建设工程造价计价标准、计价方法、计价定额、价格信息、相关规定等计价依据；

（7）招标文件、投标文件，包括招标答疑文件、投标承诺、中标报价书及其组成内容；

（8）工程施工图或竣工图，及经批准的施工组织设计、设计变更、工程洽商、索赔与现场签证，以及相关的会议纪要；

（9）工程材料及设备中标价、认价单；

（10）发承包双方确认追加或核减的合同价款；

（11）经批准的开工、竣工报告或停工、复工报告；

（12）影响合同价款的其他依据。

（二）内容

1. 工程结算审查准备

（1）审查工程结算书的完备性、资料内容的完整性，对不符合要求的应退回，限时补正；

（2）审查计价依据及资料与工程结算的相关性、有效性；

（3）熟悉施工合同、招标文件、投标文件、主要材料设备采购合同及相关文件；

（4）熟悉竣工图纸或施工图纸、施工组织设计、工程概况，以及设计变更、工程洽商和工程索赔情况等；

（5）掌握工程量清单计价规范、工程预算定额等与工程相关的国家和当地建设行政主管部门发布的工程计价依据及相关规定。

2．工程结算审查

（1）审查工程结算的项目范围、内容与合同约定的项目范围、内容一致性；

（2）审查分部分项建设项目、措施项目或其他项目工程量计算准确性、工程量计算规则与计价规范保持一致性；

（3）审查分部分项综合单价、措施项目或其他项目时应严格执行合同约定或现行的计价原则、方法；

（4）对于工程量清单或定额缺项、错项以及新材料、新工艺，应根据施工过程中的合理消耗和市场价格，审核结算综合单价或单位估价分析表；

（5）审查变更签证凭证的真实性、有效性，核准变更工程费用的增减；

（6）审查索赔是否依据合同约定的索赔处理原则、程序和计算方法以及索赔费用的真实性、合法性、准确性；

（7）审查分部分项工程费、措施项目费、其他项目费或定额直接费、措施费、规费、企业管理费、利润和税金等结算价格时，应严格执行合同约定或相关费用计取标准及有关规定，并审查费用计取依据的时效性、相符性；

（8）提交工程结算审查初步成果文件，包括编制与工程结算相对应的工程结算审查对比表，待校对、复核。

3．工程结算审定

（1）工程结算审查初稿编制完成后，应召开由工程结算编制人、工程结算审查委托人及工程结算审查人共同参加的会议，听取意见，并进行合理的调整；

（2）由工程结算审查人的部门负责人对工程结算审查的初步成果文件进行检查校对；

（3）由工程结算审查人的审定人审核批准；

（4）发承包双方代表人或其授权委托人和工程结算审查单位的法定代表人应分别在"工程结算审定签署表"上签认并加盖公章；

（5）对工程结算审查结论有分歧的，应在出具工程结算审查报告前至少组织两次协调会；凡不能共同签认的，审查人可适时结束审查工作，并作出必要说明；

（6）在合同约定的期限内，向委托人提交经工程结算审查编制人、校对人、审核人签署执业或从业印章，以及工程结算审查人单位盖章确认的正式工程结算审查报告。

（三）程序

竣工结算审核工作应依据《建设项目工程结算编审规程》CECA/GC 3—2010，主要包括准备、审查和审定三个工作阶段进行，如图6-7所示。

（四）注意事项

（1）全过程工程咨询单位与施工单位就结算编制工作的交底；

（2）明确合同结算原则，澄清合同中与造价相关的不一致的内容；

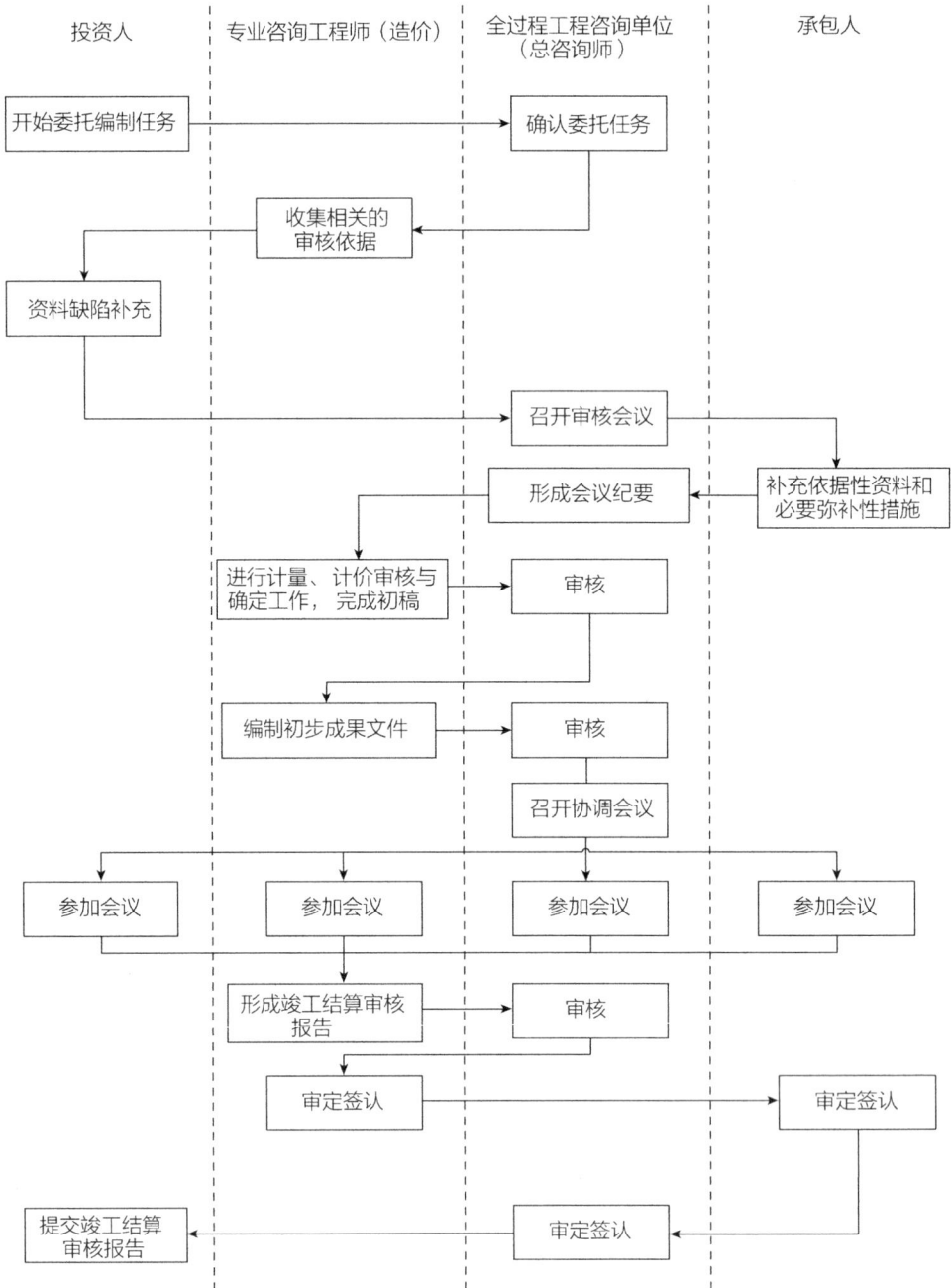

图6-7 结算审核流程图

（3）重点关注竣工图与现场是否吻合；

（4）设备材料的询价手续是否有效；

（5）施工期间的时间节点是否记录完整，并经各参与方签字确认，为人、材、机费用调整做结算准备。

第四节　项目竣工资料管理

建设项目的竣工资料管理工作非常重要，一切工程建设活动，无论其过程如何复杂，最终只能留下两个建设结果：一个是工程实体本身，另一个就是竣工资料。除建筑实体本身，竣工资料质量也是建设项目质量管理的重要组成部分。

一、依据

（一）法律法规

（1）《中华人民共和国档案法》（全国人大常委会〔1988〕）；

（2）《关于编制基本建设工程竣工图的几项暂行规定》（国家建设委员会〔1982〕50号）；

（3）《基本建设项目档案资料管理暂行规定》（国家档案局〔1988〕4号）；

（4）《建设工程质量管理条例》（国务院令〔2000〕279号2017修订）。

（二）相关标准

（1）《建筑工程施工质量验收统一标准》GB 50300—2013；

（2）《市政工程施工技术资料管理规定》（建设部建城〔2002〕221号）；

（3）《科学技术档案案卷构成的一般要求》GB/T 11822—2008；

（4）《建设工程监理规范》GB/T 50319—2013；

（5）《建设工程文件归档规范》GB/T 50328—2014；

（6）《照片档案管理规范》GB/T 1821—2002；

（7）《声像档案建档规范》ZKY/B-002-5-2006；

（8）《技术制图　复制图的折叠方法》GB/T 10609.3—2009；

（9）其他相关规定。

二、内容

竣工资料档案管理的主要内容包括归档资料的范围、质量要求，归档资料的立卷，资料的归档，档案的验收与移交。

（一）竣工资料归档的范围

对与工程建设有关的重要活动、记载工程建设主要过程和现状、具有保存价值的各种载体的文件，均应收集齐全，整理立卷后归档。归档资料可归纳为文字资料、竣工图以及声像资料三种类型。

具体归档范围应包括：

（1）工程准备阶段文件：工程开工以前，在立项、审批、征地、勘察、设计、招投标等工程准备阶段形成的文件；

（2）监理文件：专业咨询工程师（监理）在工程设计、施工等监理过程中形成的文件；

（3）施工文件：承包人在工程施工过程中形成的文件；

（4）竣工图：建设项目竣工验收后，真实反映建设项目施工结果的图样；

（5）竣工验收文件：建设项目竣工验收活动中形成的文件。

（二）竣工资料归档的质量要求

竣工归档的资料必须依照《建设工程文件归档规范》GB/T 50328—2014中对于归档文字资料、竣工图以及声像资料的要求来整理资料，文字资料、竣工图以及声像资料的归档要求如下：

1．文字资料归档质量要求

竣工文字资料归档的具体质量要求包括以下几个方面：

（1）归档的竣工文字资料必须为原件；

（2）竣工文字资料内容及其深度必须符合国家有关工程勘察、设计、施工、监理等方面的技术规范、标准和规程；

（3）竣工文字资料应采用耐久性强的书写材料，如碳素墨水、蓝黑墨水，不得使用易褪色的书写材料，如：红色墨水、纯蓝墨水、圆珠笔、复写纸、铅笔等；

（4）竣工文字资料应字迹清楚，图面整洁，不得使用易褪色的书写材料书写、绘制；

（5）竣工资料文字材料幅面尺寸规格宜为A4幅面（297mm×210mm）。图纸宜采用国家标准图幅；

（6）竣工文字资料的纸张应采用能够长期保存的韧力大、耐久性强的纸张。

2．竣工图归档质量要求

竣工图是建筑工程竣工档案的重要组成部分，是工程建设完成后主要凭据性材料，是建筑物实际施工的真实写照，是工程竣工验收的必备条件，是工程维修、管理、改建、扩建的依据，各项新建、改建、扩建项目均必须编制竣工图。竣工图归档的具体质量要求包括以下几个方面：

（1）竣工图的编制应在盖有设计院出图章、注册设计师章和设计审核章的蓝图上进行绘制，报送的竣工图图样清晰，图表整洁，无破损，签字盖章手续完备；

（2）绘制竣工图须符合制图规范，做到图形清晰和字迹工整。绘制与注记要用碳素墨水笔；

（3）所有竣工图均应加盖竣工图章。竣工图章的基本内容应包括："竣工图"字样、施工单位、编制人、审核人、技术负责人、编制日期、监理部门、现场监理、总监。"竣工图章"应使用不易褪色的红色印泥，应盖在图标栏上方空白处。还须加盖施工单位和监理部门公章；

（4）竣工图纸变更依据。主要包括：图纸会审记录、设计变更单、技术核定单、工程业务联系单等修改；

（5）图纸变更注记方法。竣工图必须与工程实物相符，与设计变更通知单等有关资料一致，所有修改内容必须修改到位，竣工图的修改、注记方法规定如下：

1）对于少量文字和数字的修改可用杠改法。即用一条实线将被修改的部分划去，在其附近适当的位置填写变更后的内容，并注明修改依据和注记人、注记日期；

2）对少量图形的修改可采用叉改法。即用"×"将被修改部分划去，在其附近适当的位置画上修改后的图形，注明修改内容及修改依据、注记人、注记日期；

3）对较多图形的修改，可采用蓝图粘贴法。即将变更较大的部分进行重新绘制或绘成底图后晒成蓝图剪下，粘贴在变更部分上，吻合相接成竣工图，并注明修改依据、注记人、注记日期；

4）图纸变更内容若超出图纸版面的1/3，需要重新制作新图；

（6）依据《国家基本建设委员会关于编制基本建设工程竣工图的几项暂行规定》中规定，工程竣工验收前，建设单位应组织、督促和协助各设计、施工单位检验各自负责的竣工图编制工作，发现有不准确或短缺时，要及时采取措施修改和补齐。竣工图要作为工程交工验收的条件之一。竣工图不准确、不完整、不符合归档要求的，不能交工验收。在特殊情况下，也可按交工验收时双方议定的限期补交竣工图。

3．声像资料归档质量要求

建设项目声像资料主要是指在城市规划、建设、管理活动中直接形成的，具有保存价值的照片、底片（包括反转片）、影片、录像带、光盘及磁性载体，以声像为主，辅以文字说明的历史记录。全过程工程咨询单位应向城建档案管理机构报送的声像资料主要有：建设项目的照片档案、录像档案和相应的文字说明。具体要求如表6-1所示。

建设项目声像资料归档质量要求一览表　　　　　　　　　　　　　表6-1

序号	声像资料类型	归档质量要求
1	照片档案	① 主体明确、影像清晰、画面完整、未加修饰剪裁； ② 能体现工程竣工后的外观、设计特色、地理位置； ③ 以传统感光材料为载体的照片需报送底片、正片（照片）； ④ 使用数码相机拍摄，其影像不能进行后期加工，光学分辨率不得小于400万有效像素（不允许插值）

序号	声像资料类型	归档质量要求
2	录像档案	① 主题明确、内容连贯简洁、影像清晰、镜头平稳； ② 需注明建设项目所在的地理位置、外观、周围环境、人防设施、消防设施、水电设施、保安设施、标准房、标准层、设计特色、建筑特色等； ③ 报送第一代素材录像带，以及编辑后成品带或光盘（DVD或以上素质的格式）
3	文字说明	包括：工程名称、建设单位名称、设计单位、施工单位、地点、开工日期、竣工日期、投资额、占地面积、建筑面积、结构、层数、摄影日期、摄影者等

（三）竣工资料的立卷

（1）立卷的原则和方法。立卷应遵循工程文件的自然形成规律，保持卷内文件的有机联系，便于档案的保管和利用；一个建设项目由多个单位工程组成时，工程文件应按单位工程组卷；案卷不宜过厚，一般不超过40mm，不同载体的文件一般应分别组卷。

（2）卷内文件的排列。文字材料按事项、专业顺序排列。同一事项的请示与批复、同一文件的印本与定稿、主件与附件不能分开，并按批复在前、请示在后，印本在前、定稿在后，主件在前、附件在后的顺序排列；图纸按专业排列，同专业图纸按图号顺序排列；既有文字材料又有图纸的案卷，文字材料排前，图纸排后。

（3）案卷的编目。立卷目录编制内容包括卷内文件页号、卷内备考表、案卷封面，具体如表6-2所示。

立卷目录编制内容一览表   表6-2

序号	立卷目录	具体内容
1	卷内文件页号	① 卷内文件均按有书写内容的页面编号。每卷单独编号，页号从"1"开始； ② 页号编写位置：单面书写的文件在右下角；双面书写的文件，正面在右下角，背面在左下角。折叠后的图纸一律在右下角； ③ 成套图纸或印刷成册的科技文件材料，自成一卷的，原目录可代替卷内目录，不必重新编定页码； ④ 案卷封面、卷内目录、卷内备考表不编定页号
2	卷内目录的编制	① 卷内目录式样宜符合《建设工程档案管理规范》的要求； ② 序号：以一份文件为单位，用阿拉伯数字从1依次标注； ③ 成套图纸或印刷成册的科技文件材料，自成一卷的，原目录可代替卷内目录，不必重新编定页码； ④ 文件编号：填写工程文件原有的文号或图号； ⑤ 文件题名：填写文件标题的全称； ⑥ 日期：填写文件形式的日期； ⑦ 页次：填写文件在卷内所排的起始页号，最后一份文件填写起止页号； ⑧ 卷内目录排列在卷内文件首页之前
3	卷内备考表	① 卷内备考表的式样宜符合《建设工程档案管理规范》的要求； ② 卷内备考表主要标明卷内文件的总页数、各类文件页数（照片张数），以及立卷单位对案卷情况的说明； ③ 卷内备考表排列在卷内文件的尾页之后

序号	立卷目录	具体内容
4	案卷封面	① 案卷封面印刷在卷盒、卷夹的正表面，也可采用内封面形式。案卷封面的式样宜符合《建设工程档案管理规范》的要求；② 案卷封面的内容应包括：档号、档案馆代号、案卷题名、编制单位、起止日期、密级、保管期限、共几卷、第几卷；③ 档号应由分类号、项目号和案卷卷号组成，档号由档案保管单位填写；④ 档案馆代号应填写国家给定的本档案馆的编号。档案馆代号由档案馆填写等

（4）案卷装订。案卷可采用装订与不装订两种形式。文字材料必须装订。既有文字材料，又有图纸的案卷应装订。装订应采用线绳三孔左侧装订法，要整齐、牢固，便于保管和利用；装订时必须剔除金属物。

（四）竣工资料的归档

（1）竣工资料归档时间。根据建设程序和工程特点，归档可以分阶段分期进行，也可以在单位或分部工程通过竣工验收后进行；勘察、设计单位应当在任务完成时，施工、监理部门应当在工程竣工验收前，将各自形成的有关工程档案向建设单位归档。

（2）工程档案一般不少于两套，一套由投资人保管，一套（原件）移交当地城建档案馆（室）。

（3）勘察、设计、施工、监理等单位移交档案时，编制移交清单，双方签字、盖章后方可交接。

（4）凡设计、施工及监理部门需要向本单位归档的文件，应按国家有关规定和本规范《建设工程档案管理规范》的要求单独立卷归档。

（五）竣工档案的验收

（1）列明城建档案馆（室）档案接收范围的工程，全过程工程咨询单位在组织工程竣工验收前，应提请城建档案管理机构对工程档案进行预验收。建设单位未取得城建档案管理机构出具的认可文件，不得组织工程竣工验收。

（2）城建档案管理部门在进行工程档案验收时，应重点验收以下内容：

1）工程档案齐全、系统、完整；

2）工程档案的内容真实、准确地反映工程建设活动和工程实际状况；

3）工程档案已整理立卷，立卷符合本规范的规定；

4）竣工图绘制方法、图式及规格等符合专业技术要求，图面整洁，盖有竣工图章；

5）文件的形成、来源符合实际，要求单位或个人签章的文件，其签章手续完备；

6）文件材质、幅面、书写、绘图、用墨、托裱等符合要求。

（六）管理原则

档案管理体现了单位的管理水平。管理好工程档案，既有利于搞好工程的建设，又有利于工程的后续管理工作。有效地进行档案管理主要集中在以下几方面：

（1）要有规章制度。工程建设档案涉及的单位和人员较多，全过程工程咨询单位应分析建设项目的特点，建立健全管理规章，规范文件的收发、起草、签发、借阅、档案等行为，认真抓好规章制度的执行。规章制度不健全、不落实，档案工作就很难做好。

（2）要熟悉有关业务。工程档案管理专业性强、业务范围广、涉及法律法规较多，相关领导和档案管理人员应尽可能多地了解国家有关法律法规，了解工程建设的业务知识，熟悉档案管理相关知识。

（3）要形成督导机制。全过程工程咨询单位要加强对其他单位档案管理工作的督导，在工程建设过程中督促检查各参建单位工程文件的形成、收集、整理和立卷归档工作。工程验收后，要进一步加大力度，采取经济等手段督促各参建单位尽快完成归档工作。

（七）管理方法

（1）工程准备阶段文件、竣工验收文件、监理文件可按建设项目或单位工程单独组卷。

（2）施工文件应按单位工程组卷，并应符合相关规定。

（3）竣工图按单位工程分专业分别组卷。

（4）案卷的厚度：案卷厚薄要适中，文件材料卷厚控制在1.5cm，不宜超过2cm，图纸厚度不宜超过3cm。

（5）工程资料可根据当地建设工程文件归档内容及排序中的标题，依据案卷厚度组成一卷或多卷，也可合卷。

三、程序

各单位应按全过程工程咨询单位对本项目工程竣工资料整理归档的相关规定及国家有关文件的规定进行整理，完成后施工单位内部初验，初验合格后向监理部门递交验收申请，监理部门进行复验。复验合格后，由监理部门向全过程工程咨询单位提交竣工资料验收申请，投资人审核合格后做好向城建档案馆归档的相关准备工作。对验收不合格的竣工资料，由监理返还给编制单位重新整理和完善，直至所有资料满足整理及归档要求为止，流程如图6-8所示。

四、注意事项

（1）凡有引进技术或引进设备的建设项目，要做好引进技术和引进设备的图纸、文件的收集、整理工作，无论通过何种渠道得到的与引进技术或引进设备有关的档案资料，均应交档案部门统一管理。档案部门要加强提供利用的手段和措施，保证使用。

（2）对超过保管期限的基本建设项目档案资料必须进行鉴定，对已失去保存价值的档案资料，经过一定的审批手续，登记造册后方可处理。保密的档案资料应按保密规定进行管理。

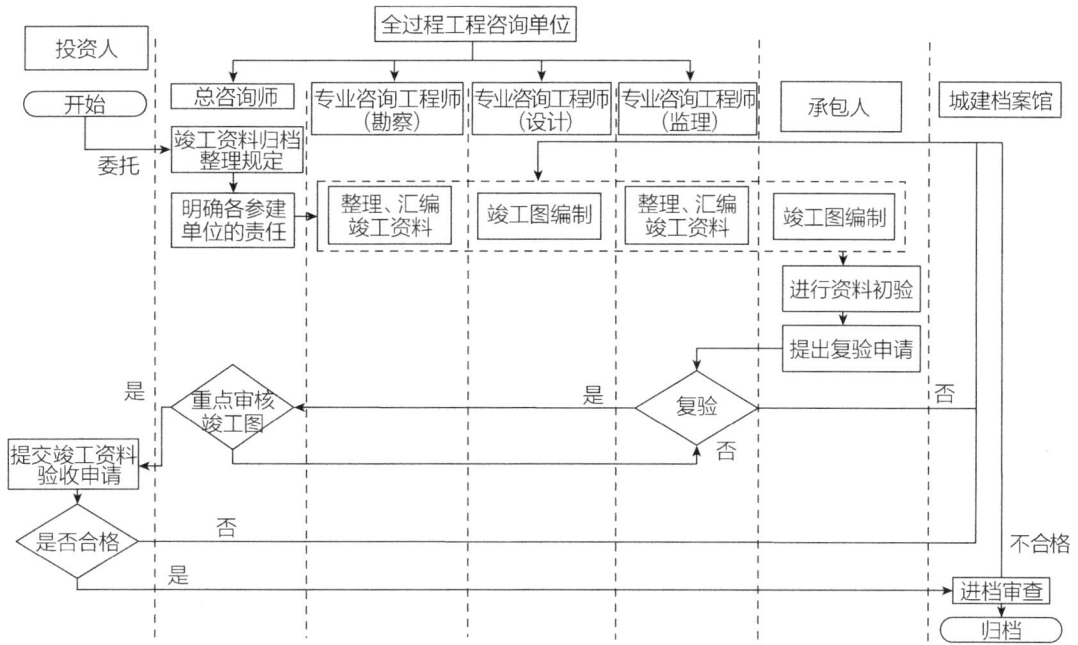

图6-8　竣工资料管理流程图

第五节　项目竣工移交

一、项目竣工档案移交

（一）依据

建设项目竣工档案移交时应严格按照国家相关规定开展工作，其主要依据包括：

（1）《基本建设项目档案资料管理暂行规定》（国档发〔1988〕4号）；

（2）《建设工程文件归档规范》GB/T 50328—2014；

（3）《国家重大建设项目文件归档要求与档案整理规范》DA/T 28—2002；

（4）其他规定。

（5）全过程工程咨询单位的知识和经验体系；

（二）内容

竣工归档文件的归档范围及保管期限按《建设工程文件归档规范》GB/T 50328—2014
的规定执行。

1．工程准备阶段文件

文件归档范围及保管期限详见表6-3。

序号	归档文件	保存单位和保管期限				
		投资人（建设单位）	承包人（施工单位）	全过程工程咨询单位		城建档案馆
				设计	监理	
一	立项文件					
1	项目建议书	永久				√
2	项目建议书审批意见及前期工作通知书	永久				√
3	可行性研究报告及附件	永久				√
4	可行性研究报告审批意见	永久				√
5	关于立项有关的会议纪要、领导讲话	永久				√
6	专家建议文件	永久				√
7	调查资料及项目评估研究材料	长期				√
二	建设用地、征地、拆迁文件					
1	选址申请及选址规划意见通知书	永久				√
2	用地申请报告及县级以上人民政府城乡建设用地批准书	永久				√
3	拆迁安置意见、协议、方案等	长期				√
4	建设用地规划许可证及其附件	永久				√
5	划拨建设用地文件	永久				√
6	国有土地使用证	永久				√
三	勘察、测绘、设计文件					
1	工程地质勘察报告	永久		永久		√
2	水文地质勘察报告、自然条件、地震调查	永久		永久		√
3	建设用地钉桩通知单（书）	永久				√
4	地形测量和拔地测量成果报告	永久		永久		√
5	申报的规划设计条件和规划设计条件通知书	永久		长期		√
6	初步设计图纸和说明	长期		长期		
7	技术设计图纸和说明	长期		长期		
8	审定设计方案通知书及审查意见	长期		长期		√
9	有关行政主管部门（人防、环保、消防、交通、园林、市政、文物、通信、保密、河湖、教育、白蚁防治、卫生等）批准文件或取得的有关协议	永久				√
10	施工图及其说明	长期		长期		
11	设计计算书	长期		长期		
12	政府有关部门对施工图设计文件的审批意见	永久		长期		√
四	招投标文件					
1	勘察设计招投标文件	长期				
2	勘察设计承包合同	长期		长期		√

序号	归档文件	保存单位和保管期限				
		投资人（建设单位）	承包人（施工单位）	全过程工程咨询单位		城建档案馆
				设计	监理	
3	施工招投标文件	长期				
4	施工承包合同	长期	长期			√
5	工程监理招投标文件	长期				
6	监理委托合同	长期			长期	√
五	开工审批文件					
1	建设项目列入年度计划的申报文件	永久				√
2	建设项目列入年度的批复文件或年度计划项目表	永久				√
3	规划审批申报表及报送的文件和图纸	永久				
4	建设工程规划许可证及其附件	永久				√
5	建设工程开工审查表	永久				
6	建设工程施工许可证	永久				√
7	投资许可证、审计证明、缴纳绿化建设费等证明	长期				√
8	工程质量监督手续	长期				√
六	财务文件					
1	工程投资估算材料	短期				
2	工程设计概算材料	短期				
3	施工图预算材料	短期				
4	施工预算	短期				
七	建设、施工、监理机构及负责人					
1	建设项目管理机构（项目经理部）及负责人名单	长期				√
2	建设项目监理机构（项目监理部）及负责人名单	长期			长期	√
3	建设项目施工管理机构（施工项目经理部）及负责人名单	长期	长期			√

2. 监理文件

文件归档范围及保管期限如表6-4所示。

监理文件归档范围及保管期限一览表 　　　　表6-4

序号	归档文件	建设单位	全过程工程咨询单位（监理）	城建档案馆
一	监理规划			
1	监理规划	长期	短期	√
2	监理实施细则	长期	短期	√
3	监理部总控制计划等	长期	短期	

序号	归档文件	建设单位	全过程工程咨询单位（监理）	城建档案馆
4	监理月报中的有关质量问题	长期	长期	√
5	监理会议纪要中的有关质量问题	长期	长期	√
二	进度控制			
1	工程开工/复工审批表	长期	长期	√
2	工程开工/复工暂停令	长期	长期	√
三	质量控制			
1	不合格项目通知	长期	长期	√
2	质量事故报告及处理意见	长期	长期	√
四	造价控制			
1	预付款报审与支付	短期		
2	月付款报审与支付	短期		
3	设计变更、洽商费用报审与签认	长期		
4	工程竣工决算审核意见书	长期		√
五	分包资质			
1	分包单位资质材料	长期		
2	供货单位资质材料	长期		
3	试验等单位资质材料	长期		
六	监理通知			
1	有关进度控制的监理通知	长期	长期	
2	有关质量控制的监理通知	长期	长期	
3	有关造价控制的监理通知	长期	长期	
七	合同与其他事项管理			
1	工程延期报告及审批	永久	长期	√
2	费用索赔报告及审批	长期	长期	
3	合同争议、违约报告及处理意见	永久	长期	√
4	合同变更材料	长期	长期	√
八	监理工作总结			
1	专题总结	长期	短期	
2	月报总结	长期	短期	
3	工程竣工总结	长期	长期	√
4	质量评价意见报告	长期	长期	√

3. 施工文件

文件的归档范围及保管期限具体内容和要求，如表6-5所示。

序号	归档文件	投资人	承包人	全过程工程咨询单位		城建档案馆
				设计	监理	
一	建设安装工程					
（一）	土建（建筑与结构）工程					
1	施工技术准备文件					
（1）	施工组织设计	长期				
（2）	技术交底	长期	长期			
（3）	图纸会审记录	长期	长期	长期		√
（4）	施工预算的编制和审查	短期	短期			
（5）	施工日志	短期	短期			
2	施工现场准备					
（1）	控制网设置资料	长期	长期			√
（2）	工程定位测量资料	长期	长期			√
（3）	基槽开挖线测量资料	长期	长期			√
（4）	施工安全措施	短期	短期			
（5）	施工环保措施	短期	短期			
3	地基处理记录					
（1）	地基钎探记录和钎探平面布点图	永久	长期			√
（2）	验槽记录和地基处理记录	永久	长期			√
（3）	桩基施工记录	永久	长期			√
（4）	试桩记录	长期	长期			√
4	工程图纸变更记录					
（1）	设计会议会审记录	永久	长期	长期		√
（2）	设计变更记录	永久	长期	长期		√
（3）	工程洽商记录	永久	长期	长期		√
5	施工材料预制构件质量证明文件及复试试验报告					
（1）	砂、石、砖、水泥、钢筋、防水材料、隔热保温、防腐材料、轻集料试验汇总表	长期				√
（2）	砂、石、砖、水泥、钢筋、防水材料、隔热保温、防腐材料、轻集料出厂证明文件	长期				√
（3）	砂、石、砖、水泥、钢筋、防水材料、轻集料复试试验报告	长期				√
（4）	预制构件（钢、混凝土）出厂合格证、试验记录	长期				√
（5）	工程物质选样送审表	短期				
（6）	进场物质批次汇总表	短期				
（7）	工程物质进场报验表	短期				

序号	归档文件	投资人	承包人	全过程工程咨询单位		城建档案馆
				设计	监理	
6	施工试验记录					
（1）	土壤（素土、灰土）干密度试验报告	长期				√
（2）	土壤（素土、灰土）击实试验报告	长期				√
（3）	砂浆配合比通知单	长期				
（4）	砂浆（试块）抗压强度试验报告	长期				√
（5）	混凝土配合比通知单	长期				
（6）	混凝土（试块）抗压强度试验报告	长期				√
（7）	混凝土抗渗试验报告	长期				√
（8）	商品混凝土出厂合格证、复试报告	长期				√
（9）	钢筋接头（焊接）试验报告	长期				√
（10）	防水工程试水检查记录	长期				
（11）	楼地面、屋面坡度检查记录	长期				
（12）	土壤、砂浆、混凝土、钢筋连接、混凝土抗渗试验报告汇总表	长期				√
7	隐蔽工程检查记录					
（1）	基础和主体结构钢筋工程	长期	长期			√
（2）	钢结构工程	长期	长期			√
（3）	防水工程	长期	长期			√
（4）	高程控制	长期	长期			
8	施工记录					
（1）	工程定位测量检查记录	永久	长期			√
（2）	预检工程检查记录	短期				
（3）	冬施混凝土搅拌测温记录	短期				
（4）	冬施混凝土养护测温记录	短期				
（5）	烟道、垃圾道检查记录	短期				
（6）	沉降观测记录	长期				√
（7）	结构吊装记录	长期				
（8）	现场施工预应力记录	长期				√
（9）	工程竣工测量	长期	长期			√
（10）	新型建筑材料	长期	长期			√
（11）	施工新技术	长期	长期			√
9	工程质量事故处理记录	永久				√
10	工程质量检验记录					

序号	归档文件	投资人	承包人	全过程工程咨询单位		城建档案馆
				设计	监理	
（1）	检验批质量验收记录	长期	长期		长期	
（2）	分面工程质量验收记录	长期	长期		长期	
（3）	基础、主体工程验收记录	永久	长期		长期	√
（4）	幕墙工程验收记录	永久	长期		长期	√
（5）	分部（子分部）工程质量验收记录	永久	长期		长期	√
（二）	电气、给水排水、消防、采暖、通风、空调、燃气、建筑智能化、电梯工程					
1	一般施工记录					
（1）	施工组织设计	长期	长期			
（2）	技术交底	短期				
（3）	施工日志	短期				
2	图纸变更记录					
（1）	图纸会审	永久	长期			√
（2）	设计变更	永久	长期			√
（3）	工程洽商	永久	长期			√
3	设备、产品质量检查、安装记录					
（1）	设备、产品质量合格证、质量保证书	长期	长期			√
（2）	设备装箱单、商检证明和说明书、开箱报告	长期				
（3）	设备安装记录	长期				√
（4）	设备试运行记录	长期				√
（5）	设备明细表	长期	长期			√
4	预检记录	短期				
5	隐蔽工程检查记录	长期	长期			
6	施工试验记录					
（1）	电气接地电阻、绝缘电阻、综合布线、有线电视末端等测试记录	长期				√
（2）	楼宇自控、监视、安装、视听、电话等系统调试记录	长期				√
（3）	变配电设备安装、检查、通电、满负荷测试记录	长期				√
（4）	给水排水、消防、采暖、通风、空调、燃气等管道强度、严密性、灌水、通风、吹洗、漏风、试压、通球、阀门等试验记录	长期				√
（5）	电梯照明、动力、给水排水、消防、采暖、通风、空调、燃气等系统调试、试运行记录	长期				√
（6）	电梯接地电阻、绝缘电阻测试记录；空载、半载、满载、超载试运行记录；平衡、运速、噪声调整试验报告	长期				√

序号	归档文件	投资人	承包人	全过程工程咨询单位		城建档案馆
				设计	监理	
（7）	质量事故处理记录	永久	长期			√
（8）	工程质量检验记录					
（1）	检验批质量验收记录	长期	长期		长期	
（2）	分项工程质量验收记录	长期	长期		长期	
（3）	分部（子分部）工程质验收记录	永久	长期		长期	√
（三）	室外工程					
1	室外安装（给水、雨水、污水、热力、燃气、电讯、电力、照明、电视、消防等）施工文件	长期				√
2	室外建筑环境（建筑小品、水景、道路、园林绿化等）施工文件	长期				√
二	市政基础设施工程					
（一）	施工技术准备					
1	施工组织设计	短期	短期			
2	技术交底	长期	长期			
3	图纸会记录	长期	长期			√
4	施工预算的编制和审查	短期	短期			
（二）	施工现场准备					
1	工程定位测量资料	长期	长期			√
2	工程定位测量复核记录	长期	长期			√
3	导线点、水准点测量复核记录	长期	长期			√
4	工程轴线、定位桩、高程测量复核记录	长期	长期			√
5	施工安全措施	短期	短期			
6	施工环保措施	短期	短期			
（三）	设计变更、洽商记录					
1	设计变更通知单	长期	长期			√
2	洽商记录	长期	长期			√
（四）	原材料、成品、半成品、构配件设备出厂质量合格证及试验报告					
1	砂、石、砌块、水泥、钢筋（材）、石灰、沥青、涂料、混凝土外加剂、防水材料、粘接材料、焊接材料等试验汇总表	长期				√
2	砂、石、砌块、水泥、钢筋（材）、石灰、沥青、涂料、混凝土外加剂、防水材料、粘接材料、防腐保温材料、焊接材料等质量合格证书和出厂检（试）验报告及现场复试报告	长期				√
3	水泥、石灰、粉煤灰混合料；沥青混合料等试验汇总表	长期				√

序号	归档文件	投资人	承包人	全过程工程咨询单位 设计	全过程工程咨询单位 监理	城建档案馆
4	水泥、石灰、粉煤灰混合料；沥青混合料、商品混凝土等出厂合格证和试验报告、现场复试报告	长期				√
5	混凝土预制构件、管材、管件、钢结构构件等试验汇总表	长期				√
6	混凝土预制构件、管材、管件、钢结构构件等出厂合格证书和相应的施工技术资料	长期				√
7	厂站工程的成套设备、预应力混凝土张拉设备等汇总表	长期				√
8	厂站工程的成套设备、预应力混凝土张拉设备、各类地下管线井室设施、产品等出厂合格证书及安装使用说明	长期				√
9	设备开箱报告	短期				
（五）	施工试验记录					
1	砂浆、混凝土试块强度、钢筋（材）焊连接、试验等汇总表	长期				
2	道路压实度、强度试验记录					
（1）	回填土、路床压实试验及土质最大干密度和最佳含水量试验报告	长期				√
（2）	石灰类、水泥类、二灰类无机混合料基层的标准击实试验报告	长期				√
（3）	道路基层混合料强度试验记录	长期				√
（4）	道路面层压实度试验记录	长期				√
3	混凝土试块强度试验记录					
（1）	混凝土配合比通知单	短期				
（2）	混凝土试块强度试验报告	长期				√
（3）	混凝土试块抗渗、抗冻试验报告	长期				√
（4）	混凝土试块强度统计、评定记录	长期				√
4	砂浆试块强度试验记录					
（1）	砂浆配合比通知单	短期				
（2）	砂浆试块强度试验报告	长期				√
（3）	砂浆试块强度统计、评定记录	长期				√
5	钢筋（材）焊、连接试验报告	长期				√
6	钢管、钢结构安装及焊缝处理外观质量检查记录	长期				
7	桩基础试（检）验报告	长期				√
8	工程物质选样送审记录	短期				
9	进场物质批次汇总记录	短期				
10	工程物质进场报验记录	短期				
（六）	施工记录					
1	地基与基槽验收记录					

序号	归档文件	投资人	承包人	全过程工程咨询单位		城建档案馆
				设计	监理	
（1）	地基纤探记录及钎探位置图	长期	长期			√
（2）	地基与基槽验收记录	长期	长期			√
（3）	地基处理记录及示意图	长期	长期			√
2	桩基施工记录					
（1）	桩基位置平面示意图	长期	长期			√
（2）	打桩记录	长期	长期			√
（3）	钻孔桩钻进记录及成孔质量检查记录	长期	长期			√
（4）	钻孔（挖孔）桩混凝土浇灌记录	长期	长期			√
3	构件设备安装和调试记录					
（1）	钢筋混凝土大型预制构件、钢结构等吊装记录	长期	长期			
（2）	厂（场）、站工程大型设备安装调试记录	长期	长期			√
4	预应力张拉记录					
（1）	预应力张拉记录表	长期				√
（2）	预应力张拉孔道压浆记录	长期				√
（3）	孔位示意图	长期				√
5	沉井工程下沉观测记录	长期				√
6	混凝土浇灌记录	长期				
7	管道、箱涵等建设项目推进记录	长期				√
8	构筑物沉降观测记录	长期				√
9	施工测温记录	长期				
10	预制安装水池壁板缠绕钢丝应力测定记录	长期				√
（七）	预检记录					
1	模板预检记录	短期				
2	大型构件和设备安装前预检记录	短期				
3	设备安装位置检查记录	短期				
4	管道安装检查记录	短期				
5	补偿器冷拉及安装情况记录	短期				
6	支（吊）架位置、各部位连接方式等检查记录	短期				
7	供水、供热、供气管道吹（冲）洗记录	短期				
8	保温、防腐、油漆等施工检查记录	短期				
（八）	隐蔽工程检查（验收）记录	长期	长期			√
（九）	工程质量检查评定记录					
1	工序工程质量评定记录	长期	长期			

序号	归档文件	投资人	承包人	全过程工程咨询单位 设计	全过程工程咨询单位 监理	城建档案馆
2	部位工程质量评定记录	长期	长期			
3	分部工程质量评定记录	长期	长期			√
（十）	功能性试验记录					
1	道路工程的弯沉试验记录	长期				√
2	桥梁工程的动、静载试验记录	长期				√
3	无压力管道的严密性试验记录	长期				√
4	压力管道的强度试验、严密性试验、通球试验等记录	长期				√
5	水池满水试验	长期				√
6	消化池气密性试验	长期				√
7	电气绝缘电阻、接地电阻测试记录	长期				√
8	电气照明、动力试运行记录	长期				√
9	供热管网、燃气管网等管网试运行记录	长期				√
10	燃气储罐总体试验记录	长期				√
11	电讯、宽带网等试运行记录	长期				√
（十一）	质量事故及处理记录					
1	工程质量事故报告	永久	长期			√
2	工程质量事故处理记录	永久	长期			√
（十二）	竣工测量资料					
1	建筑物、构筑物竣工测量记录及测量示意图	永久	长期			√
2	地下管线工程竣工测量记录	永久	长期			√

4. 竣工图

归档范围及保管期限如表6-6所示。

竣工图归档范围及保管期限　　　　　　　　　　表6-6

序号	归档文件	投资人	承包人	城建档案馆
一	建筑安装工程竣工图			
（一）	综合竣工图			
1	综合图			√
（1）	总平面布置图（如建筑、建筑小品、水景、照明、道路、绿化等）	永久	长期	√
（2）	竖向布置图	永久	长期	√
（3）	室外给水、排水、热力、燃气等管网综合图	永久	长期	√

序号	归档文件	投资人	承包人	城建档案馆
（4）	电气（包括电力、电讯、电视系统等）综合图	永久	长期	√
（5）	设计总说明书	永久	长期	√
2	室外专业图		长期	
（1）	室外给水	永久	长期	√
（2）	室外雨水	永久	长期	√
（3）	室外污水	永久	长期	√
（4）	室外热力	永久	长期	√
（5）	室外燃气	永久	长期	√
（6）	室外电讯	永久	长期	√
（7）	室外电力	永久	长期	√
（8）	室外电视	永久	长期	√
（9）	室外建筑小品	永久	长期	√
（10）	室外消防	永久	长期	√
（11）	室外照明	永久	长期	√
（12）	室外水景	永久	长期	√
（13）	室外道路	永久	长期	√
（14）	室外绿化	永久	长期	√
（二）	专业竣工图			
1	建筑竣工图	永久	长期	√
2	结构竣工图	永久	长期	√
3	装修（装饰）工程竣工图	永久	长期	√
4	电气工程（智能化工程）竣工图	永久	长期	√
5	给排水工程（消防工程）竣工图	永久	长期	√
6	采暖通风空调工程竣工图	永久	长期	√
7	燃气工程竣工图	永久	长期	√
二	市政基础设施工程竣工图			
1	道路工程	永久	长期	√
2	桥梁工程	永久	长期	√
3	广场工程	永久	长期	√
4	隧道工程	永久	长期	√
5	铁路、公路、航空、水运等交通工程	永久	长期	√
6	地下铁道等轨道交通工程	永久	长期	√
7	地下人防工程	永久	长期	√
8	水利防灾工程	永久	长期	√
9	排水工程	永久	长期	√

序号	归档文件	投资人	承包人	城建档案馆
10	供水、供热、供气、电力、电讯等地下管线工程	永久	长期	√
11	高压架空输电线工程	永久	长期	√
12	污水处理、垃圾处理处置工程	永久	长期	√
13	场、厂、站工程	永久	长期	√

5. 竣工验收文件

归档范围及期限如表6-7所示。

竣工验收文件归档范围及保管期限　　　　　　　　　　表6-7

序号	归档文件	建设单位	施工单位	城建档案馆
一	工程竣工总结			
1	工程概况表	永久		√
2	工程竣工总结	永久		√
二	竣工验收记录			
（一）	建筑安装工程			
1	单位（子单位）工程质量验收记录	永久	长期	√
2	竣工验收证明书	永久	长期	√
3	竣工验收报告	永久	长期	√
4	竣工验收备案表（包括各专项验收认可文件）	永久		√
5	工程质量保修书	永久	长期	√
（二）	市政基础设施工程			
1	单位工程质量评定表及报验单	永久	长期	√
2	竣工验收证明书	永久	长期	√
3	竣工验收报告	永久	长期	√
4	竣工验收备案表（包括各专项验收认可文件）	永久	长期	√
5	工程质量保修书	永久	长期	√
三	财务文件			
1	决算文件	永久		√
2	交付使用财产总表和财产明细表	永久	长期	√
四	声像、缩微、电子档案			
1	声像档案			
（1）	工程照片	永久		√
（2）	录音、录像材料	永久		√

序号	归档文件	建设单位	施工单位	城建档案馆
2	缩微品	永久		√
3	电子档案			
（1）	光盘	永久		√
（2）	磁盘	永久		√

6. 常用的竣工档案移交的方法

（1）邀请城建档案馆工作人员提前到项目部对各单位进行业务指导与专业培训；

（2）分包施工单位应按合同约定的资料份数、内容、装订方式和移交时限将完整的组卷成册的资料移交给总承包施工单位，并办理移交手续；总承包施工单位整理各分包单位资料后，按合同约定的资料份数、内容、装订方式和移交时限将完整的组卷成册的资料移交给监理部门进行初审，合格后交全过程工程咨询单位复审，合格后办理移交手续；移交给全过程工程咨询单位的资料应按合同约定的套数如数移交。若需增加套数，应在合同中约定或另行商定，并明确所发生费用的承担方；分包施工和总包施工单位应按合同约定时限将资料分别移交给总承包施工单位和监理（全过程工程咨询）机构，不得以任何理由，拖延甚至拒绝资料的移交；总承包单位或监理（全过程工程咨询）机构不得因资料不符合规定以外的其他原因，拖延甚至拒绝接收分包单位或总承包单位移交的资料。

（三）程序

竣工档案移交工作应按照参照《建设工程文件归档规范》GB/T 50328—2014，具体实施过程包括（图6-9）：

（1）全过程工程咨询单位受委托人授权与城建档案管理部门签订《建设工程竣工档案移交责任书》；

（2）城建档案管理部门对项目参与各单位进行业务指导与技术培训；

（3）全过程工程咨询单位组织各单位按归档要求对建设工程档案进行收集、整理与汇总；

（4）全过程工程咨询单位提交《建设工程竣工档案预验收申请表》；

（5）城建档案馆对工程档案进行预验收，预验收合格后出具《建设工程竣工档案预验收意见书》；

（6）全过程工程咨询单位组织各单位向城建档案管理部门移交建设工程竣工档案；

（7）城建档案管理部门对移交档案合格项目发放《建设工程档案合格证》。

（四）注意事项

（1）注意应以总包单位为主体进行移交。

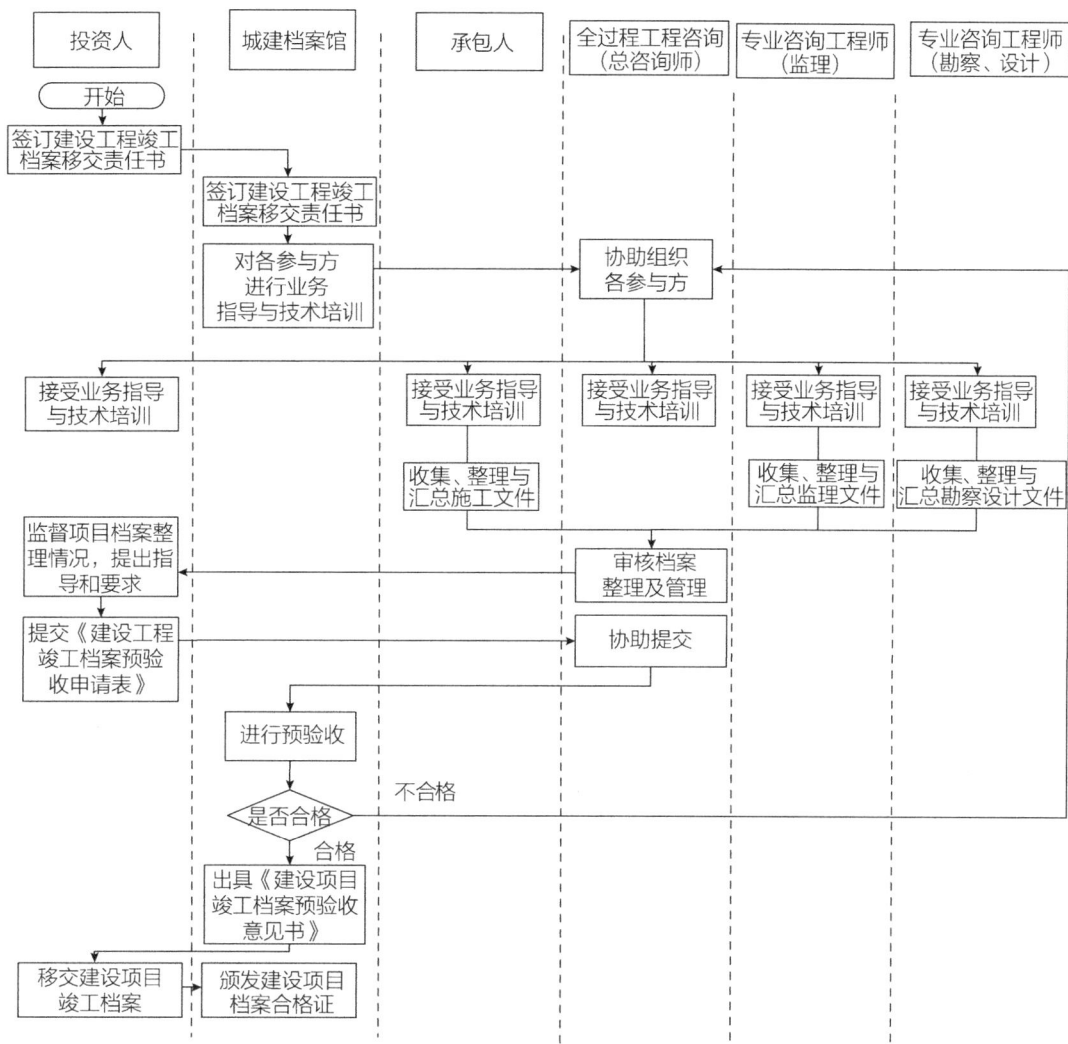

图6-9 竣工档案移交流程图

（2）注意资料的完整性，在移交前，全过程工程咨询单位应组织监理部门对移交资料进行核查。

（3）全过程工程咨询单位向投资人移交工程竣工资料，必须在规定的时间内，按工程竣工资料清单目录，进行逐项交接，办清交验签章手续。

二、项目工程实体移交

（一）依据

建设项目工程实体移交时应严格按照国家相关规定开展工作，其主要依据包括：

（1）《建设工程质量管理条例》（国务院〔2000〕279号）；

（2）《建筑工程施工质量验收统一标准》GB 50300—2013；

（3）《房屋建筑和市政基础设施工程竣工验收规定》（建质〔2013〕171号）；

（4）《房屋建筑和市政基础设施工程竣工验收备案管理办法》（住房城乡建设部令 第2号）。

（5）全过程工程咨询单位的知识和经验体系；

（6）其他相关资料。

（二）内容

全过程工程咨询单位应组织监理、施工单位按承包的建设项目名称和合同约定的交工方式，向投资人移交，然后由投资人再移交给使用单位。

1．工程移交计划

建设项目移交工作开展之前，应组织监理、施工单位依照移交内容制定一份移交计划，明确各项验收工作的主体、时间、移交时间、移交责任人等事项。以分项工程移交计划为例，如表6-8所示。

××项目分项工程移交工作计划表 表6-8

序号	工作内容		施工单位	验收单位	验收时间	移交时间	移交责任人	接受单位	备注
单项建筑验收									
1	专项工程	电梯		技监局					
2		配电室		供电局					
3		火灾报警及消防联动系统		公安机关消防机构					
4	外装工程	幕墙（含外网及入口雨篷）		质监站					
5		电动百页		质监站					
6		入口车道、壕沟		质监站					
7	内装工程	地面		质监站					
8		门窗		质监站					
9		涂饰		质监站					
单项建筑验收									
10		吊顶		质监站					
11		饰面砖		质监站					
12		细部		质监站					
13		厨房设备		监理等					
14	给水排水系统	室内给水		质监站					
15		室内排水（含压力雨水）		质监站					
16		室内热水供应系统		质监站					
17		卫生器具安装		质监站					

序号	工作内容		施工单位	验收单位	验收时间	移交时间	移交责任人	接受单位	备注
18		室内采暖系统（含地热）		质监站					
19		供热锅炉及辅助设备		质监站					
20		送排风系统（含座椅送风）		质监站					
21	通风与空调系统	防排烟系统		质监站					
22		空调风系统		质监站					
23		制冷设备系统		质监站					
24		空调水系统（含冷却塔）		质监站					
25	……	……	……	……	……	……			……

2. 工程移交的工作

在建设项目的工程整改及工程竣工验收完毕后，应按照合同约定进行竣工移交。全过程工程咨询单位应协助投资人按合同的约定，组织工程竣工移交。

一是组织承包人提交房屋竣工验收报告、公安机关消防机构出具的消防验收文件、质量技术监督部门出具的电梯验收文件等相关资料，文件齐全后应去当地建设行政管理部门办理竣工验收备案手续，取得竣工验收备案回执；

二是在取得竣工验收备案回执及整改情况处理完毕后，承包人向投资人、全过程工程咨询单位以及专业咨询工程师（监理）提出移交申请，全过程工程咨询单位应组织专业咨询工程师、投资人、产权人、运营人等相关单位的人员共同组成项目移交组，对项目进行初步验收，按照交验标准逐一查看，发现问题后要求承包人限期整改并跟踪处理结果；

三是在将遗留问题处理完毕、各系统已具备使用的条件下（若是住宅工程还需编制住宅质量保证书等相关文件），方可以办理移交手续；

四是在承包人将工程移交的同时，全过程工程咨询单位应协助投资人提前组织设备厂商、承包人完成项目使用及维护手册的编制，并完成对运营人（一般委托物业公司接收）相关人员进行培训。

五是运营人（物业公司）需要对室内的电气、上下水、灯具、门窗、各设备系统操作等进行全面检查，发现问题后立即组织承包人进行整改；在各项整改工作全完毕后，将室内的钥匙移交给运营人（物业公司），钥匙移交过程中要进行签字记录；在运营人入伙期间，承包人可根据合同约定委派专业人员协助运营人熟悉及合理使用建筑物，对出现的问题需及时进行处理。

（三）程序

工程实体移交的程序具体如图6-10所示。

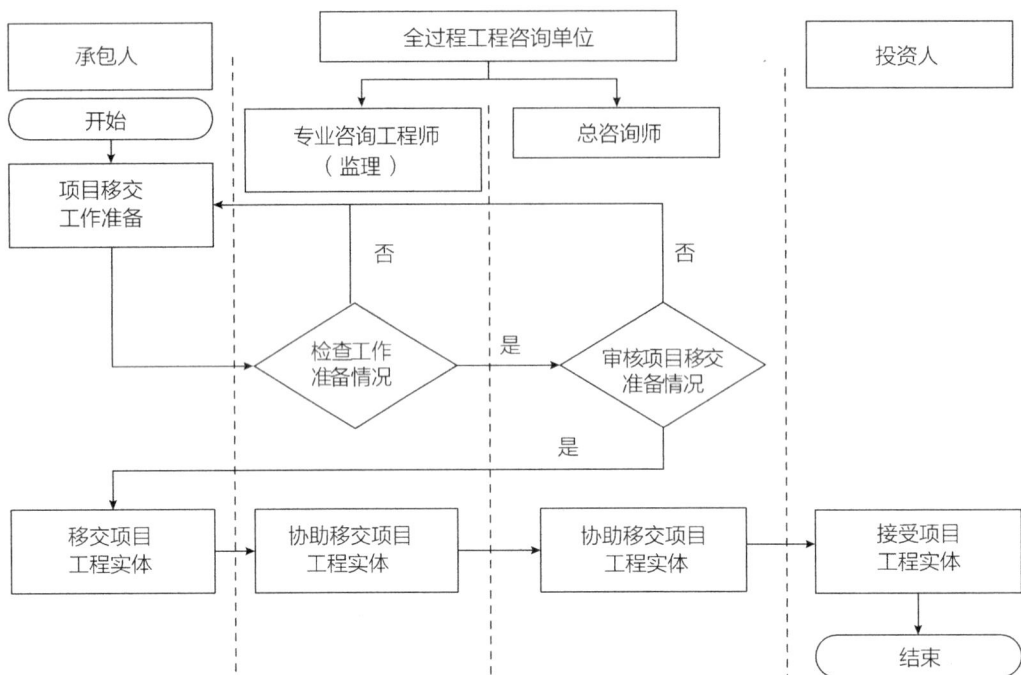

图6-10 工程实体移交程序

（四）注意事项

（1）应按有关规定与施工单位签署或补签工程质量保修书。

（2）向使用单位提交工程移交工作计划表，确定工程移交时间及移交项目。

（3）移交过程需要各方签字认可，签字完善的移交记录表需各方保存以备查。

（4）工程未经竣工验收，使用单位提前使用的，应在交付记录表中注明。

第六节　项目竣工决算

一、项目竣工决算编制

（一）依据

（1）影响合同价款的法律、法规和规范性文件；

（2）项目计划任务书及立项批复文件；

（3）项目总概算书和单项工程概算书文件；

（4）经批准的设计文件以及设计交底、图纸会审资料；

（5）招标文件和最高投标限价；

（6）工程合同文件；

（7）项目竣工结算文件；

（8）工程签证、工程索赔等合同价款调整文件；

（9）设备、材料调价文件记录；

（10）会计核算及财务管理资料，历年财务决算及批复文件；

（11）其他有关项目管理的文件。

（二）内容

1. 收集、整理有关项目竣工决算依据

在项目竣工决算编制之前，应认真收集、整理各种有关的项目竣工决算依据，做好各项基础工作，保证项目竣工决算编制的完整性。项目竣工决算的编制依据是各种研究报告、投资估算、设计文件、设计概算、批复文件、变更记录、招标标底、投标报价、工程合同、工程结算、调价文件、基建计划和竣工档案等各种工程文件资料。

2. 清理项目账务、债务和结算物资

项目账务、债务和结算物资的清理核对是保证项目竣工决算编制工作准确有效的重要的环节。要认真核实项目交付使用资产的成本，做好各种账务、债务和结余物资的清理工作，做到及时清偿、及时回收。清理的具体工作做到逐项清点、核实账目、整理汇总和妥善管理。

3. 填写项目竣工决算报告

项目竣工决算报告的内容是项目建筑成果的综合反映。项目竣工决算报告中各种财务决算表格中的内容应依据编制资料进行计算和统计，并符合规定。

4. 编写竣工决算说明书

项目竣工决算说明书具有建设项目竣工决算系统性的特点，综合反映项目从筹建开始到竣工交付使用为止，全过程的建筑情况，包括项目建筑成果和主要技术经济指标的完成情况。

5. 报上级审查

项目竣工决算编制完毕，应将编写的文字说明和填写的各种报表，如表6-9所示。经过反复认真校稿核对，无误后装订成册，形成完整的项目竣工决算文件报告，及时上报审批。

大中型项目竣工决算报表

表6-9

序号	类别	内容及要求
1	竣工工程概况表	① 包括工程概况、设计概算和基本建设执行情况； ② 主要反映竣工项目建筑的实际成本以及各项技术经济指标的完成情况，建筑工期和实物工程量完成情况，主要材料消耗情况、建筑成本分析和投资效果分析，新增生产能力和效益分析，建筑过程中主要经验、存在的问题和意见等

序号	类别	内容及要求
2	竣工财务决算表	① 主要反映建筑项目的全部投资来源及其运用情况； ② 资金来源是指项目全部投入的资金，包括国家预算拨款或贷款、利用外资、基建收入、专项资金和其他资金等； ③ 资金运用反映建筑项目从开始筹建到竣工验收的全过程中资金运用全面情况
3	交付使用财产总表和明细表	包括交付使用的固定资产构成情况（建安工程费用、设备费用和其他费用）和流动资金的详细情况

（三）程序

竣工决算编制程序如图6-11所示。

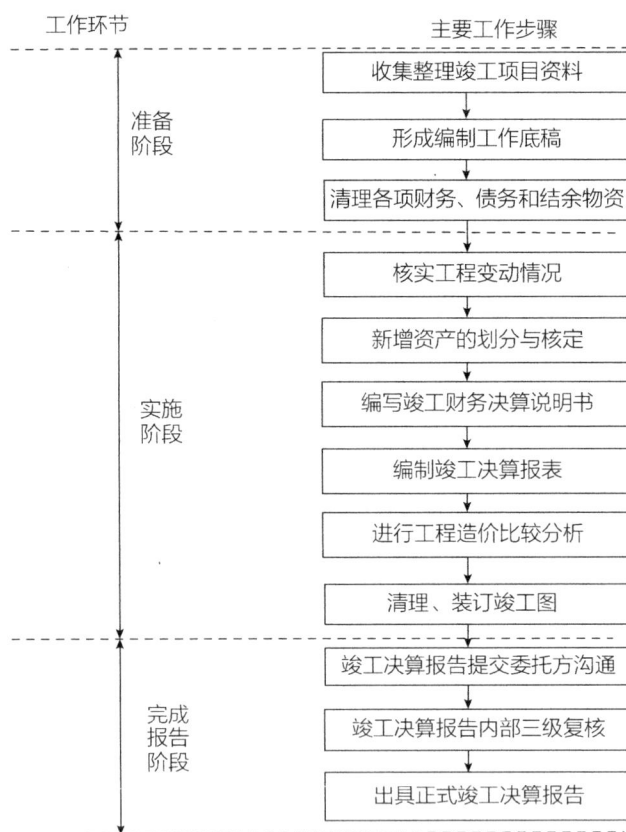

图6-11 竣工决算编制程序

（四）注意事项

（1）严格按照财政部规定的内容和格式填制工程决算报告，概算明细项目名称及金额严格按照批准的设计、概算等文件进行填写，一般不允许更改。

（2）铁路、码头等建设项目的竣工决算报告，依据部委和行业规定，有特殊要求的，在按照财政部规定编制工程决算报告后，再按照部委和行业规定，编制特殊要求报告。

（3）基本报表、其他附表中的数据之间应具有严谨的逻辑关系，注意保持一致。

二、项目竣工决算审查

（一）依据

（1）《财政部关于印发<基本建设财务管理规定>的通知》（财政部和建设部〔2002〕394号）。

（2）《财政部关于解释<基本建设财务管理规定>执行中有关问题的通知》（财政部和建设部〔2003〕724号）。

（3）《财政部关于进一步加强中央基本建设项目竣工财务决算工作的通知》（财政部〔2008〕91号）。

（4）《财政部关于印发<中央基本建设项目竣工财务决算审核批复操作规程>的通知》（财办建〔2018〕2号）。

（5）项目建设和管理的相关法律、法规、文件规定。

（6）国家、地方以及行业工程造价管理的有关规定。

（7）财政部颁布的基本建设财务管理及会计核算制度。

（8）本项目相关资料：

1）项目初步设计及概算批复和调整批复文件、历年财政资金预算下达文件。

2）项目决算报表及说明书。

3）历年监督检查、审计意见及整改报告。

必要时，还可审核项目施工和采购合同、招投标文件、工程结算资料，以及其他影响项目决算结果的相关资料。

（9）全过程工程咨询单位的知识和经验体系。

（10）其他相关资料。

（11）项目剩余物资盘点资料。

（二）内容

全过程工程咨询单位应协助投资人接受审计部门的审计监督。竣工决算审核一般应采用全面审核法，也可采用延伸审查等方法。全过程工程咨询单位应协助投资人接受审计机关对以下内容审查：

（1）对项目总预算或者概算的执行、年度预算的执行情况的审计监督；

（2）对项目建设程序、资金来源和其他前期工作的审计，也应当接受审计机关对于建设程序、建设资金筹集、征地拆迁等前期工作真实性和合法性的检查；

（3）对建设资金管理与使用情况进行的审计；

（4）根据需要对项目的勘察、设计、施工、监理、采购、供货等方面招标投标和工程承发包情况的审计；

（5）根据需要对于项目有关合同订立、效力、履行、变更和转让、终止的真实性和合法性的审计；

（6）对于项目设备、材料的采购、保管、使用的真实性、合法性和有效性审计；

（7）对于项目概算执行情况及概算审批、执行、调整的真实性和合法性的审计；

（8）对于项目债权债务的真实性和合法性审计时；

（9）对于项目税费缴纳的真实性和合法性的审计；

（10）对于建设成本的真实性和合法性审计；

（11）对于项目基本建设收入、结余资金的审计，应当接受形成和分配的真实性和合法性的检查；

（12）对于工程结算和工程决算的审计，及检查工程价款结算与实际完成投资的真实性、合法性及工程造价控制的有效性；

（13）对于项目的交付使用资产的审计；

（14）对于项目尾工工程的审计，及检查未完工程投资的真实性和合法性；

（15）对于投资人会计报表的审计，及检查年度会计报表、竣工决算报表的真实性和合法性；

（16）对于项目的勘察、设计、施工、监理、采购、供货等单位的审计，及检查项目勘察、设计、施工、监理、采购、供货等单位与国家建设项目直接有关的收费和其他财务收支事项的真实性和合法性；

（17）对于项目工程质量管理的审计，及检查勘察、设计、建设、施工和监理等单位资质的真实性和合法性，以及对工程质量管理的有效性。

（三）程序

建设项目竣工决算审核的具体步骤如图6-12所示。

（四）注意事项

（1）全过程工程咨询单位应在过程管理中，高度重视政府审计的问题，关注过程资料的完整性、合理性，及时将资料归档保存。

（2）配合投资人建立相应的制度，规范各方行为，建立工程变更及签证制度。

（3）审计前，全过程工程咨询单位应逐一检查各合同的完成情况，在实际执行中与合同约定有不相符的，如：合同范围的改变、合同工期的延误、调价原则的说明等必须加以书面说明。

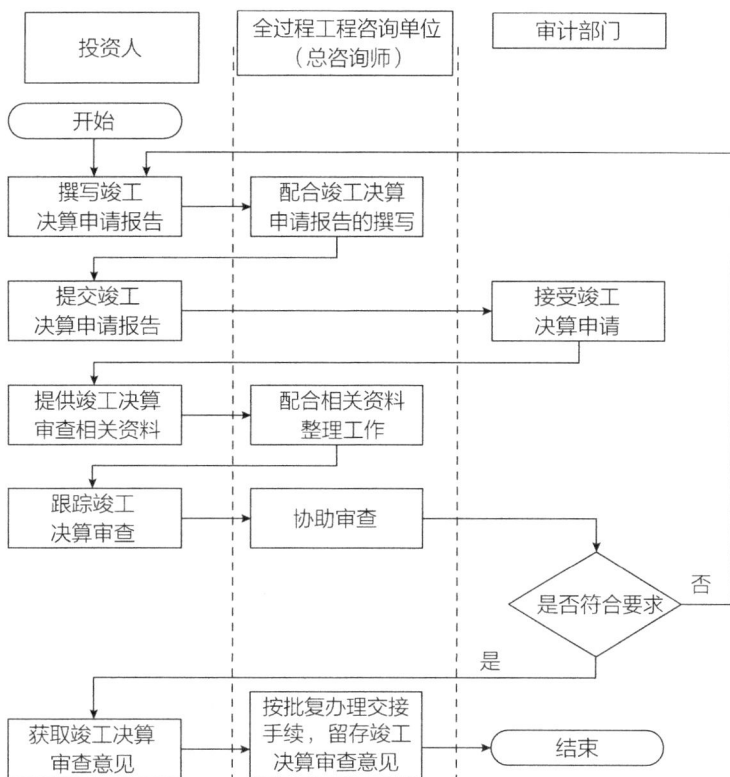

图6-12 竣工决算审查程序图

第七节　项目竣工备案

一、依据

（一）法律法规

（1）《中华人民共和国建筑法》（主席令〔1998〕91号）（2011年修订）；

（2）《建设工程质量管理条例》（国务院令〔2000〕279号）（2017年修订）；

（二）建设项目工程资料

（1）合同文件；

（2）建设工程竣工验收报告；

（3）规划、公安消防、环保等部门出具的认可文件或者准许使用文件；

（4）其他相关资料；

（5）全过程工程咨询单位的知识和经验体系。

二、内容

（1）经承包人自检合格后，并且符合相关政策的要求方可进行竣工验收。由承包人在工程完工后向投资人提交工程竣工报告，申请竣工验收，并经专业咨询工程师（监理）签署意见。

（2）对符合竣工验收要求的工程，全过程工程机构协助投资人负责组织专业咨询工程师（勘察、设计等）组成的专家组实施验收并协助投资人在竣工验收7个工作日前将验收的时间、地点及验收组名单书面通知负责监督该工程的工程质量监督机构。

（3）工程竣工验收合格之日起15个工作日内，全过程工程咨询单位及时提出竣工验收报告，向建设项目所在地县级以上地方人民政府建设行政主管部门（及备案机关）备案。

（4）工程质量监督机构，应在竣工验收之日起5个工作日内，向备案机关提交工程质量监督报告。

（5）城建档案管理部门对工程档案资料按国家法律法规要求进行预验收，并签署验收意见。

（6）备案机关在验证竣工验收备案文件齐全后，在竣工验收备案表上签署验收备案意见并签章。工程竣工验收备案表一式两份，一份由建设单位保存，一份留备案机关存档。

三、程序

验收程序如图6-13所示。

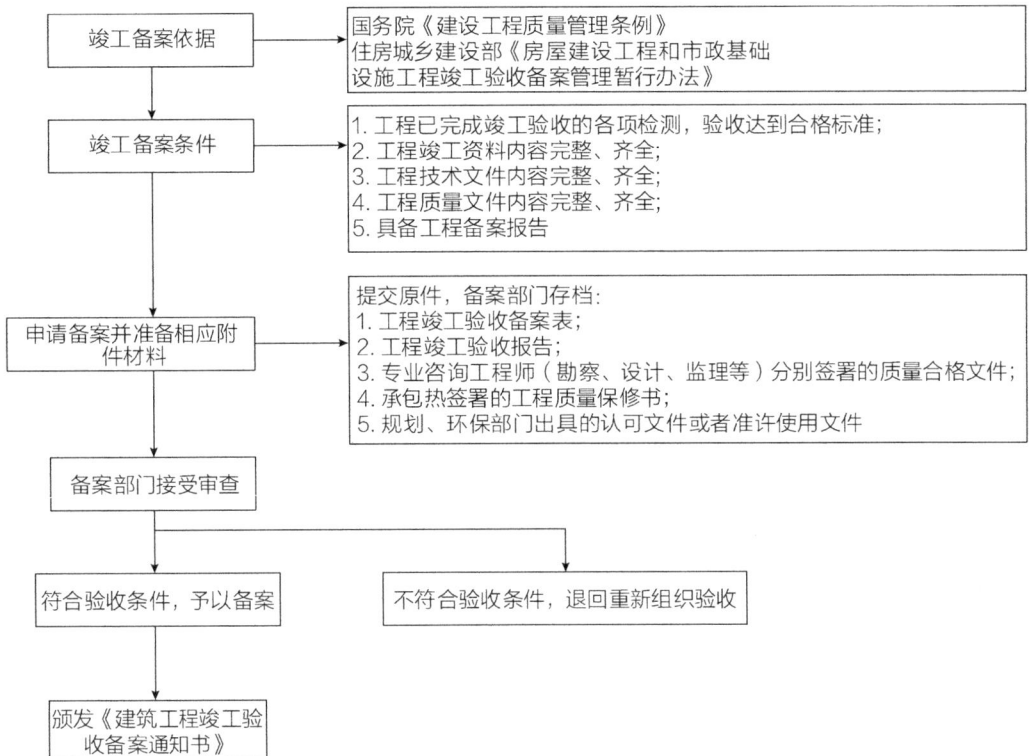

图6-13　竣工验收备案程序图

四、注意事项

（1）工程质量验收备案均应在承包人自检合格的基础上进行。

（2）参加工程施工质量验收的各方人员应具备相应的资格，在备案前签署质量合格文件。

（3）对涉及结构安全、节能、环境保护和主要使用功能的试块、试件及材料，应在进场时或施工中按规定进行检验，形成资料性文件。

第八节 项目保修期管理

一、依据

（1）《中华人民共和国建筑法》（主席令〔1998〕91号）（2011年修订）；

（2）《建设工程质量管理条例》（国务院令〔2000〕279号）（2017年修订）；

（3）合同文件等。

二、内容

（一）工程质量保修范围

一般来说，凡是施工单位的责任或者由于施工质量不良造成的问题，都属保修范围。保修的内容主要有以下几个方面：基础、主体结构、屋面、地下室、外墙、阳台、厕所、浴室、卫生间及厨房等处渗水、漏水；各种管道渗水、漏水、漏气；通风孔和烟道堵塞；水泥地面大面积起砂、裂缝、空鼓；墙面抹灰大面积起泡、空鼓、脱落；暖气局部不热，接口不严渗漏，及其他使用功能不能正常发挥的部位。

凡是由于用户使用不当而造成建筑功能不良或者损坏者，不属于保修范围；凡从属于工业产品发生问题者，亦不属于保修范围，应由使用单位自行组织修理。

（二）工程质量保修期限

《建设工程质量管理条例》（国务院令〔2000〕279号，2017年修订）规定，在正常使用条件下，建设工程的最低保修期限为：（1）基础设施工程、房屋建筑的地基基础工程和主体结构工程，为设计文件规定的该工程的合理使用年限；（2）屋面防水工程，有防水要求的卫生间、房间和外墙面的防渗漏，为5年；（3）供热与供冷系统，为2个采暖期、供冷期；（4）电气管线、给水排水管道、设备安装和装修工程，为2年；（5）其他工程保修期限由发包方与承包方约定，建设工程保修期，自竣工验收合格之日起计算。

（三）工程保修责任

建设工程在保修范围和保修期限内发生质量问题，全过程工程咨询单位应督促监理立即分析原因，找出责任单位，并要求相关责任单位在规定时间内完成修补工作，若责任单位拒不或迟迟不予处理的，由全过程工程咨询单位上报投资人认可后，可另行委托施工单位给予维修，产生的费用从责任单位保修金内支出；质保期满后，全过程工程咨询单位应组织使用人、物管方、监理部门以及施工单位进行质量缺陷的检查，确认无质量缺陷后，办理书面手续，并以此作为退还质保金的依据。

保修期过后，施工单位的质保义务解除，全过程工程咨询单位完成质保金退还手续后，相应的义务也完成。

（四）处理方法

建设项目一般比较复杂，修理项目往往由多种原因造成，所以，责任主体必须根据修理项目的性质、内容和修理原因诸因素确定，由全过程工程咨询单位组织监理和施工单位共同确认。一般分为以下几种处理方法：

（1）修理工程确实由于施工单位施工责任或施工质量不良遗留的隐患，应由施工单位承担全部修理费用；

（2）修理工程是由使用单位和施工单位双方的责任造成的，双方应实事求是地共同商定各自承担的全部修理费用；

（3）修理工程是由于甲供的设备、材料、成品、半成品及工业产品等的质量不良等原因造成的，应由设备、材料供应厂家或业主承担全部修理费用；

（4）修理工程是因用户使用不当，造成建筑物功能不良或损坏，应由使用单位承担全部修理费用；

（5）涉外工程的保修问题，除按照上述处理办法外，还应按照合同条款的有关规定执行。

三、程序

具体程序如图6-14所示。

四、注意事项

（1）建设工程质保期期满时，全过程工程咨询单位应组织投资人、物管方、监理部门以及施工单位进行工程质量保修期到期验收，以作为退还质保金的前提条件。

（2）保修到期验收记录。质保期满的验收必须由项目各方同时参与，并签字盖章，施工单位以及供货单位保修到期验收记录。

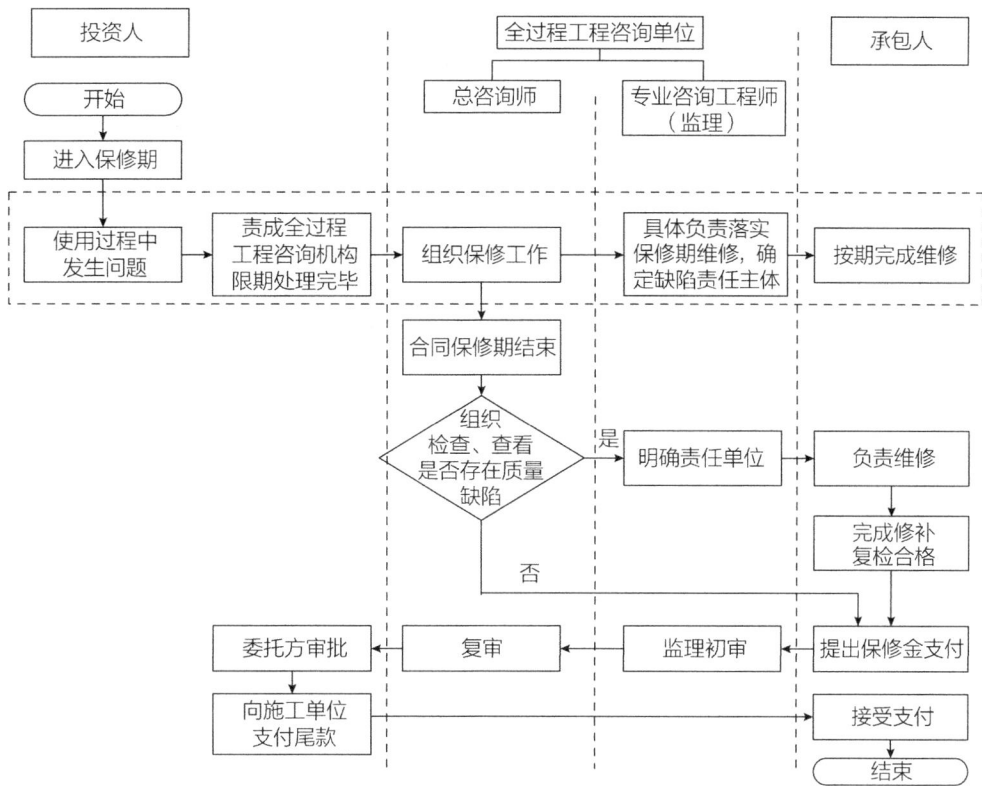

图6-14 工程质保期管理程序图

第七章

运营阶段工程
咨询服务

第一节　运营阶段概述

在运营阶段，需要适时对建设项目的决策和实施进行评价和总结，需要对建设项目进行运营管理，通过运营管理，检验其决策是否科学有效。

从运营管理角度看，建设项目需要进行资产管理、运营管理和拆除预案策划，通过运营和监管合同的履行确保建筑物的全生命周期成本最优；从经验总结角度看，建设项目需要进行项目后评价、项目绩效评价、绿色建筑的运行评价。由于运营阶段涉及服务范围众多，本书从建设项目的反馈评价以及运营需求影响决策阶段的两个方面对项目后评价、项目绩效评价、运营管理和资产管理进行阐述，其余工作内容暂不研究。

运营阶段的主要工作包括：（1）进行项目后评价（包括：自我评价和其他项目后评价）；（2）进行项目绩效评价；（3）进行运营管理策划；（4）资产管理。

全过程工程咨询单位在本阶段的主要任务是检验建设项目是否达到优质建设项目的目标。全过程工程咨询单位一方面通过评估，评价建设项目全过程的教训和经验，提炼项目决策要点，为下一个建设项目提供更完善的决策参考依据；另一方面协助运营人，为建设项目提供清晰的影响运营的主要设备材料清单以及该等设备材料的使用要求和使用寿命，协助规划其大中小修方案和费用估算；再一方面，在决策阶段时，收集运营人的运营管理需求和意见以及使用人的需求和意见，为下一次决策提供参考。

第二节　项目后评价

项目后评价是指在项目竣工验收并投入使用或运营一定时间后，运用规范、科学、系统的评价方法与指标，将项目建成后所达到的实际效果与项目的可行性研究报告、初步设计（含概算）文件及其审批文件的主要内容进行对比分析，找出差距及原因，总结经验教训、提出相应对策建议，并反馈到项目参与各方，形成良性项目决策机制。根据需要，可以针对项目建设（或运行）的某一问题进行专题评价，可以对同类的多个项目进行综合性、政策性、规划性评价。

根据《国家发展改革委关于印发中央政府投资项目后评价管理办法和中央政府投资项目后评价报告编制大纲（试行）的通知》（发改投资〔2014〕2129号）中规定，参加过同一项目前期、建设实施工作及编写项目自我总结评价报告的工程咨询机构，不得承担该项目的后评价任务。因此，全过程工程咨询单位一方面可以对承担项目自我总结和评价报告；另一方面可以承担未参与过项目咨询的项目后评价任务。项目自我总结评价报告的依据、方法与项目后评价报告基本相同，因此不再单独阐述。

一、依据

（1）建设项目工程资料；

（2）运营阶段资料；

（3）项目自我总结评价报告；

（4）参考文件：

1）《中央企业固定资产投资项目后评价工作指南》（国资发规划〔2005〕92号）；

2）《国家发展改革委关于印发中央政府投资项目后评价管理办法和中央政府投资项目后评价报告编制大纲（试行）的通知》（发改投资〔2014〕2129号）；

（5）全过程工程咨询单位的知识和经验体系；

（6）其他相关资料。

二、内容

（一）资料收集

项目后评价是以可靠真实的数据、资料为依据的。资料收集工作包括三个方面的内容：现场调查、访谈以及建设项目工程资料收集。

1．现场调查

现场调查是到项目现场用事先设计好的系统和工具以口头、书面提问及观察来收集资料并做分析的一种研究方法。为保证相关工程资料的真实性，项目后评价咨询机构应进行现场调查工作，以便了解建设项目的实际情况，必要时还应采用其他调查方法进行补充。

2．访谈

访谈是一种研究性交谈，是研究者通过口头谈话的方式从被研究者那里收集资料的一种研究方法。项目后评价咨询机构进行访谈工作，其主要目的有两个，一是通过与建设项目利益相关者的交谈，进一步了解建设项目的实施情况。二是收集文本资料外的信息。

3．建设项目资料收集

建设项目工程资料包括工程资料、运营资料以及自我总结评价报告，其主要收集资料如表7-1所示。

项目资料收集清单 表7-1

阶段	序号	文件名称	文件内容
决策阶段	1	立项的报批文件	包括项目建议书、可行性研究报告、环境影响评价报告、社会稳定风险评价、水土保持方案、交通影响评价、安全评价、地质灾害危险性评价等

阶段	序号	文件名称	文件内容
决策阶段	2	项目批复资料	包括前述立项报批的批复文件、规划意见书、建设用地规划许可证、建设工程规划许可证、施工许可证、环评批复、质量监督注册、施工图审查意见、消防审查意见等
	3	内部决议文件	包括项目评审意见、专家论证意见、投资决策意见、办公会会议纪要、董事会决议等
	4	内容调整文件及批复	包括项目规划内容的调整报告及批复文件、项目设计的调整报告及批复文件、项目概算的调整报告及批复文件、项目目标的调整报告及批复文件等
	5	融资文件	包括融资方案、金融机构出具的融资承诺文件等
设计阶段	6	项目勘察资料	包括初步勘察报告、详细勘察报告等
	7	项目设计资料	包括全部版本的初步设计图、施工图、设计方案等
发承包阶段	8	招标采购资料	包括招标统计表、招标管理台账、招标公告、招标文件、资料审查报告、开标会记录、投标文件、评标报告、中标通知书、商务谈判纪要等
实施阶段	9	项目开工资料	包括项目开工报告、经理任命通知书、施工组织方案等
	10	项目合同资料	包括合同统计报表、合同管理台账、合同文件全文及相应的合同审批记录等
	11	项目变更资料	项目的全部变更、签证文件和审批记录，变更签证台账以及项目编制的与本项目变更签证有关的总结或报告
	12	项目质量资料	包括项目的质量验收资料及总结等
	13	项目进度资料	包括项目进度执行情况资料及总结等
	14	项目安全管理资料	包括项目安全管理执行情况资料及总结等
	15	项目成本资料	包括项目控制指标、阶段成本分析报告及控制资料等
	16	项目财务资料	包括项目合同台账与支付统计报表、项目的资金收支台账以及项目的借贷融资统计报表等
竣工阶段	17	竣工验收资料	包括竣工验收报告、竣工阶段各单位的总结以及各专项的验收意见等
	18	结算资料	包括结算书、结算审核、变更汇总、结算台账等
运营阶段	19	自我评价	项目自我总结评价
	20	管理组织	包括运营组织管理架构、组织定员、运营管理制度、措施等
运营阶段	21	生产及销售资料	包括生产计划、实际生产情况及阶段性生产工作总结、项目销售计划、实际销售情况简介及阶段性市场营销工作总结等
	22	财务经营分析	包括自投入使用至今的经营分析报告、财务分析报告、年度决算报告及预算报告、阶段性总结报告
	23	审计资料	包括稽查报告、财务审计报告、专项审计报告、专项检查报告等

（二）后评价报告编制

后评价报告编制内容主要包括项目概况、项目过程评价、项目效果评价、项目目标及可持续性评价、项目总结五个部分。

1．项目概况

项目概况主要是对项目的情况、建设内容、实施进度、总投资、运营及效益现状等内容进行概括简述。

2．项目过程评价

项目过程评价的内容包括：项目决策阶段、设计阶段、发承包阶段、实施阶段、竣工阶段、运营阶段评价。各阶段过程评价的主要要点汇总如表7-2所示。

项目过程评价主要要点 表7-2

序号	阶段	内容	评价要点
1	决策阶段	项目立项	立项理由是否充分、依据是否可靠，建设目标与目的是否明确；项目是否符合经济社会发展规划和部门年度工作计划；是否根据需要制定中长期实施规划等
		项目决策过程和程序	决策程序是否合规；决策方法是否科学；决策内容是否完整；决策手续是否齐全；
		项目评估	项目评估格式是否规范；报告内容是否完整；引用数据与参数是否可靠；分析方式是否科学；论证结论是否合理；项目评估深度是否满足决策者的需要等
		可行性研究报告	报告收费水平是否合理；可研阶段的目标是否明确、合理；项目建设规模是否合理；计算方法是否科学；内容深度是否符合国家有关要求；项目风险分析是否充分等
2	设计阶段	勘察工作	承担勘察任务单位的资质、信誉状况是否满足项目建设的需要；勘察时是否遵循国家、相关部委的依据、标准、定额、规范等，是否与规定的勘察任务书一致；工程测绘和勘察深度及资料是否满足工程设计和建设的需要，质量水平是否符合要求及水平高低等
		设计工作	承担设计任务单位的资质、信誉状况是否满足项目建设的需要；设计时是否遵循国家、相关部委的依据、标准、定额、规范等，是否与规定的设计任务书一致；项目设计方案是否切合实际、技术先进、经济合理、安全适用；设计图纸的质量是否满足要求及水平高低等
		合同签订	合同签订的依据和程序是否合规，合同谈判、签订过程中的监督机制是否健全，合同条款是否合理和合法；合同文本是否完善等
		征地拆迁	征地拆迁安置计划、安置率、生计水平、发展机会等
		资金筹措	资金来源是否按预想方案实现，资金结构、融资方式、融资成本是否合理，风险分析是否到位；融资担保手续是否齐全等
		开工准备	劳动组织准备工作质量、技术准备工作质量、物资准备工作质量、施工现场准备工作质量等
3	发承包阶段	采购招标	是否按国家招投标法规定进行了政府投资项目的招标；招标文件的编制质量是否满足要求及水平的合理性；投标单位是否有串通投标和不正当的投标行为；投标书的编制质量是否满足要求及水平的高低等

序号	阶段	内容	评价要点
4	实施阶段	合同执行与管理情况	合同执行情况是否正常；合同管理措施及各阶段合同管理办法是否达到应有效果
		质量、进度、投资和安全的管理情况	质量、进度、投资和安全管理采取的措施与效果，分析产生差异的原因及对预期目标的影响，各目标的实现程度等
		项目设计变更情况	设计变更增加或减少投资额占变更引起投资额变化比率；其他变更增加或减少投资额占变更引起投资额变化比率；重大设计变更发生的原因分析等
		资金支付与管理	基建财务管理机构和制度是否健全，资金实际来源、成本与预测、计划产生差异的原因，资金到位情况与供应的匹配程度、资金支付管理程序与制度严谨性、流动资金的供应及运用状况等
		工程质量控制情况	施工队伍及各分包商资质是否符合招标要求；相关合同及技术文件是否完整；质量保证体系是否完善；质量检查是否到位，相关质量检查文件是否齐全；相关材料、半成品是否经过质量检验；新工艺、新材料、新技术、新结构是否经过技术鉴定
		工程监理情况	业主委托工程监理的规范性和合法性、管理方式的适应性；监理组织机构、人员到位及人员变动情况；监理旁站、巡察工作情况；质量问题处理及监理指令落实和复查情况等
		组织与管理	建设管理体制的先进性、管理模式的适应性、管理机构的及安全性和有效性、管理机制的灵活性、管理规章制度的完善状况和管理工作运行程序的规范性等
5	竣工阶段	生产准备	各项工程生产准备内容、试车调试、生产试运行与试生产考核，生产准备工作充分性情况等
		竣工验收情况	各专项验收是否均通过验收；相关验收记录文件是否齐全等
		资料档案管理	工程资料档案收集是否完整、准确；管理制度是否完善等
6	运营阶段	项目设计能力实现情况	项目主要能力的实现情况，如建设规模、功能实现、生产能力等
		能源管理	能源计量设备安装情况、能源消耗情况
		项目运营情况	项目运营模式、劳动定额、产品生产能力、产品销售情况等
		项目运营成本	项目运营成本的组成、比例等情况
		财务状况	项目的营业收入、营业成本、利润总额等情况
		产品结构与市场情况	产品的种类、生产能力、市场现状、行业发展状况等情况

3. 项目效果评价

项目效果评价的内容包括：项目技术水平评价、财务经济效益评价、经营管理评价、环境效益评价、社会效益评价。各阶段过程评价的主要要点汇总如表7-3所示。

序号	内容	指标	评价要点
1	项目技术水平	设备、工艺及辅助配套技术水平	对项目所使用的新技术、新工艺、新设备、新材料等的水平进行评价
		国产化水平	采用国产化设备与进口设备的情况，并对采用进口设备的原因进行分析
		技术效果	对技术的适用性、经济性及安全性进行评价
		资源与资源利用状况	对项目的排放情况、能耗水平及能源利用情况进行评价
2	项目财务经济效益评价	资产及债务状况	包括项目总投资、资本金比例、项目资产、项目负债、项目所有者权益等
		偿债能力指标	借款偿还期、利息备付率、偿债备付率、资产负债率等
		财务效益分析指标	内部收益率、净现值率、投资回收期、总投资报酬率、权益资金净利润率、投资利润率等
		运营能力指标	应收账款周转率、存货周转率、流动资产周转率、流动资产周转期、固定资产周转率、固定资产周转期等
		其他指标	单位费用效能、资金利用率等
3	项目经营管理评价	管理机构及领导班子	对现行管理机构设置情况及领导班子成员情况进行评价
		管理体制及规章制度	对现行管理制度及规章制度的合理性、合规性、完整性进行评价，对生产项目还应包括安全生产应急预案、消防应急预案等文件情况进行评价
		经营管理策略	项目运营管理模式、营销策略、推广计划等评价
		项目技术人员培训情况	项目技术人员在岗人数、比例及培训等情况
4	项目环境效益评价	环境管理	对项目环保达标情况，项目环保设施及制度的建设和执行情况进行评价
		污染控制	项目的废气、废水和废渣及噪音是否在总量和浓度上都达到了国家和地方政府颁布的标准
		对地区环境质量的影响	分析主要以对当地环境影响较大的若干种污染物为对象，这些物质与环境背景值相关，并与项目的三废排放有关
		自然资源的利用和保护	对节约能源、节约水资源、土地利用和资源的综合利用率、能耗总量等情况进行分析
		对生态平衡的影响	主要是指人类活动对自然环境的影响
5	项目社会效益评价	对项目主要利益群体的影响	项目在施工期和运营期对各个不同利益群体产生的实际影响特别是对受益、受损、弱势群体的影响和态度
		项目建设实施对地区发展的影响	建设项目对地区经济、文化、医疗、教育等方面的影响
		对当地就业和人民生活水平提高的影响	建设项目提供的就业机会情况及薪酬水平，对人民生活水平的影响
		投资项目征迁安置的影响	涉及拆迁安置的，应了解相关群体的受影响程度，以及采取的减缓措施和有关工作的管理质量和水平
		对所在地区少数民族风俗习惯和宗教的影响	涉及少数民族的，应考虑建设项目对少数民族在文化方面的影响

4．项目目标及可持续性评价

（1）目标及可持续性评价的内容

项目目标及可持续性评价的内容包括：项目目标实现度评价、环境功能的持续性评价、社会效果的持续性评价、经济增长的持续性评价。

1）项目目标实现度评价

项目目标评价主要是对项目的审批管理、实施内容、功能技术、资金管理、经济效益、公共效益进行评价。评定项目立项时原来预定的目的和目标的实现程度及对项目原定决策目标的正确性、合理性和实践性进行分析评价，是项目后评价所需要完成的主要任务之一。因此，项目后评价要对照原定目标完成的主要指标，检查项目实际实现的情况和变化，分析实际发生改变的原因，以判断目标的实现程度，对有些原定目标不明确或不符合实际情况，项目实施过程中可能会发生重大变化的指标，项目后评价要给予重新分析和评价。

2）项目可持续性评价

项目可持续性评价的研究范围主要包括：项目自身的可持续性；项目与所在地区经济、社会、环境之间的协调性；项目与建设区域内其他相关项目之间的协调性。项目可持续性后评价主要包括三个方面的内容，环境功能的持续性评价、经济增长的持续性评价、社会效果的持续性评价。

① 环境功能的持续性评价。包括对经济环境和厂址、资源和环境承载能力的评价。经济环境包括当地的经济、政治、自然因素对项目持续性的影响，及对不利因素防范的政策和措施。环境功能的持续性评价主要分析周边环境对项目的排放或影响的承受能力。分析由于项目的实施引起的主要环境影响，实现环境功能持续性的方式，特别要注意有可能出现的负面作用和影响。

② 经济增长的持续性评价。评价主要包括对自身经济可持续发展能力、所采用的技术水平的先进性及其可持续性。项目自身经济可持续发展能力主要通过项目的财务现金流量表、资产负债表等反应项目的投资盈利能力和偿还能力，并分析计算实际还款期。对于未来不确定的风险分析，预测和确定项目持续性的条件和要求。然后对照可行性报告的财务评价，对任何不一致的地方都需要进行进一步分析。

③ 社会效果的持续性评价。主要评价项目对所在地区的综合经济促进影响情况，比如GDP增长率、产值经济贡献度、劳动就业率增加情况等。

（2）目标及可持续性评价的评价要点

目标及可持续性评价的评价要点由质量目标、投资（费用）目标、时间目标、职业健康安全目标、各方满意度、与环境相协调、对地区和城市可持续发展、项目自身具有可持续发展等八个一级指标构成。具体如表7-4所示。

1）质量目标后评价指标

在传统的后评价指标体系基础上，着重考虑项目的运行质量及开发、实施、运行一体化问题。追求工作质量、工程质量、整体功能、产品或服务质量的统一。

序号	内容	指标	评价要点或说明
1	质量目标	设计质量	设计标准及功能、设计工作质量、技术标准或工艺路线、可施工性、可运营性等
		工程质量	材料质量、设备质量、建筑质量等
		运营质量	项目的整体使用功能、产品或服务质量、运营的安全性、运营和服务的可靠性、可维修性及方便拆除情况等
2	投资（费用）目标	全生命周期费用	建设总投资、运营（服务）成本、维护成本、单位生产能力投资、社会和环境成本等
		收益	运营收益、年净收益、总净收益、投资回报率等
3	时间目标	项目基本时间	建设期、投资回收期、维修或更新改造周期等
		工程寿命	工程的设计寿命、物理服务寿命、经济服务寿命等
		产品的市场周期	市场发展周期、高峰期、衰败期等
4	职业健康安全目标	卫生指标	废弃物处理能力及标准、排污、排尘、排噪标准等
		健康指标	平均寿命、增加的寿命年限、质量调整的寿命年限等
		安全生产指标	有毒有害气体泄漏标准、易燃易爆物体存放标准、消防标准、危险源辨识标准及应急措施、劳动保护用品配置标准等
5	各方满意目标	用户满意	产品或服务价格、产品或服务的安全性、产品或服务的人性化等
		投资者满意	投资额、投资回报率、降低投资风险等
		业主满意	项目的整体目标、工程目标、经济目标、质量目标等
		承包人和供应商满意	工程价格、工期、企业形象等
		政府满意	繁荣与发展地区经济、增加地方财力、改善地方形象、政绩、就业和其他社会问题等
		生产者满意	工作环境（安全、舒适、人性化）工作待遇、工作的稳定性等
		项目周边组织满意	保护环境、保护景观和文物、工作安置、拆迁安置或赔偿、对项目的使用要求等
6	与环境协调目标	与政治环境协调	可按环境系统结构进一步分解： 1.项目与生态环境的协调 2.建筑造型、空间布置与环境整体和谐 3.建设规模应与当时、当地的经济能力相匹，应具有先进性和适度的前瞻性 4.节约使用自然资源，特别是不可再生资源 5.继承民族优秀文化，不破坏当地的社会文化 6.在项目的建设和运行过程中行为合法 7.项目应符合上层系统的需求，对地区、国民经济部门发展有贡献
		与经济环境协调	
		与市场环境协调	
		与法律环境协调	
		与自然环境协调	
		与周边环境的协调	
		与上层组织的协调	
		与其他方面的协调	
7	对地区和城市可持续发展的贡献目标	政策环境	行业现行政策环境
		社会经济发展指标	人口、就业结构、教育、基础设施、物流条件、社会服务和保障、GDP、地方经济等

序号	内容	指标	评价要点或说明
7	对地区和城市可持续发展的贡献目标	市场环境	现有市场环境、未来市场发展趋势等
		环境指标	环境治理状况、生态指标、环保投资等
		资源指标	资源存量、资源消耗指标等
8	项目自身具有可持续发展能力的目标	财务状况	成本管理分析、盈利能力分析、营运能力分析、增长能力分析等
		产品竞争能力	产品市场地位、市场占有率、生产效率、销售增长率等
		技术水平	技术先进性、技术更新可行性等
		能长期地适合需求	功能的稳定性、可持续性、可维护性、低成本运行等
		污染控制	污染控制成本、污染控制设备寿命等
		防灾的能力	监测预报、灾害防御、应急反应、风险融资措施等

2）投资（费用）目标后评价指标

在传统的工程造价（投资）后评价指标体系的基础上，综合考虑建造费用和运行费用的优化问题，项目对社会成本和环境成本的影响问题。

3）时间目标后评价指标

在传统的项目时间目标后评价指标体系的基础上，还应考虑工程寿命、产品的市场周期等因素。

4）职业健康安全目标后评价指标

按项目内部工作环境和外部社会环境设计目标指标，综合考虑卫生、健康、安全等因素。

5）各方满意度目标后评价指标

应综合考虑建设项目各方的目标，尽量做到各方满意、协调发展。

6）与环境协调目标后评价指标

主要解决项目过程中，人与人、人与自然的关系。

7）对地区和城市可持续发展后评价指标

应从项目对地区和城市可持续发展的贡献进行综合考虑。

8）项目自身可持续发展后评价指标

应从项目自身是否具有可持续发展的能力进行综合考虑。

5．项目总结

通过项目全过程回顾与评价，对实施过程中遇到的问题与困难，以及采用的解决方法进行整理归纳，并在此基础上进行分析，得出启示和对策建议。项目后评价的经验教训和对策建议应从项目、企业、行业、宏观四个层面分别说明，对执行中的项目提出改善对策与建议，对企业投资和运营管理提出完善对策与建议，对国家和行业政策制订层提出改进对策与建议。对策建议应具有借鉴和指导意义，并具有可操作性。

（三）《项目自我总结评价报告》大纲

按照内容分为五部分，具体如下：

（1）项目概况：项目目标、建设内容、投资估算、前期审批情况、资金来源及到位情况、实施进度、批准概算及执行情况等。

（2）项目实施过程总结：决策阶段、设计及发承包阶段、建设实施阶段、项目运营阶段等。

（3）项目效果评价：技术水平、财务及经济效益、社会效益、资源利用效率、环境影响、可持续能力等。

（4）项目目标评价：目标实现程度、差距及原因等。

（5）项目总结：评价结论、主要经验教训和相关建议。

（四）《项目后评价报告》大纲

按内容分为六部分，具体如下

（1）项目概况：项目基本情况、项目决策理由与目标、项目建设内容及规模、项目投资情况、项目资金到位情况、项目运营（行）及效益现状、项目自我总结评价报告情况及主要结论、项目后评价依据、主要内容和基础资料。

（2）项目全过程总结与评价：项目决策阶段总结与评价、设计阶段总结与评价、发承包阶段总结与评价、实施阶段总结与评价、竣工阶段总结与评价、项目运营（行）总结与评价。

（3）项目效果和效益评价：项目技术水平评价、项目财务及经济效益评价、项目经营管理评价、项目资源环境效益评价、项目社会效益评价。

（4）项目目标和可持续性评价：项目工程目标评价、项目技术目标评价、项目效益目标评价、社会环境和宏观目标评价、项目可持续性评价。

（5）项目后评价结论和主要经验教训：后评价主要内容和结论、主要经验和教训。

（6）对策建议：宏观建议、微观建议。

三、程序

项目后评价工作主要有四个阶段，分别是项目自我总结评价报告、确定后评价项目、组建项目后评价工作组、完成项目后评价。

（一）项目自我总结评价报告

主要是项目单位（投资人）对建设项目在项目竣工验收并投入使用或运营一年后两年内的情况进行梳理；同时，收集后评价管理规定中设计的数据和指标内容，委托具有相应资信或能力的全过程工程咨询单位编写自我总结评价；最后，评价的结果形成书面的自我总结评价报告及相关附件。

（二）确定后评价项目

完成项目自我总结评价报告后，项目单位（投资人）向国家发展改革委提交自我总结评价报告。国家发展改革委根据相关规定及结合项目单位自我总结评价情况，确定需要开展后评价工作的项目，制定项目后评价年度计划。同时对提交的材料进行规范性审查。

（三）组建项目后评价工作组

通过审查后，国家发展改革委可委托未参与过项目前期、建设实施及项目自我总结评价报告的第三方工程咨询机构承担该项目后评价任务。工程咨询机构在接受委托后，应组建满足专业评价要求的工作组，在现场调查、资料收集和社会访谈的基础上，结合项目自我总结评价报告，对照可行性研究报告、初步设计（概算）文件及其审批文件的相关内容，对项目进行全面系统的分析评价。

（四）完成项目后评价

承担项目后评价任务的工程咨询机构，应当按照国家发展改革委的委托要求和投资管理相关规定，根据业内应遵循的评价方法、工作流程、质量保证要求和执业行为规范，独立开展项目后评价工作，在规定时限内完成项目后评价任务，提出合格的项目后评价报告。

项目后评价工作的流程图如图7-1所示。

投资人（项目单位）应在项目竣工验收并投入使用或运营一年后两年内，将自我总结评价报告报送国家发展改革委。其中，中央本级项目通过项目行业主管部门报送同时抄送项目所在地省级发展改革部门，其他项目通过省级发展改革部门报送同时抄送项目行业主管部门。国家发展改革委根据相关规定，结合项目单位（投资人）自我总结评价情况，确定需要开展后评价工作的项目，制定项目后评价年度计划，印送有关项目行业主管部门、省级发展改革部门和项目单位。

在投资人（项目单位）完成自我总结评价报告后，国家发展改革委根据项目后评价年度计划，委托具备相应资信或能力的工程咨询机构承担项目后评价任务。承担项目后评价任务的工程咨询机构，应当按照国家发展改革委的委托要求和投资管理相关规定，根据业内应遵循的评价方法、工作流程、质量保证要求和执业行为规范，独立开展项目后评价工作，在规定时限内完成项目后评价任务，提出合格的项目后评价报告。

四、注意事项

项目后评价应采用定性和定量相结合的方法，主要包括：逻辑框架法、调查法、对比

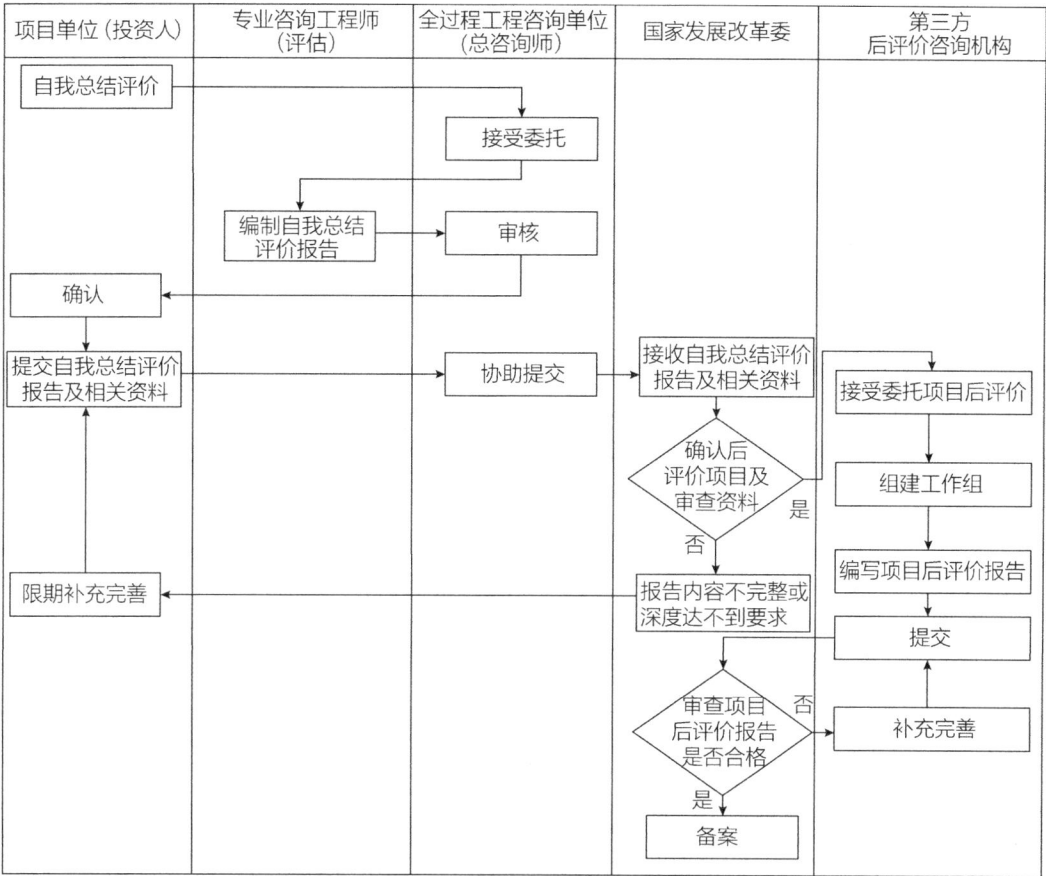

图7-1　项目后评价工作流程图

法、专家打分法、综合指标体系评价法、项目成功度评价法。以下主要介绍对比法、逻辑框架法以及项目成功度评价法。

（一）对比法

项目后评价的主要分析评价方法是对比法，即根据后评价调查得到的项目实际情况，对照项目立项时所确定的直接目标和宏观目标，以及其他指标，找出偏差和变化，分析原因，得出结论和经验教训。项目后评价的对比法包括前后对比、有无对比。

1. 前后对比法

前后对比法是项目实施前后相关指标的对比，用以直接估量项目实施的相对成效。前后对比法是指将项目实施之前与项目完成之后的情况加以对比，以确定项目效益的一种方法。在项目评价中，则是指将项目可行性研究与评价时所预测的效益和项目竣工投产运营后的实际结果相比较，以发现变化和分析原因。这种对比用于揭示计划、决策和实施的质量，是项目过程评价应遵循的原则。如图7-2所示，项目的前后效果对比表示为A/B。

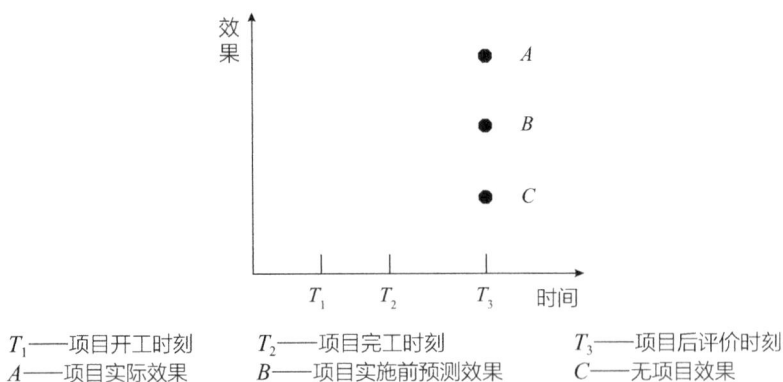

T_1——项目开工时刻 T_2——项目完工时刻 T_3——项目后评价时刻
A——项目实际效果 B——项目实施前预测效果 C——无项目效果

图7-2 对比法图示

2．有无对比法

有无对比法是指在项目周期内"有项目"（实施项目）相关指标的实际值与"无项目"（不实施项目）相关指标的预测值对比，用以度量项目真实的效益、作用及影响。有无对比法是指将项目实际发生的情况与若无项目可能发生的情况进行对比，以度量项目的真实效益、影响和作用。对比的重点是要分清项目作用的影响与项目以外作用的影响。这种对比用于项目的效益评价和影响评价，是项目后评价的一个重要方法论原则。"有"与"无"指的是评价的对象，即计划、规划或项目。评价是通过项目的实施所付出的资源代价与项目实施后产生的效果进行对比来判断项目的成功与否。方法论的关键是要求投入的代价与产出的效果口径一致，也就是说，所度量的效果要真正归因于项目。如图7-2所示，项目的有无效果对比表示为A/C。

在评价过程中，很多大型社会经济项目，实施后的效果不仅仅是来自项目的效果和作用，还有项目以外诸多因素的影响。因此，简单的前后对比往往不能得出关于项目效果真实的结论。后评价中效益评价的任务就是要去除那些非项目因素，对归因于项目的效果进行正确的定义和度量。理想的做法是在项目受益区之外，找一个类似的项目区的"对照区"，加以比较得出正确的结论。以城市轨道交通项目效益和影响后评价为例，构建有无对比综合分析模式，见表7-5。

有无对比综合分析模式   表7-5

效果	项目	有项目	无项目	差别	分析
项目效益后评价	国民经济				
	财务效益				
项目影响后评价	环境影响				
	社会影响				

（二）逻辑框架法

逻辑框架法（Logical Framework Approach，简称LFA）是美国国际开发署在1970年开发并使用的一种设计、计划和评价的工具，用于项目的规划、实施、监督和评价。逻辑框架是一种综合和系统地研究和分析问题的思维框架，有助于对关键因素和问题做出系统的、合乎逻辑的分析。采用逻辑框架法进行项目后评价时，可根据后评价的特点和项目特征的格式和内容上作一些调整，以适应不同评价的要求。逻辑框架法一般可用来进行目标评价、项目成败的原因分析、项目可持续评价等。其基本模式如表7-6所示。

逻辑框架法的基本模式　　　　　　　　　　　　　　　　　　　表7-6

层次描述	客观验证指标	验证方法	重要外部条件
目标	目标指标	检测和监督手段及方法	实现目标的主要条件
目的	目的指标	检测和监督手段及方法	实现目的的主要条件
产出	产出物定量指标	检测和监督手段及方法	实现产出的主要条件
投入	投入物定量指标	检测和监督手段及方法	实现投入的主要条件

逻辑框架法是一种定性评价方法，其模式是一张4×4的矩阵，垂直逻辑关系由下而上，相邻两个目标层次之间存在"如果""那么"的因果关系，这些条件包括事物内在的因素和所需的外部因素；水平逻辑关系是指每一行中，在重要的假设条件下，通过客观验证指标和验证方法来衡量一个项目的实施成果。

1．垂直逻辑关系

逻辑框架图的纵向代表项目的目标层次，共分为四个层次：（1）目标。通常是指高层次的目标，它是指国家或部门投资项目的整体目标及其可能产生的影响。（2）目的。目的是"为什么"要实施这个项目，即项目直接的效果和作用。（3）产出。这里的"产出"是指"干了些什么"，即项目的建设内容或投入的产出物，一般为项目可定量的直接结果。（4）投入。该层次是指项目的实施过程及内容，主要包括资源的投入量和时间等。由图7-3可以看出，以上四个层次之间存在着自下而上的因果关系。

2．水平逻辑关系

逻辑框架图的横向指标由验证指标、验证方法和重要外部条件三部分构成。目的是通过这些验证指标和验证方法来衡量一个项目的资源和成果。重要的假定条件主要是指可能对项目的进度和结果产生影响，而项目管理者又无法控制的外部条件，即风险。风险的产生有多方面原因，主要包括项目所在地的特定环境及其条件变化；政府政策、计划发展战略等方面的变化带来的影响；管理部门体制所

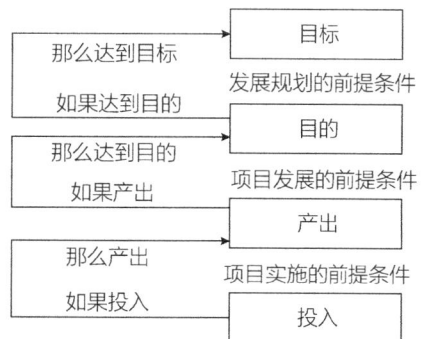

图7-3　逻辑框架法垂直逻辑关系

造成的问题等。

项目后评价的综合评价方法是逻辑框架法。通过投入、产出、直接目的、宏观影响四个层面对项目进行分析和总结的综合评价方法。项目后评价逻辑框架表如表7-7所示。

项目后评价逻辑框架表 表7-7

项目描述	可客观验证的指标			原因分析		项目可持续能力
	原定指标	实现指标	差别或变化	内部原因	外部条件	
项目宏观目标						
项目直接目的						
产出/建设内容						
投入/活动						

(三）项目成功度评价法

项目成功度评价法也就是传统的打分法。依靠专家或项目参与者的经验，根据个人或集体的认知标准，据项目的实际情况用一定的系统方法和判断标准来评价项目总体的成功度，或者说得分高低。成功度法主要通过判断项目目标的实现程度和各种影响、效益的大小来评价项目的好坏，以事先确定好的评价指标体系和评分标准进行专家打分，通过权重配比及一定的统计方法，以得分高低来衡量项目的综合等级和成功程度。

成功度评价法即通常所称的打分方法。成功度评价是依靠评价专家或专家组的经验，综合后评价各项指标的评价结果，对项目的成功程度做出定性的结论。成功度评价是以逻辑框架法分析的项目目标的实现程度与经济效益分析的评价结论为基础，以项目的目标和效益为核心所进行的全面系统的评价。项目评价的成功度可分为五个等级，如表7-8所示。

项目成功度等级标准表 表7-8

序号	内容	标准
1	完全成功	项目各项目标都已全面或超额实现；相对成本而言，项目取得巨大效益和影响
2	成功	项目大部分目标都已实现；相对成本而言，项目达到了预期的效益和影响
3	部分成功	项目实现了原定的部分目标；相对成本而言，只取得了一定的效益和影响
4	不成功	项目实现的目标非常有限；相对成本而言，几乎没有产生正面效益和影响
5	失败	项目的目标是无法实现的；相对成本而言，项目不得不中止

在评价具体项目的成功度时，并不一定要测定表中所有的指标，项目成功度评价表包括项目主要评价指标。评价人员首先根据具体项目的类型和特点，确定表中指标与项目相关的程度，分为"重要"、"次重要"、"不重要"三类，在表中第二栏里（相关重要

性）填注。

在测定各项指标时，采用打分制，即按上述评定标准的第1至第5的四级别分别用A，B，C，D，E表示。通过指标重要性分析和单项成功度结论的综合，可得到整个项目的成功度指标，也用A，B，C，D，E表示，填在表的最底一行（总成功度）的成功度栏内。如表7-9所示。

项目成功度评价表 表7-9

评定项目指标	项目相关重要性	评定等级
评价指标1		
评价指标2		
……		
项目总评		

注：1. 项目相关重要性：分为重要、次重要、不重要。
　　2. 评定等级分为：A—成功、B—基本成功、C—部分成功、D—不成功、E—失败。

第三节　项目绩效评价

财政支出（项目支出）绩效评价（以下简称"项目绩效评价"）是指评估机构（以下称"全过程工程咨询单位"）接受财政部门、预算部门（单位）委托，根据设定的绩效目标，运用科学、合理的绩效评价指标、评价标准和评价方法，对财政支出（项目支出）的经济性、效率性和效益性进行客观、公正的评价。

一、依据

（一）法律法规

（1）项目所涉及的国家相关的法律、法规和规章制度；

（2）各级政府制定的国民经济与社会发展规划和方针政策；

（3）预算部门职能职责、中长期发展规划及年度工作计划；

（4）预算管理制度、资金及财务管理办法、经财政部门批准的预算方案或调整方案、财务会计资料；

（5）相关行业政策、行业标准及专业技术规范；

（6）各级政府或财政部门关于财政支出绩效评价的管理办法及规定等。

（二）项目相关

（1）申请预算时提出的绩效目标及其他相关材料，财政部门预算批复，财政部门和预算部门年度预算执行情况，年度决算报告；

（2）人大审查结果报告、审计报告及决定、财政监督检查报告；

（3）全过程工程咨询单位的知识和经验体系；

（4）其他相关资料。

二、内容

（一）项目绩效评价目的

项目绩效评价目的是整个绩效评价工作开展所要达到的目标和结果，体现评价工作的最终价值，是整个评价工作的基本导向。

（二）项目绩效评价对象及评价内容

项目绩效评价的对象包括纳入政府预算管理的资金和纳入部门预算管理的资金。按照预算级次，可分为本级部门预算管理的资金和上级政府对下级政府的转移支付资金。

绩效评价的内容通常包括：绩效目标的设定情况，资金投入和使用情况，为实现绩效目标制定的制度、采取的措施等，绩效目标的实现程度与效果等。

（三）数据收集和分析方法

评估机构在制定绩效评价方案时，应当有针对性地对项目所涉及的利益相关方开展各种形式的调查，调查方法包括案卷研究、数据填报、实地调研、座谈会及问卷调查等。绩效评价方案应当尽可能明确调查的对象、调查的方法、调查内容、日程安排、时间及地点等。如果调查对象涉及抽样，应当说明调查对象总体情况、样本总数、抽样方法及抽样比例。

1. 案卷研究

案卷研究是从现有的项目文件、国家和地方的发展政策和战略规划、各种相关的研究和咨询报告等文档资料中寻找数据的过程。案卷研究要注意对同一绩效评价指标在不同文件中的数据进行对比核实，如果不同来源的数据存在差异，则要分析差异的原因，并且在座谈会、实地调研中进行核查，最后确定选择使用的数据。

2. 资料收集与数据填报

评估机构执行绩效评价业务，可以根据评价对象的具体情况向预算部门和资金使用单位收集相关资料。为便于对数据进行梳理与汇总，可以设计相关表格，并配合预算部门和资金使用单位进行填写。

3. 实地调研

（1）实地调研通常包括访谈和现场勘查。

（2）评估机构应当从项目利益相关方中确定访谈对象，包括项目的管理人员、实施人员、项目受益者及参与项目立项、决策、实施、管理的行业专家。根据调查的内容范围和主要问题，设计访谈提纲并开展访谈，访谈内容通常为开放式提问，问题应当简明扼要、具体直接。

（3）现场勘查是指通过询问、核对、勘查、检查等方法进行调查，获取绩效评价业务需要的基础资料。

（4）调研结束后应当对调研记录进行整理与分析，调研记录可以作为绩效评价报告的附件和工作底稿。

4．座谈会

（1）选择参与或熟悉项目的立项、决策、实施、管理等人员为座谈会邀请对象，确保参与人员能够为绩效评价提供有效信息。

（2）注意座谈会参与者对问题答案是否达成共识。如果没有达成共识，需作进一步核实。

（3）座谈会结束后应当进行会议记录整理与分析，会议记录可以作为绩效评价报告的附件和工作底稿。

5．问卷调查

（1）问卷设计通常遵循客观性、合理性、逻辑性、明确性等原则，尽量避免主观臆断或人为导向，问卷数据应当便于整理与分析。

（2）根据项目具体情况，针对项目涉及的各相关当事方，合理选择问卷发放的范围，采用科学合理的方法确定样本量和问卷最低回收率要求等。

（3）根据项目具体情况进行抽样，抽样方法通常包括分层抽样、非等概率抽样、多阶抽样、整群抽样及系统抽样。

（4）问卷调查结束后应当对问卷调查结果进行整理和分析，问卷调查格式及汇总信息可以作为绩效评价报告的附件和工作底稿。

6．数据分析

评估机构执行绩效评价业务时，在数据分析过程中通常采用以下方法：

（1）变化分析。该方法是通过比较绩效评价指标的实际变化情况与预期变化得到分析结果。该方法是绩效评价中最常用的分析方法，主要用于分析绩效评价指标在项目实施后是否达到预期值。

（2）归因分析。该方法是通过建立反事实场景来进行分析，确定所观察到的变化有多大比例是由项目实施而产生的。

（3）贡献分析。该方法是分析项目实施过程中的各种因素对该项目的贡献程度。

（四）评价方法

绩效评价方法主要采用成本效益分析法、比较法、因素分析法、最低成本法、公众评判法等。绩效评价方法的选用，应当坚持定量优先、简便有效的原则。根据评价对象的具体情况，可以采用一种或多种方法进行绩效评价。

（1）成本效益分析法。是指将一定时期内的支出与效益进行对比分析，以评价绩效目标实现程度。

（2）比较法。是指通过对绩效目标与实施效果、历史与当期情况、不同部门和地区同类支出的比较，综合分析绩效目标实现程度。

（3）因素分析法。是指通过综合分析影响绩效目标实现、实施效果的内外因素，评价绩效目标实现程度。

（4）最低成本法。是指对效益确定却不易计量的多个同类对象的实施成本进行比较，评价绩效目标实现程度。

（5）公众评判法。是指通过专家评估、公众问卷及抽样调查等对财政支出效果进行评判，评价绩效目标实现程度。

（6）其他适宜的评价方法。

（五）项目绩效评价指标

项目绩效评价指标是衡量绩效目标实现程度的考核工具。通过将绩效业绩指标化，获取具有针对性的业绩值，为开展绩效评价工作提供基础。绩效评价指标应当充分体现和真实反映项目的绩效、绩效目标的完成情况及评价的政策需要。

绩效评价指标体系通常包括具体指标、指标权重、指标解释、数据来源、评价标准及评分方法等。项目绩效评价指标体系设定应当满足以下原则：

1．相关性原则

项目绩效评价指标体系设定应当与绩效目标有直接的联系，能恰当反映目标的实现程度。

2．重要性原则

项目绩效评价指标体系设定应当根据绩效评价的对象和内容优先使用最具代表性、最能反映评价要求的核心指标。

3．可比性原则

项目绩效评价指标体系设定应当对同类评价对象设定共性的绩效评价指标，以便于评价结果相互比较。

4．系统性原则

项目绩效评价指标体系设定应当将定量指标与定性指标相结合，系统反映项目所产生的社会效益、经济效益、环境效益和可持续影响等。

5．经济性原则

项目绩效评价指标体系设定应当通俗易懂、简便易行，数据的获得应当考虑现实条件和可操作性，符合成本效益原则。

项目绩效评价业务指标框架如表7-10所示。

一级指标	权重（根据项目具体情况设定）	二级指标（可根据项目具体情况局部调整）	三级指标（供参考，根据项目具体情况设定）	指标解释
项目决策	15±5	战略目标适应性	项目与战略目标（部门职能）的适应性	项目是否能够支持部门目标的实现，是否符合发展政策和优先发展重点
		立项合理性	项目立项的规范性	项目的申请、设立过程是否符合相关要求，立项资料是否齐全，用以反映和考核项目立项的规范情况
			立项依据的充分性	项目立项是否有充分的依据
			绩效目标的合理性	项目所设定的绩效目标是否依据充分，是否符合客观实际，用以反映和考核项目绩效目标与项目实施的相符情况
			绩效指标明确性	依据项目申报或执行中绩效目标设定的绩效指标是否清晰、细化、可衡量等，用以反映和考核项目绩效目标与项目实施的相符情况
项目管理	20±5	投入管理	预算执行率	预算执行率=实际支出/实际到位预算
			预算资金到位率	到位率=实际到位/计划到位，到位时效主要考察资金是否及时到位，若未及时到位，是否影响项目进度
			配套资金到位率	
			资金到位及时率	及时到位资金与应到位资金的比率，用以反映和考核资金落实情况对项目实施的总体保障程度
		财务管理	资金使用合规性（资金使用情况）	资金使用是否符合有关制度规定
			财务（资产）管理制度健全性	是否按规定建立了财务、资产管理制度，内控制度及其执行情况
			成本控制情况	是否按项目进行成本核算及成本差异情况
			会计信息审计结果（或有）	从审计结论中考察会计信息的合规性、准确性、完整性、及时性
			财务监控的有效性	项目实施单位是否为保障资金的安全、规范运行而采取了必要的监控措施，用以反映和考核项目实施单位对资金运行的控制情况
		项目实施	管理制度的健全性（保证项目实施的制度、措施的建立情况及制度措施的科学性合理性）	项目实施单位的业务管理制度是否健全，用以反映和考核业务管理制度对项目顺利实施的保障情况
			制度执行的有效性（相关制度和措施执行情况）	项目实施是否符合相关业务管理规定，用以反映和考核业务管理制度的有效执行情况
			项目质量的可控性	项目实施单位是否为达到项目质量要求而采取了必需的措施，用以反映和考核项目实施单位对项目质量的控制情况

一级指标	权重（根据项目具体情况设定）	二级指标（可根据项目具体情况局部调整）	三级指标（供参考，根据项目具体情况设定）	指标解释
项目绩效	65±5	项目产出	实际完成率（产出数量）	项目实施的实际产出数与计划产出数的比率，用以反映和考核项目产出数量目标的实现程度
			完成及时率（产出时效）	项目实际提前完成时间与计划完成时间的比率，用以反映和考核项目产出时效目标的实现程度
			质量达标率（产出质量）	项目完成的质量达标产出数与实际产出数的比率，用以反映和考核项目的成本节约程度
			成本节约率	完成项目计划工作目标的实际节约成本与计划成本的比率，用以反映和考核项目的成本节约程度
		项目结果	经济效益	项目实施对经济发展所带来的直接或间接影响情况
			环境效益（生态效应）	项目实施对生态环境所带来的直接或间接影响情况
			社会效益	项目实施对社会发展所带来的直接或间接影响情况
			社会公众或服务对象满意度	社会公众或服务对象对项目实施效果的满意程度
		能力建设及可持续影响	长效管理情况	维持项目发展所需要的制度建设及维护费用等落实情况
			人力资源对项目可持续影响	项目实施后人力资源水平改善状况对项目及单位可持续发展的影响
			硬件条件对项目发展作用	项目实施过程中设备条件的改善对项目及单位可持续发展的意义
			信息共享情况	项目实施后的成果及信息与其他部门共享
总分	100			

（六）项目绩效评价报告大纲

项目绩效评价报告的主要内容通常包括：

1. 项目基本概况

（1）项目背景。

项目单位的基本情况介绍，项目的主要内容、历史情况、立项的目的和意义，预算部门确定立项的相关文件依据等。

（2）项目实施情况。

项目实际开展情况、项目规模、项目范围、项目所在区域、资金投向等。

（3）资金来源和使用情况。

项目资金拨付的主体、资金拨付流程、资金使用流程等财政资金来源与管理情况，各具体分项资金的预算及实际使用和支出情况等。对经常性项目，还包括历史年度资金的使用情况。

（4）绩效目标及实现程度。

绩效目标，项目执行过程中目标、计划的调整情况，绩效总目标和阶段性目标的完成情况，项目的实际支出情况及财务管理状况等。

2．绩效评价的组织实施情况

（1）绩效评价目的。

（2）绩效评价实施过程。

（3）绩效评价人员构成。

（4）数据收集方法。

（5）绩效评价的局限性。

3．绩效评价指标体系、评价标准和评价方法

（1）绩效评价指标体系的设定原则及具体内容。

（2）绩效评价的具体标准及评价的具体方法。

4．绩效分析及绩效评价结论

（1）项目决策。

项目决策是否符合经济社会发展规划的要求，项目申报和批复程序是否符合相关管理办法，是否根据需要制定相关资金管理办法，资金分配结果是否合理等。

（2）项目管理。

资金到位率，资金是否及时到位，资金使用是否合规，资金管理、费用支出等制度是否健全，组织机构是否健全、分工是否明确，项目管理制度是否健全，并得到有效执行等。

（3）项目产出。

项目产出数量、质量、时效是否达到绩效目标，项目产出成本是否按绩效目标控制，项目实施是否产生直接或间接的经济效益、社会效益、环境效益和可持续影响及项目服务对象满意度等。

在对绩效评价指标进行分析和评价时，要充分利用评价工作中所收集的数据，做到定量分析和定性分析相结合。绩效评价指标评分应当依据充分、数据使用合理恰当，确保绩效评价结果的公正性、客观性、合理性。

5．主要经验及做法

绩效评价报告要通过分析各指标的评价结果及项目的整体评价结论，总结项目在立项、决策、实施、管理等方面的经验，为类似项目在以后年度开展积累经验。

6．存在问题及原因分析

绩效评价报告要通过分析各指标的评价结果及项目的整体评价结论，总结项目在立项、决策、实施、管理等方面存在的不足及原因，为相关建议的提出奠定基础。

7．相关建议

绩效评价报告需有针对性地对项目存在的不足提出改进措施和建议。建议或对策应当具有较强的可行性、前瞻性及科学性，有利于促进预算部门及项目实施单位提高绩效管理水平。

8．绩效评价报告使用限制等其他需要说明的问题

9．评估机构签章

绩效评价报告应当由评估机构加盖公章。

10．相关附件

（1）主要评价依据。

（2）实地调研和座谈会相关资料。

（3）调查问卷格式及汇总信息。

（4）其他支持评价结论的相关资料。

（5）评估机构资质、资格证明文件。

三、程序

评估机构执行绩效评价业务，绩效评价程序通常分为三个阶段，即绩效评价前期准备阶段、实施阶段和绩效评价报告的编制和提交阶段。如图7-4所示。

（一）绩效评价前期准备阶段

（1）接受绩效评价主体的委托，签订业务约定书。

（2）成立绩效评价工作组。

（3）明确绩效评价基本事项，包括：

1）项目的背景和基本情况；

2）绩效评价的对象和内容；

3）项目的绩效目标、管理情况及相关要求；

4）绩效评价的目的；

5）投资人及绩效评价报告使用者；

6）其他重要事项。

7）制定绩效评价方案。

（二）绩效评价实施阶段

（1）根据项目特点，按照绩效评价方案，通过案卷研究、数据填报、实地调研、座谈

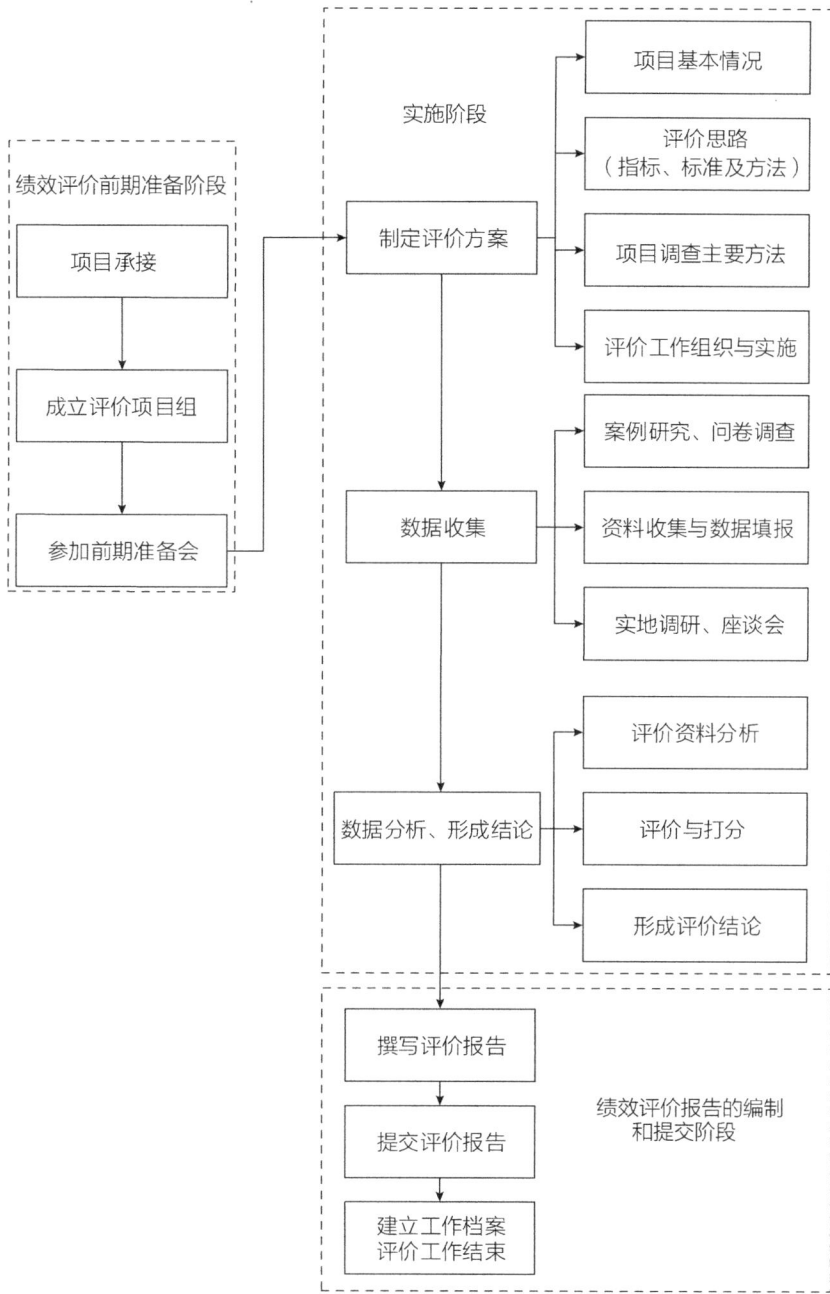

图7-4 项目绩效评价工作流程图

会及问卷调查等方法收集相关评价数据。

（2）对数据进行甄别、汇总和分析。

（3）结合所收集和分析的数据，按绩效评价相关规定及要求运用科学合理的评价方法对项目绩效进行综合评价，对各项指标进行具体计算、分析并给出各指标的评价结果及项目的绩效评价结论。

（三）绩效评价报告的编制和提交阶段

（1）根据各指标的评价结果及项目的整体评价结论，按绩效评价相关规定及要求编制绩效评价报告。

（2）与投资人就绩效评价报告进行充分沟通。

（3）履行评估机构内部审核程序。

（4）提交绩效评价报告。

（5）工作底稿归档。

四、注意事项

（一）原则

（1）科学规范原则。绩效评价应当严格执行规定的程序，按照科学可行的要求，采用定量与定性分析相结合的方法。

（2）公正公开原则。绩效评价应当符合真实、客观、公正的要求，依法公开并接受监督。

（3）分级分类原则。绩效评价由各级财政部门、各预算部门根据评价对象的特点分类组织实施。

（4）绩效相关原则。绩效评价应当针对具体支出及其产出绩效进行，评价结果应当清晰反映支出和产出绩效之间的紧密对应关系。

（二）项目绩效评价与项目后评价的区别

项目绩效评价与项目后评价都是评价主体对评价对象进行考核和评价的活动，但其在概念、评价时间、评价性质、评价目的、评价过程、评价作用、评价结果和评价细则均存在着显著差异。如表7-11所示。

项目绩效评价与项目后评价的比较   表7-11

比较主体 评价目标	项目绩效评价	项目后评价
评价时间	从项目的前期计划开始进行，贯穿项目实施的全过程	项目已经完成并运行一段时间后
评价性质	循环性	回顾性
评价依据	以结果为导向面向过程	将结果作为评价依据
评价目的	形成过程评价习惯	形成总结习惯
评价过程	进行循环评价改善	一次性评价
评价作用	反馈	总结
评价结果	提出改善方向	显示结果

评价目标 ＼ 比较主体	项目绩效评价	项目后评价
评价细则	通过适用的量化指标及评价标准、规范的考核方法，对项目的前期计划、实施过程及其完成结果进行的综合性考核与评价，对项目管理、经济、技术、社会、生态和可持续发展绩效等内容进行客观的衡量比较和综合评判，以更好地实现项目目标，提高资金的使用效益	全面总结投资项目的决策、实施和运营情况，分析项目的技术、经济、社会和环境效益的影响，为投资决策和项目管理提供经验教训，改进并完善建设项目，提高其可持续性

注：资料来源：天津理工大学，柯洪.《建立并完善政府投资基本建设项目绩效评价指标体系——服务财政预算管理》。

由表7-11可知，项目绩效评价的主要内容是权衡项目的利害得失和成功与否的一种方式，以项目实施者对项目的要求和关心的目标为出发点，相比项目后评价而言，其出发点更明确，对影响项目成功与否的各方面因素考虑得更加细致全面。项目绩效评价是通过绩效评价的过程，强化管理层与执行层的沟通，根据绩效评价结果进行绩效诊断，找出项目管理和实施中的经验和不足，及时进行改进。

政府投资基本建设项目的绩效评价是一种以结果为导向、面向过程的管理模式，它按照绩效预算的基本原理，对财政项目支出实施的一项全过程的综合管理模式，目的是为了更好地提供公共产品和服务，提高财政资金的使用效益，因此，本文以项目绩效评价为研究对象，试图在保障政府投资基本建设项目满足公共需要的基础上，服务于财政预算管理，实现政府资金的效用最大化。

第四节　设施管理

设施管理（Facility Management，FM）是指依据国际设施管理协会（IFMA）和美国国会图书馆的定义，是"以保持业务空间高品质的生活和提高投资效益为目的，以最新的技术对人类有效的生活环境进行规划、整备和维护管理的工作"。它"将物质的工作场所与人和机构的工作任务结合起来。它综合了工商管理、建筑、行为科学和工程技术的基本原理"。

全过程工程造价咨询机构在本阶段主要通过设施管理的理念提供设施管理方案，或开展评估工作。通过学习国外先进的管理经验，结合中国工程项目的实践情况，对设施管理在中国的运用提出更符合中国国情的工作要求和建议。

一、依据

（一）国际设施管理标准资料

（1）*Facility management. Vocabulary* ISO/TR-41011；

（2）*Facility management—Guidance on strategic sourcing and the development of agreements* ISO/

TR—41012；

（3）*Facility management—Scope，key concepts and benefits Facility management* ISO/TR—41013。

（二）建设项目相关资料

（1）建设项目工程资料；

（2）完整的建设项目竣工资料；

（3）全过程工程咨询单位的知识和经验体系；

（4）其他相关资料。

二、内容

根据*Facility management—Scope，key concepts and benefits Facility management* ISO/TR—41013中规定：

（一）范围

设施管理的范围：所有组织都依赖于支持流程，而这些流程往往对其核心业务至关重要。设施管理整合和优化了广泛的支持流程并提供他们的输出（设施服务），使需求组织能够专注于其主要活动。设施管理的目标是确保这种支持符合组织的使命和策略，以合适的形式，确定的质量和数量，并以具有成本效益的方式提供。

（二）服务内容

设施管理涵盖并整合了范围广泛的流程、服务、活动和设施，实现了成本效益、安全和健康的工作场所，并确保提供有效的设施服务。主要的服务内容包括：

（1）空间管理。优化空间分配，分析空间利用率，分摊空间费用。

（2）租赁管理。根据业务发展合理配置不动产和办公空间。

（3）运维管理。通过应需维护、定期维护流程对建筑运维进行规范化。

（4）环境与风险管理。在发生灾难和紧急情况时确保业务连续性，加快设施功能恢复。

（5）家具和设备管理。监控固定资产成本和分配，计算折旧，规划人员和资产的搬迁。

（6）工作场所管理。包括服务台，为公共服务请求提供一站式自助服务门户，降低行政成本；预订管理，帮助员工或客户查找并预订空间、设备或其他任何资源；共享办公空间管理，有效安排多人共享一个工位，减少空间成本支出。

（7）物业管理。以项目管理的方式管理物业的重要维护、翻修、装潢工作。

（8）其他系统与运维系统的数据交换管理。运维管理系统中的部门、员工、供应商、采购订单等数据和流程与业主的ERP或协同工作平台交互。

同时，国际设施管理协会对设施管理功能的定义十分广泛，包括组织内部所有与设施管理相关的业务，如设施管理计划、空间规划、项目财务与融资、日常运维安保等。北美设施专业委员会（NAFDC）将设施管理分为三大模块，分别是运行和维护管理、资产管理、设施服务。同时，还有学者赵彬等[①]提出了更加详细、具体的设施管理内容。如图7-5所示。

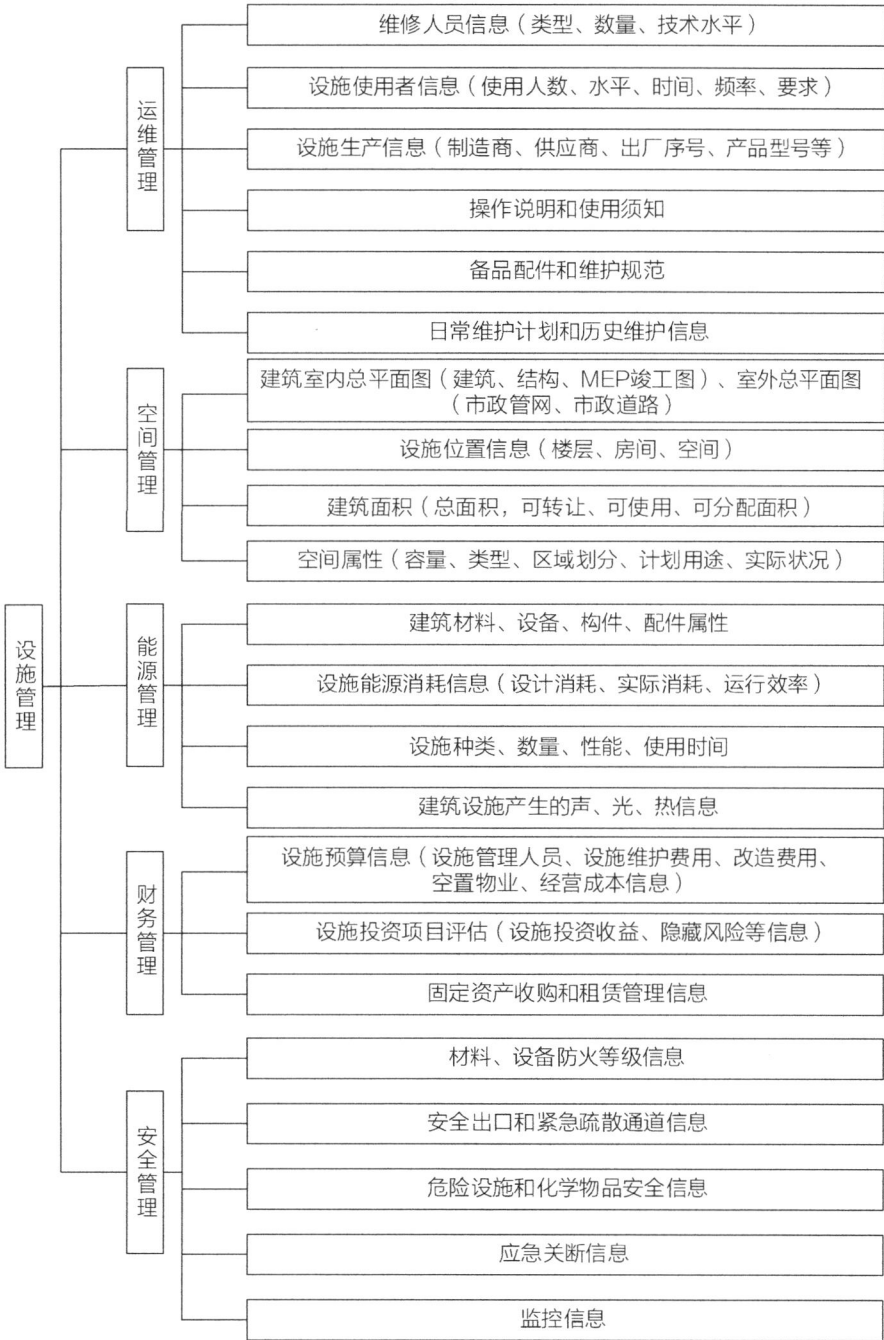

设施管理

运维管理
- 维修人员信息（类型、数量、技术水平）
- 设施使用者信息（使用人数、水平、时间、频率、要求）
- 设施生产信息（制造商、供应商、出厂序号、产品型号等）
- 操作说明和使用须知
- 备品配件和维护规范
- 日常维护计划和历史维护信息

空间管理
- 建筑室内总平面图（建筑、结构、MEP竣工图）、室外总平面图（市政管网、市政道路）
- 设施位置信息（楼层、房间、空间）
- 建筑面积（总面积，可转让、可使用、可分配面积）
- 空间属性（容量、类型、区域划分、计划用途、实际状况）

能源管理
- 建筑材料、设备、构件、配件属性
- 设施能源消耗信息（设计消耗、实际消耗、运行效率）
- 设施种类、数量、性能、使用时间
- 建筑设施产生的声、光、热信息

财务管理
- 设施预算信息（设施管理人员、设施维护费用、改造费用、空置物业、经营成本信息）
- 设施投资项目评估（设施投资收益、隐藏风险等信息）
- 固定资产收购和租赁管理信息

安全管理
- 材料、设备防火等级信息
- 安全出口和紧急疏散通道信息
- 危险设施和化学物品安全信息
- 应急关断信息
- 监控信息

图7-5 设施管理工作内容图

---

① 赵彬，曾思颖. 基于BIM的设施管理信息需求与应用框架研究[J]. 项目管理技术，2017，15（03）：78-83.

1．运维管理

运维管理包括设施系统的运行和维护，是设施管理工作中最重要的职能之一，运维的成本通常会占到设施管理总开支的40%～50%。对运维信息的合理规划和使用，能真正节约大量成本。建筑中常见的设施系统包括暖通空调设备系统、电气照明设备系统、管道配件系统、输送及物料搬运设备系统、通信设备及安全监控设备系统等。

为了保证设施的正常运行，设施管理人员需要各个设施的基本生产信息，比如制造商、供应商、出厂序号、产品型号等，同时设施操作人员还需要设施的操作说明和使用须知。设施维护包括反应性维护和预防性维护。

（1）反应性维护。主要是在设施出现故障时进行的检查和修理，需要维修人员的信息，包括维修人员类型、数量和技术水平等。设施维修人员同时也需要设施的维护规范和备品配件信息。

（2）预防性维护。指的是为了延长系统寿命，保障其功能性和稳定性，所进行的计划性检查和保养。为了制订可行的维护计划，需要掌握设施的历史维护信息，比如维护频率、故障原因、维护人员信息；还需要设施使用者信息，包括使用频率和使用需求等。

2．空间管理

衡量设施管理成功程度的一个重要标准是对建筑空间的预测、规划、分配和管理。有效的空间管理需要预测空间需求，进行空间分配，简化移动过程，其所需求的信息，包括建筑内、外部平面图，建筑总面积，可转让、使用和可分配的面积，空间容量，类型，区域划分，计划用途，实际用途。此外，还需要详细掌握设施的具体位置信息，包括设施所在区域、楼层、房间等，以便根据设施需求对不同空间区域中的设备、家具、机械装备进行组合分配。

3．能源管理

据美国绿色建筑协会统计，建筑物占了72%的电力消耗和39%的能源使用。建筑能耗主要由建筑物照明、暖通空调系统和建筑中的各种电器使用等构成，提升建筑能源使用效率能够为可持续建设做出贡献。为了进行能源保护和监控，设施管理人员需要获取能源管理系统信息，建筑内设施和建筑构件的种类、数量、性能、使用时间，设计能源消耗或者是建筑某个区域内一段时间内或是实时的能源消耗。设施管理的核心是"以人为本"，为了给建筑内人员提供更好的体验环境，需要掌握和监控设施产生的声、光、热信息，并根据需求进行调整。

4．财务管理

设施管理中的财务管理是为了降低设施全生命周期成本，实现资产价值的最大化，其重点在于设施投资评估和运维预算管理。设施管理人员可以在项目前期参与设施的投资评估和采购管理，以便为业主在投资决策时提供设施的投资收益及潜在风险等信息。在设施管理阶段需要掌握设施预算信息，包括设施管理职员成本、设施历史维护费用、建设设施构件的损耗折旧、改造费用和经营成本信息等，财务管理还应该关注固定资产收购和租赁管理信息。

5．安全管理

设施管理不仅要对设施进行运行和维护，为客户提供服务，还应该对建筑内的设施和人员的安全负责。安全管理的目的是减少损失、预防可能发生的损害和控制设施的使用权。设施管理人员需要掌握危险设施和化学物品信息、安全出口和紧急疏散通道信息、材料、设备防火等级信息等，以便做好安全预防和应急计划。安全管理还应对建筑各个系统，如通信、电梯、水电及暖通空调、防盗报警、消防等系统进行实时监控，并对监控信息进行及时处理和分析，以确保建筑正常运行。

三、程序

（一）空间管理

优化空间分配，分析空间利用率，分摊空间费用。流程：

（1）与CAD、BIM结合，图形化展示空间使用状况。

（2）合理调整空间分配，提高空间使用效率。

（3）空间费用分摊自动化到部门，实现精细管理。

（二）租赁管理

根据业务发展合理配置不动产和办公空间。流程：

（1）通过准确的空间和人员占用数据进行空间需求分析。

（2）提供对自有、租赁物业的成本分析，帮助进行不动产投资决策。

（3）通过自动化管理流程跟踪租赁的信息，直观表达空置租赁空间，自动提醒租约到期住户。

（三）运维管理

通过应需维护、定期维护流程对建筑运维进行规范化。流程：

（1）通过SLA（服务级别协议）规范定义不同的维护响应级别。

（2）通过邮件分派、提醒工单。

（3）预定义定期维护程序和步骤，在维修日自动产生工单。

（4）精确统计备件消耗、维修工时，充分掌控维护成本。

（四）环境与风险管理

在发生灾难和紧急情况时确保业务连续性，加快设施功能恢复。流程：

（1）与BIM或CAD结合，可以快速准确地访问人员位置、设备位置、有害物质分布、安全出口分布等数据，帮助现场决策。

（2）建立多级紧急响应团队和相关负责人，组织各类信息实施灾难恢复计划，迅速恢复正常运营。

（3）协助加快保险理赔和谈判更有利的保险条款。

（五）家具和设备管理

监控固定资产成本和分配，计算折旧，规划人员和资产的搬迁。流程：

（1）与BIM模型互动，可视化定位家具和设备，用条码、二维码建立资产标签以便盘点。

（2）定义保修、保险、外包服务合同，与每个固定资产建立关联。

（3）通过数据集成与财务软件对接，简化固定资产折旧。

（六）工作场所管理

包括服务台，为公共服务请求提供一站式自助服务门户，降低行政成本；预订管理，帮助员工或客户查找并预订空间、设备或其他任何资源；共享办公空间管理，有效安排多人共享一个工位，减少空间成本支出。流程：

（1）自助服务环境通过简单的表单、智能工作流和自动通知简化服务请求，降低管理开销。

（2）根据服务级别协议（SLA）来控制资源的投入，提高执行效率和客户满意度。

（3）提供多种报表分析预算和成本。

（七）资本项目管理

以项目管理的方式管理物业的重要维护、翻修、装潢工作。流程：

（1）建立统一的项目中心，从资本预算、进度计划、采购、沟通、成本控制等角度进行全面项目管理。

（2）建立项目立项、执行、分包、验收的审批流程，实现项目精细化管控。

（八）其他系统与运维系统的数据交换管理

运维管理系统中的部门、员工、供应商、采购订单等数据和流程与业主的ERP或协同工作平台交互。

四、注意事项

（一）设施管理保证项目交付前的价值实现

1．项目成功（价值实现）涵盖设施管理成功

任何一个单方面的有效实施并不能最终实现整个项目成功。使用人和投资人往往从

项目目标的高度来评价项目，而项目管理团队通常只在乎项目管理阶段的成功。如果设施管理失败，那么一定意味着项目最初的设想不可能实现，进而整个项目管理的成功也就没有任何意义。可以说，设施管理成功在项目生命周期中的地位举足轻重。如图7-6所示。

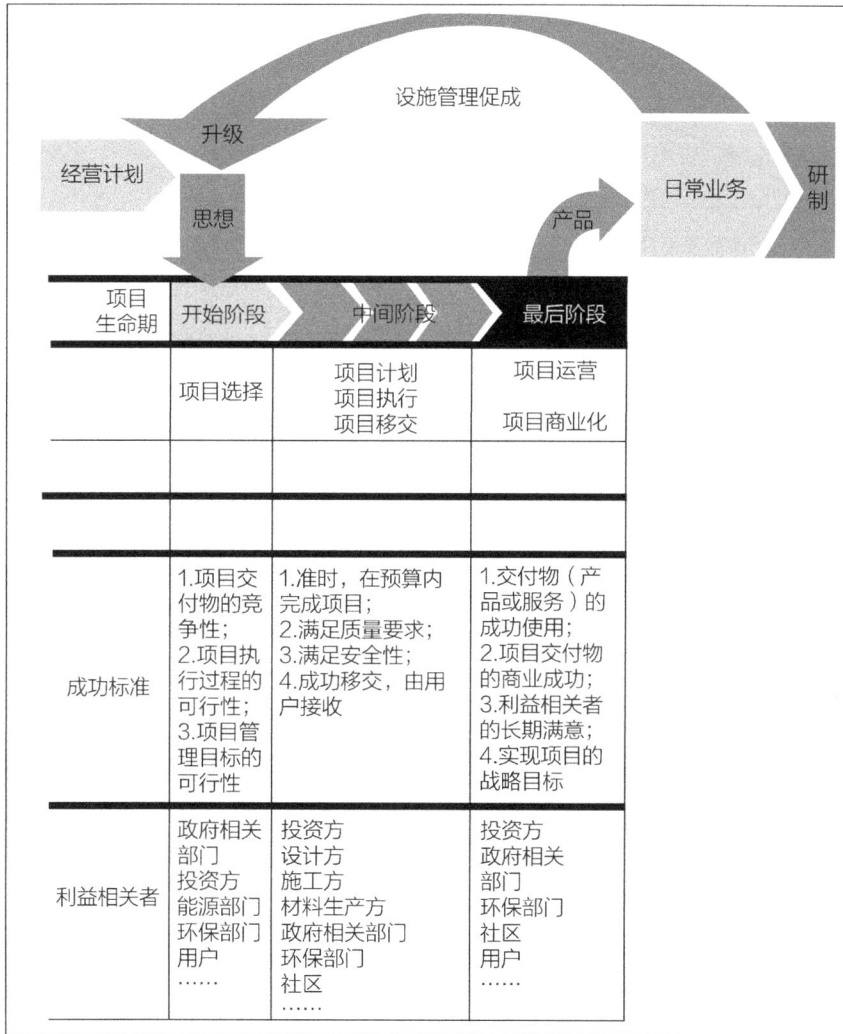

图7-6　设施管理价值实现图
资料来源：郭岩巍.基于价值视角的设施管理研究［D］.天津理工大学，2008

2. 建设项目交付前价值实现的途径

价值工程的思想可以用以下公式来表示，项目价值=功能/成本，即Value=Function/Cost。

设施管理过程中所产生的信息主要产生于设施管理的服务范围内，因此，所涵盖的信息非常广，包括：项目资料、客户满意度、运营方动态需求、运营方的满意度、现有设施水平、期望设施水平、期望质量水平、建筑周边环境、空间管理、可用预算、可维护性等。

如何使设施管理过程中的种种需求反馈到项目决策阶段和项目管理阶段（项目设计阶段、项目发承包阶段、项目实施阶段），在这里需要使用价值管理（VM）和全生命周期成本管理（LCC）两种工具，在F和C两个角度之间寻求平衡以使项目增值。如图7-7所示。

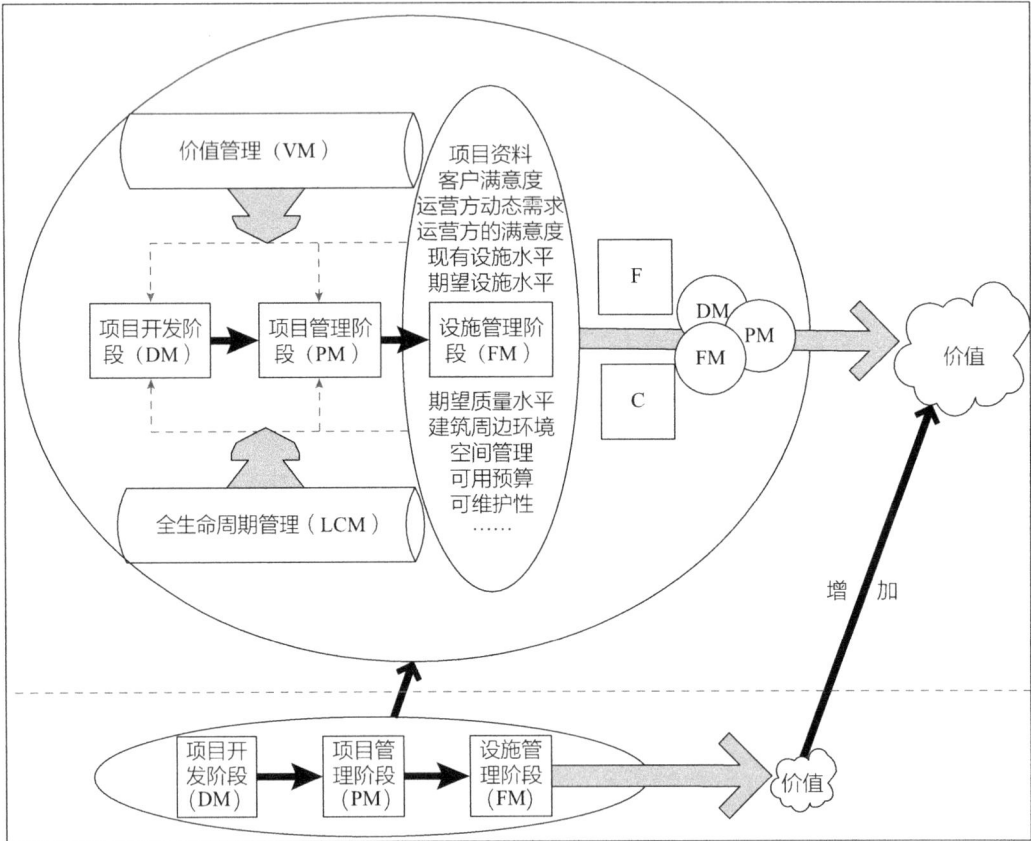

图7-7　项目交付前价值实现的途径图
资料来源：郭岩巍.基于价值视角的设施管理研究［D］.天津理工大学，2008

设施管理使项目增值的具体途径如图7-7所示。通过价值管理和全生命周期成本管理两个手段，在设施管理阶段产生的信息得以在项目各个阶段的决策中起到关键作用，从而有力地促进了DM[①]、PM[②]和FM之间的整合，从而较之以往实现了项目价值的增加。

[①] 项目前期开发管理（Development Management，DM），是指在项目的前期开发阶段，由投资方或是开发方进行决策的阶段。可以称为项目前期开发管理。

[②] 项目管理（Project Management，PM），是以项目为对象的系统管理方法，通过一个临时性的、专门的柔性组织，对项目进行高效率的计划、组织、指导和控制，以实现项目全过程的动态管理和项目目标的综合协调与优化。

（二）设施管理保证项目交付后的价值实现

1.设施管理是项目交付后价值实现的关键

对组织不动产的积极性管理要求高层管理具有清晰的战略方向，以及运营管理过程产生清晰的可交付物。人们逐渐认识到运营资产的关键作用由组织文化、技术变化和全球竞争性决定。Becker认为组织、实现组织目标的手段、工作环境以及周边环境之间的界面构成"组织生态"。随着设施管理实践的成熟，近年来设施管理关注的中心显然在转变。从公开发表的文献和实践回顾可以看出起初关注任务和功能，现在则重视过程及过程的管理。更近些时候，转向资源整合，强调有效工作环境的提供，人、过程和资产问题成为寻求解决方案的同一问题的组成部分。图7-8显示了这样的一种发展趋势。

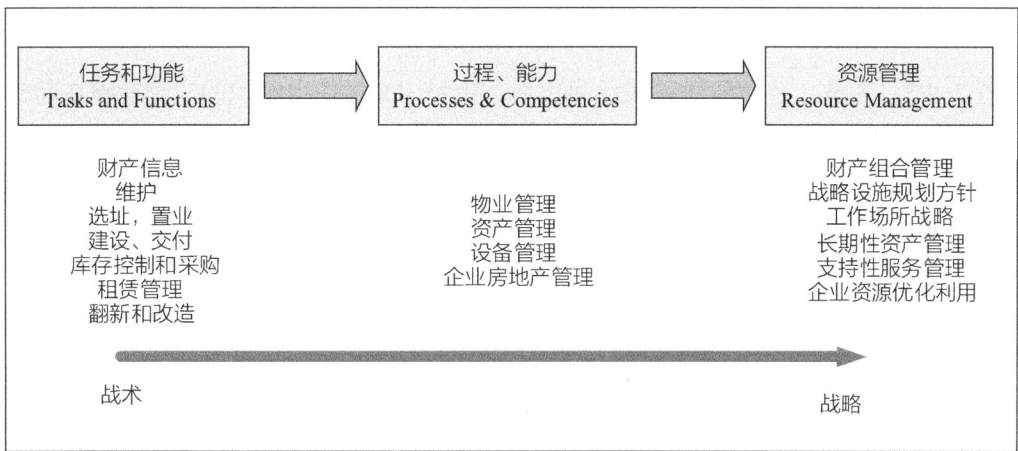

图7-8 设施管理实践的变化趋势图

资料来源：Danny Shiem-Shin Then. An integtated resource management view of Facility Management［J］. Facilities，1999，17（12/13）：462～469

由上图可见，设施管理的重点逐渐转向综合性资源管理，由此可见，设施以及设施管理的需求（设施和服务的购买者）和供给（提供者和服务承包人）两方面的竞争性发生了剧烈变化。组织精简和外包的趋势为许多组织增加了负担，认真地审视设施管理的变化有助于提升组织竞争性。

2.项目交付后价值实现的途径

设施管理的组织管理体系必须建立在战略层面上基本活动和日常运营层面上组织资源之间的持续沟通。图7-9分析了基于组织基本活动的战略管理和运营管理之间需要持续对话的机制。

整合基本活动与辅助活动的关键不仅是需要提高双方意识——使设施资源和组织战略意图紧密联系，而且要建立正式的信息沟通渠道，保证双方完全了解外部市场，以及外部市场对公司运营资产基础的影响。

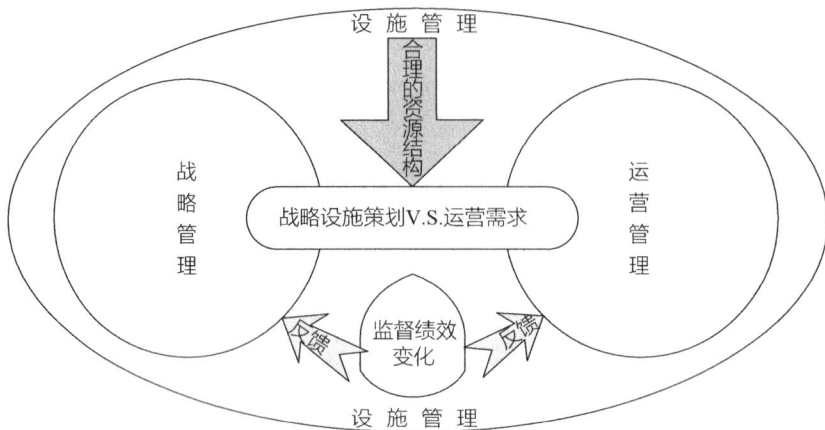

图7-9 设施管理整合机制图
资料来源：郭岩巍.基于价值视角的设施管理研究［D］.天津理工大学，2008

图7-9中，首先，项目管理阶段结束以后，项目的交付使得组织的运营能够在起初有一个合理的资源结构；其次，随着内外部环境以及组织自身的变化，组织发展战略受到以下因素的影响：（1）企业文化；（2）环境；（3）应变能力；（4）技术性变化倾向；（5）公司对财产和支持性服务作用的观点；（6）资源投入和抗压能力。

对于日常的运营管理则受到以下因素的影响：（1）工作环境风险最小化；（2）实体资产的服务性；（3）资产保值；（4）工作环境；（5）采购战略；（6）成本和抵御风险的能力。

因此，运营需求与设施供应（泛指满足组织运营需求的所有设施管理和服务）不可能总是彼此处于平衡的状态，设施管理作为整合组织基本活动和辅助活动的重要手段，绩效评估就成为战略管理方和运营管理方获取信息的必要途径。

设施管理成功的主要困难是获取商业部门和设施管理过程中的正确信息。在商业部门内部确定有效信息的存在，并定期获取这些信息，这通常是很难实现的。从这方面来说，设施管理的关键作用是作为信息界面，能够对战略管理和运营管理方面的不同信息进行协调，为有效地解决二者之间的冲突提供一个最优方案。

第五节　资产管理

经过竣工验收和检验后的建设项目已转化为合格的建设项目产品，即建筑物。一方面在竣工阶段，对建设项目产品进行验收，并将完整的、合格的建设产品移交给投资人或产权人，将建设项目产品转化为资产进行管理，同时通过运营发挥其投资作用；另一方面在运营阶段，通过资产管理实现建设项目的资产价值，是投资人要实现其目标的基础。因此，无论资产管理方是哪个角色，只有对建设项目开展良好的资产管理，才能最大限度地提高资金的价值和利益相关方期望的满意度。

全过程工程造价咨询机构在资产管理的工作内容要求下，在策划和评估方面出具咨询方案。一方面，全过程工程造价咨询机构对资产的增值和运营进行分析，为委托人提供管理依据；另一方面，全过程工程造价咨询机构需充分了解各方需求，为资产管理制定清晰的目标，并为委托人提供合理化建议。

资产管理主要从建设项目的资产增值、运营安全分析和策划、运营资产清查和评估、招商策划和租赁管理等方面进行策划。

建设项目的资产增值。一是把竣工验收和检验合格后的建设项目转化为固定资产，实现资产价值；二是设备材料使用年限分析。建筑物中的设备材料的使用年限和建筑物的全生命周期各有不同，所以在建筑物全生命周期存在着设备材料的常规维护、中修和大修情况；三是运营成本分析。在建设项目移交后，应研究工程资料，根据建设项目的功能和营造标准，准确确定运营管理的范围内容和特点，进而分析建筑物维护费用标准的构成，对费用的影响因素和费用可量化程度和量化进行分析。有利于实现资产增值。

建设项目的运营安全分析和策划。一是形成建筑物的运营维护指导书，以保证建筑物正常运营和保证其品质，确保资产的增值和保值；二是维修应急方案策划。编制建筑物的大、中修及常规维护的规划，及时安排资金，准备备品、备件，做好边维修边使用的应急方案。有利于体现资产的价值。

建设项目的运营资产清查和评估。一是根据建设项目情况对资产进行清查并形成资产清单，为资产评估提供基础数据；二是结合决策阶段设定的目标及优质建设项目评判标准对建设项目形成的固定资产进行评估、调整、维护等工作，有利于实现资产保值。

建设项目的招商策划和租赁管理。为了建筑物的保值和增值，需要设置使用人员准入条件，加强建筑物的招商策划和（或）租赁管理。首先确定合格的使用单位或人员的要求，尽可能使使用建筑物或建筑小区的单位的经营范围产生聚集效应，通过良好的聚集效应，使其建筑物的功能得到更好提升；其次，规范租赁人员的行为和义务，营造共同保护建筑物的意识；再次，借助信息化物联网等先进技术，协调服务。有利于提高建筑物的物业管理水平以及利益相关方的满意度。

一、依据

（1）可行性研究报告等；

（2）验收文档技术资料；

（3）使用单位方运行维护目标；

（4）设施性能参数；

（5）监测的设施性能状况；

（6）类似项目后评价资料等；

（7）项目建议书；

（8）项目实施过程文档资料；

（9）项目投资目标（基于利益相关者价值体系）；

（10）项目的实际运行资料；

（11）类似项目后评价资料；

（12）基于LCC的成本预算目标；

（13）运行维护的历史成本数据；

（14）设施/构件等性能状况；

（15）设施运行维护方案；

（16）运行维护成本实际数据；

（17）建筑设施外形描述的技术档案；

（18）项目涉及的相关法律法规；

（19）全过程工程咨询单位的知识体系及经验；

（20）其他相关资料。

二、内容

（一）资产管理的目的

资产管理，并实现资产价值，是任何组织要实现其目标的基础。无论是公共或私人部门，无论资产是有形的，还是无形的，只有良好的资产管理，才能最大限度地提高资金的价值和利益相关方期望的满意度。资产管理涉及协调和优化规划、资产选择、采集/开发、利用、服务（维修）和最终处置或更新相应的资产和资产系统。资产管理是关于什么是我们想要达到的资产，如何做到这一点，除了评估与资产相关的风险外，它需要有一个长期战略。这种长期战略方法还迫使我们去更好地了解我们的资产。识别资产和管理资产，对资产存在的问题有深入的了解，有助于经营决策和组织的总体绩效。

（二）资产管理的工作内容

1．资产保值和增值

（1）在建工程转固定资产

在建工程转固定资产，首先必须有工程支出发票，没有发票不能计入在建工程科目，在固定资产完工后，要有工程验收记录、工程结算单（竣工结算单），需要强制检测安全性的固定资产（如压力管道、配电设备等）还必须取得相关主管部门的检查认定报告。以上单据齐全，即可将在建工程结转为固定资产。

首先要对已完工需结转的项目、工程或是设备进行确认，明确在建工程确已完工，已达到可用状态；同时，需对在建工程成本支出进行汇总，明确该在建工程全部成本是否已完全计入，如果有部分项目内容因尚未决算不能明确的，则需要组织进行工程验收、项目决算，需要强制检测安全性的固定资产（如压力管道、配电设备等），在固定资产完工后，还必须取得相关主管部门的检查认定报告。这个过程即是要对即将结转固定资产的在建工程成本核算的完整性进一步进行确认，以明确结转固定资产的成本造价总额。在此基础上，要求对尚未取得的项目支出及时取得结算发票，如果因合同约定限制等原因不能及时取得结算发票入账，则可以根据上述项目决算数据对尚未结算入账的在建工程内容进行估算，以便及时结转固定资产。

为明确责任，确保在建工程结转数据的准确性，建议对所有加工安装，或是土建类项目建设的结转，由总咨询师负责项目完工及数据的确认，要求他们在"在建工程结完工结转报告单"上签字确认。

在建工程转固定资产的条件是：工程完工达到预定可使用状态。

根据《企业会计准则第4号——固定资产》应用指南规定：已达到预定可使用状态但尚未办理竣工决算的固定资产，应当按照估计价值确定其成本，并计提折旧；待办理竣工决算后，再按实际成本调整原来的暂估价值，但不需要调整原已计提的折旧额。

（2）设备材料使用年限分析

设备材料使用年限分析是指固定资产更新，即对技术上或经济上不宜继续使用的在用固定资产，用新的固定资产进行更换，目的在于使投资人获得更大的收益。固定资产更新决策则是通过财务分析，决定是否需要更新固定资产的管理行为。该决策属于长期投资决策（资本预算），对企业的长期发展产生重要的影响，因此必须进行科学、合理的决策分析。

（3）运营成本分析

通过项目前期各阶段及其运营管理主体前期介入方式等综合形成的项目交付成果，已经发生了项目LCC中的全部建设成本，并且已形成了影响后期运行维护成本发生的项目/设施实体。但项目的运行维护成本的实际发生毕竟是在运行维护阶段，因此，运行维护管理主体对项目进行基于LCC的日常运行维护管理将进一步实现LCC的总目标。

为此，本阶段的另一方面重要工作是基于设施质量功能目标与性能监测的全生命周期运行维护成本规划与控制。其总体框架如图7-10所示。

基于以上总体框架，要形成运营成本规划必须依据三个方面的因素：其一，设施的质量与功能目标标准及运行过程中的动态性能监测参数的对比结果；其二，类似项目运行维护阶段的可供参考的相关信息；其三，基于LCC的项目成本分析。基于此，项目/设施的运行维护管理主体可以制定出详细的运行维护成本规划并予以执行。若执行过程中，发生较大偏差，则进行相关的控制，以保障科学的运行维护成本规划的落实，所形成的数据资料进入数据库。

2．运营安全分析和策划

（1）运营维护指导书

运营维护指导书是指根据建设项目的类型、功能、实际运营状况等因素编制而成，指导管理人员对建设项目运维管理的工作。按照不同需求，可分为管理篇、运营篇、安全篇

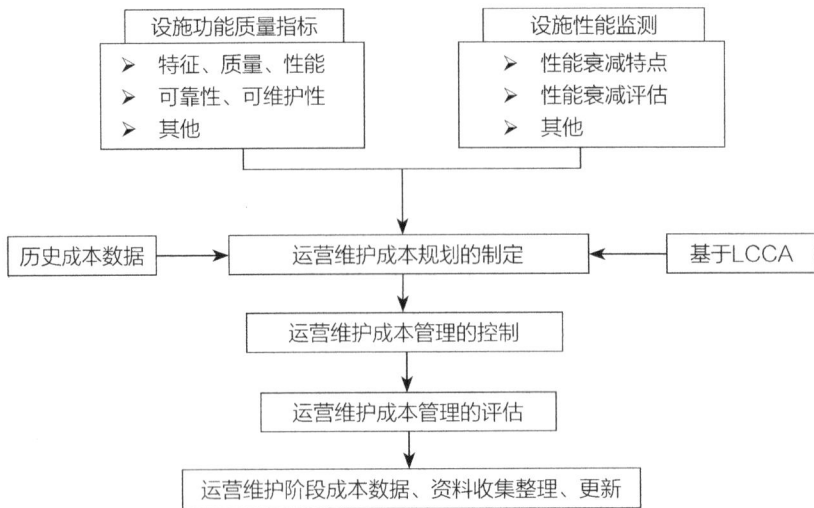

図7-10　建设项目运营成本管理框架

等不同章节。其中管理篇包括：生产运营管理制度、运营各岗位职责、客户服务规范；运营篇包括：各类岗位、设备操作规程和标准；安全篇包括：燃气运营相关安全管理制度、消防演习方案、事故应急抢险预案等。

（2）安全应急预案

安全是建设项目价值体现的重要因素，缺乏安全的建设项目无法给利益相关方带来任何价值提升以及满意度。建立一个有效的突发事件应急预案体系，编制完善的突发事件预案，开展预案的定期演练，对于提高建设项目的运营人预防和处置突发事件的能力，确保发生突发事件时各运营岗位的有效应对，最大程度地预防和减少突发事件及其造成的损害，保障运营人和使用人的生命、财产安全，具有十分重要的意义。

3．建设项目的运营资产清查和评估

（1）资产清查

资产清查是指受委托的资产评估机构，应对委托单位的资产、债权、债务进行全面清查，在此基础上要核实资产账面与资产实际是否相符，考核其经营成果，盈亏状况是否真实，并作出鉴定。

本书主要对建设项目形成的固定资产清查进行阐述，固定资产清查是指从实物管理的角度对单位实际拥有的固定资产进行实物清查，并与固定资产进行账务核对，确定盘盈、毁损、报废及盘亏资产。固定资产清查的范围主要包括土地、房屋及建筑物、通用设备、专用设备、交通运输设备等，要求各单位配合会计师事务所认真组织清查，原则上对所有固定资产全面清查盘点。

固定资产清查的范围：

1）对固定资产要检查固定资产原值、待报废和提前报废固定资产的数额及固定资产损失、待核销数额等；关注固定资产分类是否合理；详细了解固定资产目前的使用状况等；

2）对出租的固定资产要检查相关租赁合同；检查各单位账面记录情况，检查是否已按合同规定收取租赁费；

3）对临时借出、调拨转出但未履行调拨手续的和未按规定手续批准转让出去的资产，要求各单位收回或者补办手续；

4）对清查出的各项账面盘盈（含账外资产）、盘亏固定资产，要查明原因，分清工作责任，提出处理意见；

5）检查房屋、车辆等产权证明原件并取得复印件，关注产权是否受到限制，如抵押、担保等，检查取得的相关合同、协议；

6）对批量购进的单位价值低的图书等，如果被资产清查单位无法列示明细金额的，按加总数量清查核对实物，按总计金额填列固定资产清查明细表，并注明总数量。

（2）资产评估

资产评估（以下称"评估"），是指评估机构及其评估专业人员根据委托对不动产、动产、无形资产、企业价值、资产损失或者其他经济权益进行评定、估算，并出具评估报告的专业服务行为。

资产评估的对象是资产，这似乎毋庸置疑的。资产，从理论上来讲是被特定权利主体拥有或控制并能为其带来经济利益的经济资源，资产还具有价值和交换价值的特点，是用来作为生产经营和价值交换的资本。资产评估的目的主要是估算出被评资产的现实市场价值，也就是说，将资产的历史成本估算为现实成本。

资产评估的工作范围：

1）整体资产评估（企业价值评估）：适用于设立公司、企业改制、股权转让、企业兼并、收购或分立、重组集团、合资、租赁、承包、融资、抵押贷款、破产清算；

2）单项资产评估：

各类房地产（商业用房、生产厂房、办公室、住宅、酒店、会所、冷冻仓库、教堂、学校、高尔夫球场、度假村、码头、加油站）、各类机械设备（高精尖设备、进口设备、特殊设备、专用设备、普通设备、自制设备、专业化生产线、运输设备、模具、计算机硬件和软件）林木、果木、花卉、景观等；

3）无形资产评估：品牌、商标、商誉、字号、企业家价值等评估；专利权、专有技术、著作权（版权）、药品批准文号、计算机软件、秘诀等价值评估；特许经营权、植物新品种发明权、海域使用权、航线经营权、高速公路收费经营权、建设用地使用权、探矿权、采矿权、排污权、酒窖窖池、特殊景观等价值评估；专业网、营销网、客户名单、长期合同等价值评估；

4）项目评估：项目转让、项目融资、项目合资合作、项目投资价值、项目数据分析、可行性研究等。

4．建设项目的招商策划和租赁管理

（1）招商策划

在运营阶段对建设项目进行招商策划，目的是实现建筑物的保值和增值。因为建设项目价值的体现，不仅仅是指建设项目本身的价值，很重要的一部分因素与建设项目的使用者有关。通过对建设项目的招商策划，能够吸引合格的使用单位或人员，进而产生聚集效应。合格人才的聚集现象是一种规模经济现象，使建设范围内的人才交易成本降低，社会效益显著提高。在合格使用者和人员的聚集过程中，不论是在空间上，还是规模上都实现了资源的不断重新配置，在和谐的内外环境下，通过使用者之间信息共享等方式，发挥超过各自独立作用的加总效应，这种效应对建设项目来说是十分经济的。由此可见招商策划的重要性。

对建设项目进行招商策划，首先需要确定投资人的目标和诉求，针对目标广泛收集各方面信息资料，制定招商方案，对制定的方案进行比选，选择最优方案，最后进入招商方案的实施阶段。

（2）租赁管理

在招商完成后，为了建设项目的正常运营，要对建设项目的使用者的行为进行规范化管理，在使用者中营造出共同保护建筑物的意识。在规范管理过程中，要维护投资人与使用者双方的利益，遵循平等、自愿、合法和城市信用的原则。严格履行与建设项目的使用者订立的租赁或购买合同，及时处理入住使用者在使用过程中的纠纷问题，及时修复损坏部分。在管理建设项目的使用者时，可以借助新进的信息化技术更好地服务于使用者，可采用智能物业管理系统，将计算机强大的功能与现代的管理思想相结合，提高管理的经济效益和管理水平。通过借助信息化技术，实现对使用者、房产信息、租赁、租赁合同的全面管理。通过科学的管理，不断提高利益相关方的满意度。

三、程序

项目竣工验收合格后，为实现优质建设项目的目标以及满足利益相关方的需求，首先需要制定建设项目资产管理目标，包括资产增值、资产安全、资产保值、利益相关方满意度四个方面的目标。针对资产管理的目标，需要由建设项目的全过程工程咨询单位协助运营人分别完成相应的工作内容：（1）为实现建设项目资产增值的目标，运营人要对建筑物进行转固定资产，并完成对设备材料使用年限分析、运营成本分析的工作。（2）为实现建设项目资产安全的目标，由运营人编制运营维护指导书并针对建设项目的运营制定安全应急预案。（3）为实现建设项目资产保值的目标，运营人要完成对建设项目资产清查以及资产评估的工作。（4）为使利益相关方的满意度不断提高，需要在运营前进行招商策划，在运营中对建设项目的使用者进行租赁管理。如图7-11所示。

全过程工程咨询单位在协助运营人完成资产管理工作时，需要对工作内容和方法持续优化。持续优化的结果最终体现在资产管理策略的优化上，并且为下一个建设项目提供决

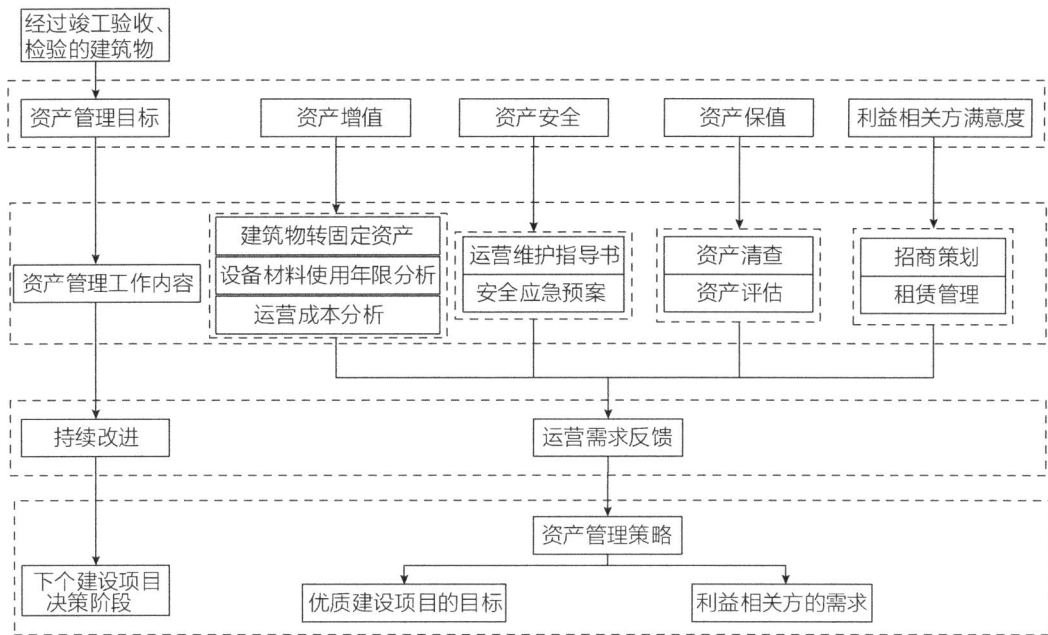

图7-11 资产管理实施流程

策依据。全过程工程咨询单位需要从各方面要求出发，设定目标应体现安全、效能、成本综合最优、避免片面强调某一两个方面目标要求，而忽视其他方面要求，如片面突出安全或规划水平，而忽视资产效益，导致建设项目积累不足，持续发展动力不足。

在具体实践中，通过对过程进行管控、资产运行绩效开展监测等手段监测资产目标或计划的执行情况。在横向上，通过对决策、设计、发承包、实施、竣工、运营等跨阶段的反馈与评估，持续优化运营人的工作流程，形成更加完善的资产管理策略，为下一阶段的规划提供优化的方向；在纵向上，通过运营人对建设项目的监控，与原设定的目标或计划内容进行比较，不断修正目标或计划，当达到一定的程度或阶段时，修正资产管理策略，并为下一阶段优质建设项目的目标以及利益相关方满意度方面提供优化的依据。

四、注意事项

资产管理过程中，运营人需要判断工作内容是否基于优质建设项目的目标进行协调运转。因此，资产管理过程中工作内容的需要关注的要点如下。

（1）运营人中各部门和单位在工作过程的衔接和交接中职责明确、界面要清晰；

（2）工作和部门对应关系要明确，不能存在工作缺项和职责重复；

（3）根据优质建设项目的目标和要求，对工作流程运转开展全过程管理和闭环控制；

（4）各单位和部门明确流程执行中所需要及应输出的信息、数据；

（5）工作过程中产生的信息、数据及时准确记录并保存，其他相关过程性信息应留存；

（6）工作过程中各单位和部门及时获取所需要的信息，确保工作中有准确及时的信息作为参考；

（7）有相应的工作机制或统一信息凭条保证实现信息共享；

（8）决策环节全面考虑资产的成本优化和表现提升，可采用LCC等综合最优方法作为决策依据；

（9）工作过程中进行监测分析，对发现的问题具备分析、监督、改进的管理机制；

（10）工作过程中各项工作建立相应的规章制度和标准，制度和流程绝对统一，通过制度固化流程，保证各项工作有据可依。规章制度和标准协调一致，不存在冲突现象。

法律法规

一、法律

（1）《中华人民共和国环境保护法》（主席令第9号）；

（2）《中华人民共和国大气污染防治法》（主席令第31号）；

（3）《中华人民共和国水污染防治法》（主席令第70号）；

（4）《中华人民共和国安全生产法》（主席令第70号）；

（5）《中华人民共和国水土保持法》主席令第39号；

（6）《中华人民共和国水土保持法实施条例》国务院令〔1993〕第120号；

（7）《中华人民共和国城乡规划法》；（主席令第74号）；

（8）《中华人民共和国道路交通安全法实施条例》（国务院令405号）；

（9）《中华人民共和国道路交通安全法》（主席令第47号）（2011修正）；

（10）《中华人民共和国建筑法》（主席令第91号令）（2011年修订）

（11）《中华人民共和国招投标法》（2017年修订）；

（12）《中华人民共和国招标投标法实施条例》（2017年修订）；

（13）《中华人民共和国标准施工招标文件》（2007年版）；

（14）《中华人民共和国政府采购法实施条例》（2014年修订）；

（15）《中华人民共和国职业病防治法》（全国人大常委会第24次会议）；

（16）《关于修改<中华人民共和国节约能源法>等六部法律的决定》修正（主席令第48号）；

（17）《中华人民共和国固体废物污染环境防治法》（主席令第31号）；

（18）《关于修改<中华人民共和国对外贸易法>等十二部法律的决定》第三次修正（主席令第57号）；

（19）《中华人民共和国环境影响评价法》（主席令第77号）；

（20）《中华人民共和国档案法》（全国人大常委会〔1988〕）。

二、相关规范文件

（1）《工程造价术语标准》GB/T 50875—2013；

（2）《城市规划编制办法》（建设部令第146号）；

（3）《建设项目交通影响评价技术标准》CJJ/T 141—2010；

（4）《建设项目交通影响评价技术手册》；

（5）《工程建设项目勘察设计招标投标办法》（发展计划委员会2003年第2号令）（2013

年修订）；

（6）《建设工程勘察质量管理办法》（建设部2002年第115号令）（2007年修订）；

（7）《实施工程建设强制性标准监督规定》（建设部2008年第81号令）（2015年修订）；

（8）《中央企业固定资产投资项目后评价工作指南》（国务院国有资产监督管理委员会2005年）；

（9）《国家发展改革委关于印发中央政府投资项目后评价管理办法和中央政府投资项目后评价报告编制大纲（试行）的通知》（发改投资〔2014〕2129号）；

（10）《关于印发〈财政支出绩效评价管理暂行办法〉的通知》（财预〔2011〕285号）；

（11）《关于推进预算绩效管理的指导意见》（财预〔2011〕416号）；

（12）《关于印发〈预算绩效评价共性指标体系框架〉的通知》（财预〔2013〕53号）；

（13）《全过程工程咨询试点工作的通知》（建市〔2017〕101号）；

（14）《关于推进工程建设全过程项目管理咨询服务的指导意见》（苏建建管〔2016〕730号）；

（15）《浙江省全过程工程咨询试点工作方案》（建建发〔2017〕208号）；

（16）《福建省全过程工程咨询试点工作方案》的通知（闽建科〔2017〕36号）；

（17）《湖南省全过程工程咨询试点工作方案》（湘建设函〔2017〕446号）；

（18）《广东省全过程工程咨询试点工作实施方案》（粤建市〔2017〕167号）；

（19）《四川省全过程工程咨询试点工作方案》（川建发〔2017〕11号）；

（20）《广西全过程工程咨询试点企业和试点项目》（桂建管〔2017〕81号）；

（21）《推荐全过程工程咨询试点企业和试点项目》的通知（苏建科〔2017〕556号）；

（22）《建筑工程施工发包与承包计价管理办法》（住房城乡建设部令第16号）；

（23）《住房城乡建设部关于进一步推进工程造价管理改革的指导意见》（建标〔2014〕142号）；

（24）《住房城乡建设部关于加强和改善工程造价监管的意见》（建标〔2017〕209号）；

（25）《工程咨询行业管理办法》（国家发展改革委令第9号）；

（26）《建设项目全过程造价咨询规程》CECA／GC 4—2017；

（27）《建设项目环境保护管理条例》（国务院令第682号）；

（28）《建设项目环境保护分类管理名录》（环发〔2001〕17号）；

（29）《关于进一步加强环境影响评价管理防范环境风险的通知》（环发〔2012〕77号）；

（30）《建设项目环境影响评价分类管理名录》（环境保护部令第44号）；

（31）《国务院关于落实科学发展观加强环境保护的决定》（国发〔2005〕39号）；

（32）《建设项目环境影响评价技术导则 总纲》HJ 2.1—2016；

（33）《固定资产投资项目节能审查办法》（国家发展改革委令第44号）；

（34）《固定资产投资项目节能评估和审查暂行办法》（国家发展改革委令第6号）；

（35）《投资项目可行性研究指南（试行版）》；

（36）《项目申请报告通用文本》（发改投资〔2007〕1169号）；

（37）《建设项目经济评价方法与参数》第三版；

（38）《国务院关于进一步加强企业安全生产工作的通知》（国发〔2010〕23号）；

（39）《建设工程安全生产管理条例》（国务院令第393号）；

（40）《建设项目安全实施"三同时"监督管理暂行办法》（国家安全生产监督管理总局令第36号）；

（41）《海洋石油安全生产规定》（国家安全生产监督管理总局令第4号）；

（42）《危险化学品建设项目安全许可实施办法》（国家安全生产监督管理总局令第8号）；

（43）《冶金企业安全生产监督管理规定》（国家安全生产监督管理总局令第26号）；

（44）《安全评价通则》AQ 8001—2007；

（45）《安全预评价导则》AQ 8002—2007；

（46）《关于加强建设项目安全设施"三同时"工作的通知》（发改投资〔2003〕1346号）；

（47）《建设领域安全生产行政责任规定》的通知（建法〔2002〕223号）；

（48）《国家发展改革委重大固定资产投资项目社会稳定风险评估暂行办法》（发改投资〔2012〕2492号）；

（49）《重大固定资产投资项目社会稳定风险分析篇章和评估报告编制大纲（试行）》（发改办投资〔2013〕428号）；

（50）《开发建设项目水土保持方案管理办法》（水利部、国家计委、国家环保局、水保〔1994〕513号）；

（51）《开发建设项目水土保持方案技术规范》GB 50433—2008；

（52）《开发建设项目水土流失防治标准》GB 50434—2008；

（53）《国土资源部关于加强地质灾害危险性评估工作的通知》（国土资发〔2004〕69号）；

（54）《建设用地地质灾害危险性评估的通知》（国土资发〔1999〕392号）；

（55）《地质灾害防治条例》（国务院令第394号）；

（56）《国务院办公厅转发国土资源部、建设部关于加强地质灾害防治工作意见的通知》（国办发〔2001〕35号）；

（57）《地质灾害危险性评估规范》DZ/T 0286—2015；

（58）《建设用地地质灾害危险性评估技术要求》（试行）；

（59）《国务院办公厅转发公安部建设部关于实施全国城市道路交通管理"畅通工程"意见的通知》（国办发〔2000〕18号）；

（60）《岩土工程勘察规范》GB 50021—2001（2009年版）；

（61）《房屋建筑和市政基础设施工程施工图设计文件审查管理办法》（建设部2004年

第134号令）（2013年修订）；

（62）《建筑工程设计文件编制深度规定（2016版）》（建质函〔2016〕247号）；

（63）《建设工程文件归档规范》GB/T 50328—2014；

（64）《建设工程质量管理条例》（国务院〔2000〕第279号令）（2017年修订）；

（65）《实施建筑工程建设强制性标准监督规定》（建设部〔2000〕第81号令）（2015年修订）；

（66）《建筑工程勘察质量管理办法》（建设部〔2002〕第115号令）（2007年修订）；

（67）《工程勘察设计资质管理规定》（建设部〔2006〕第160号令）（2015年修订）；

（68）《建设工程勘察设计管理条例》（建设部〔2006〕第293号令）（2015年修订）；

（69）《建设工程工程量清单计价规范》GB 50500—2013；

（70）《建设项目设计概算编审规程》CECA/GC 2—2015；

（71）《工程建设标准强制性条文（房屋建筑部分）》（2013修订）；

（72）《建筑工程方案设计招标投标管理办法》（2008年版）；

（73）《工程勘察设计收费标准》（2015年修订）；

（74）《水利水电工程控制投资开展限额设计的规定》（能源水规〔1990〕677号）；

（75）《火电建设项目推行限额设计的若干意见》（电规〔1997〕75号）；

（76）《工程建设项目货物招标投标办法》（2013年修订）；

（77）《建设工程造价咨询成果文件质量标准》CECA/GC 7—2012；

（78）《政府采购货物和服务招标投标管理办法》（2017年修订）；

（79）《工程建设项目施工招标投标办法》（2013年修订）；

（80）《建筑工程质量验收统一标准》GB 50300—2013；

（81）《建筑工程施工质量验收统一标准》GB 50300—2013；

（82）《质量管理体系基础和术语》GB/T 19000—2016；

（83）《建设工程质量检测管理办法》（建设部令141号）；

（84）《建筑工程质量监督条例（试行）》；

（85）《建设工程监理规范》GB/T 50319—2013；

（86）《建设工程价款结算暂行办法》（财建〔2004〕369号）；

（87）《安全生产许可证条例》（国务院令第397号）；

（88）《国务院关于修改部分行政法规的决定》（国务院令第687号）；

（89）《建设施工企业安全生产许可证管理规定》（建设部令〔128〕号）；

（90）《建筑企业资质管理办法》（建设部令第22号）；

（91）《建筑工程施工许可证管理办法》（建设部令第18号）；

（92）《职业健康安全管理体系要求》GB/T 28001—2011；

（93）《建设施工安全检查标准》JGJ 59—2011；

（94）《危险性较大的分部分项工程安全管理办法》（建质〔2009〕87号）；

（95）《规划环境影响评价条例》（国务院令第559号）；

（96）《城市建筑生活垃圾管理规定》（建设部令第157号）；

（97）《环境管理体系要求及使用指南》GB/T 24001—2016；

（98）《建设工程施工现场环境与卫生标准》JGJ 146—2013；

（99）《建设建设项目管理规范》GB/T 50326—2006；

（100）《建设项目工程结算编审规程》（中价协〔2010〕023号）；

（101）《建设工程造价咨询规范》GB/T 51095—2015；

（102）《基本建设项目档案资料管理暂行规定》（国档发〔1988〕4号）；

（103）《关于编制基本建设工程竣工图的几项暂行规定》（国家建设委员会〔1982〕50号）；

（104）《市政工程施工技术资料管理规定》（建城〔2002〕221号）；

（105）《科学技术档案案卷构成的一般要求》GB/T 11822—2008；

（106）《照片档案管理规范》GB/T11821—2002；

（107）《声像档案建档规范》ZKY/B-002-5—2006；

（108）《技术制图复制图的折叠方法》GB/10609.3—2009；

（109）《国家重大建设项目文件归档要求与档案整理规范》DA/T 28—2002；

（110）《房屋建筑和市政基础设施工程竣工验收规定》（建质〔2013〕171号）；

（111）《房屋建筑和市政基础设施工程竣工验收备案管理办法》（住房城乡建设部令第2号）；

（112）《财政部关于印发<基本建设财务管理规定>的通知》（财政部和建设部〔2002〕394号）；

（113）《财政部关于解释<基本建设财务管理规定>执行中有关问题的通知》（财政部和建设部〔2003〕724号）；

（114）《财政部关于进一步加强中央基本建设项目竣工财务决算工作的通知》（财政部〔2008〕91号）

（115）《财政部关于印发〈中央基本建设项目竣工财务决算审核批复操作规程〉的通知》（财办建〔2018〕2号）的规定；

（116）《住房城乡建设部关于进一步推进工程总承包发展的若干意见》（建市〔2016〕93号）；

（117）《公路工程设计施工总承包管理办法》（交通运输部令第10号）；

（118）《上海市工程总承包试点项目管理办法》（沪建建管〔2016〕1151号）；

（119）《EPC工程总承包招标工作指导规则（试行）》（深建市场〔2016〕16号）；

（120）《湖南省房屋建筑和市政基础设施工程总承包招标投标活动管理暂行规定》（湘建监督〔2017〕76号）；

（121）《关于印发推进广西房屋建筑和市政基础设施工程总承包试点发展指导意见的通知》（桂建管〔2016〕117号）；

（122）《成华区政府投资工程建设项目采取EPC总承包模式的管理办法（暂行）》。

参考文献

[1] 严玲，尹贻林. 工程造价导论［M］. 天津：天津大学出版社，2004.

[2] 全国注册咨询工程师投资资格考试参考教材编写委员会. 工程咨询概论：2012年版［M］. 北京：中国计划出版社，2011.

[3] 赵彬，曾思颖. 基于BIM的设施管理信息需求与应用框架研究［J］. 项目管理技术，2017，15（03）：78-83.

[4] 潘自强，赵家新. 建设工程项目管理咨询服务指南. 北京：中国建筑工业出版社，2017.

[5] 中国建筑设计咨询有限公司组织. 建设工程咨询管理手册. 北京：中国建筑工业出版社，2017.

[6] 中国建设监理协会. 建设工程监理概论. 北京：中国建筑工业出版社，2017.

[7] 陈勇，曲赜胜. 工程项目管理. 北京：清华大学出版社，2016.

[8] Facility management. Vocabulary. ISO/TR-41011.

[9] Facility management—Guidance on strategic sourcing and the development of agreements. ISO/TR-41012.

[10] Facility management—Scope，key concepts and benefits Facility management. ISO/TR-41013.

[11] 左进，韩洪云. 中国建筑业全生命周期价值链的应用研究［J］. 价值工程，2004（06）.

[12] R. Haas，W. R. Hudson，and J. P. Zaniewski. Modern Pavement Mangement Systems，Krieger Publishing Company，Malabar，Fla.，1994.

[13] 宋体民. 全生命周期工程造价管理研究［J］. 科技资讯，2005（25）.

[14] Benjamin S Blanchard. Life Cycle Costing—A Review Terotechnica，1979（1）. 9-15.

[15] 廖祖仁，傅崇伦. 产品寿命周期费用评价法［M］. 北京：国防工业出版社，1993.

[16] 孟宪海. 全寿命周期成本管理与价值管理［J］. 国际经济合作，2007（05）.

[17] 徐扬光. 设备综合工程学概论（第一版）［M］. 北京：国防工业出版社，1988.

[18] 张勇毅. 中国工程咨询业的发展道路研究［D］. 天津：天津理工大学，2004.

[19] 陈伟珂. 香港的认可人士制度对中国建筑业管理的启示［J］. 科学学与科学技术管理，2003（03）：90-93.

[20] 付晓灵. 谈工程项目管理中的绿色工程［J］. 工程建设与设计，2003（01）：34-35.

[21] 柯洪. 建立并完善政府投资基本建设项目绩效评价指标体系——服务财政预算管理. 天津理工大学.

[22] 郭岩巍. 基于价值视角的设施管理研究［D］. 天津理工大学，2008.

[23] 周伟强. 传统文化的领悟在本土建筑设计中的重要性［J］. 山西建筑，2009，35（12）：33-34.

[24] 刘振亚. 企业资产全寿命周期管理［M］. 北京：中国电力出版社，2015.